SYLVIE SCHWEITZER

LES FEMMES ONT TOUJOURS TRAVAILLÉ

UNE HISTOIRE DE LEURS MÉTIERS, XIXe ET XXe SIÈCLE

Odile
Jacob

REMERCIEMENTS

Durant deux ans, Laurent Douzou, Sheri Sawtell-Brun et Danièle Voldman m'ont assurée d'un inconditionnel soutien. Anna Bellavitis, Anne Boigeol, Isabelle von Bueltzingsloewen, Marie Chessel, Mariannick Cornec, Agnès Fine, Élise Feller, Catherine Marry, Margaret Maruani, Denis Pelletier, Michèle Riot-Sarcey, Bernadette Schweitzer, Évelyne Serverin et Simone Vuillemin ont apporté leurs constructives critiques au manuscrit. Je les en remercie.

© ODILE JACOB, FÉVRIER 2002
15, RUE SOUFFLOT, 75005 PARIS

www.odilejacob.fr

ISBN : 978-2-7381-1067-1

LES FEMMES ONT
TOUJOURS TRAVAILLÉ

INTRODUCTION

Songe-t-on à se demander depuis quand les hommes travaillent ? Non, bien sûr. Leurs tâches et métiers sont bel et bien
pensés comme aussi vieux que le monde. À peine est-il besoin
de les énoncer : paysans, artisans, commerçants, puis, l'industrialisation progressant, ouvriers, employés, entrepreneurs et
encore médecins et enseignants. Se demande-t-on pourquoi ils
travaillent ? Pas plus. Imagine-t-on de les interroger pour savoir
si le travail à temps partiel leur conviendrait, s'ils aimeraient se
cantonner au travail économiquement gratuit de l'entretien de
leur maison assorti de l'éducation de leurs enfants ? Guère.
Pour les femmes, il en va tout autrement. Leur travail est toujours présenté comme contingent, fortuit et récent. Le sens
commun feint ainsi d'ignorer que les femmes ont aussi été paysannes, commerçantes, ouvrières, employées, infirmières, institutrices. Depuis toujours. Alors, pourquoi donc cette phrase
récurrente : « Depuis que les femmes travaillent... » ? Est-ce
parce que, quand il s'agit de l'histoire des femmes, domine
l'amnésie ? Amnésie chronologique, amnésie juridique, amnésie

sociale ? C'est comme s'il fallait sans cesse tout redire des ambitions des générations précédentes, du combat des féministes, de l'enfermement des femmes, spécialement depuis le XIXe siècle. Sur le travail des femmes, la mémoire collective consent cependant à convoquer l'épisode de la Première Guerre mondiale, quand elles seraient entrées sur le marché du travail, pour en ressortir aussitôt. De la Seconde, qui se joue dans des conditions guère différentes, il n'est en revanche jamais question, ni des Trente Glorieuses. Tout semble donc commencer quand, dans les années 1970, un million de femmes supplémentaires, puis deux arrivent sur le marché du travail, principalement dans les emplois du secteur tertiaire et, plus souvent que les hommes, à temps partiel. Alors s'annonce la crise économique, celle qui fait gonfler le chômage et dont certains affectent de croire que le travail féminin l'aggraverait.

Première Guerre mondiale, années 1970 ? Ces chronologies ne résistent pas à la mise en perspective historique. En effet, on ne peut dire que les femmes commencent à travailler quand les poilus partent au front. Si les contemporains ont beaucoup parlé des munitionnettes, qui se retrouvent en grand nombre dans les usines d'armement, dans ces ateliers métallurgiques et mécaniques jusque-là surtout peuplés d'ouvriers qualifiés, les femmes n'arrivent pas alors dans l'industrie. Peu avant la guerre, 2,3 millions de femmes se déclarent ouvrières contre à peine 500 000 de plus en 1918. Si ce n'est pas négligeable, cela n'a rien d'un raz-de-marée. Il est en revanche exact qu'entre 1914 et 1918, les femmes occupent des emplois d'hommes, qui, avant la guerre, leur sont fermés : conductrices de tramways, factrices, professeures des lycées de garçons. Et ce ne sont que ces métiers-là que, la paix revenue, elles devront quitter. Il est donc bien plus juste de dire : les femmes sont arrivées sur le marché du travail pendant la Première Guerre mondiale *dans des métiers interdits*.

Pour les années 1970, il en va de même : 6,6 millions de femmes sont actives en 1962, 7,1 en 1968, 8,1 en 1975, avec ensuite une progression au rythme d'un million d'actives supplémentaires tous les dix ans, pour totaliser 12 millions en 1999, pour 14 millions d'hommes. La visibilité est numérique, mais aussi qualitative. Ce ne sont ni des ouvrières, ni même des fonctionnaires qui font grimper les chiffres de l'emploi féminin, mais d'autres types d'actives et en particulier des anciennes agricultrices — qui ont quitté une campagne où les recensements les ignoraient, reconverties en ouvrières et employées — et les femmes des milieux sociaux favorisés, autrefois inactives et désormais conquérantes. Pourquoi ? Tout simplement parce que les femmes sont enfin des citoyennes à part entière, nanties de leurs droits civiques, mais aussi civils, ceux de l'indépendance juridique face à leur conjoint et, surtout, ceux de l'égalité scolaire, toute récente : alors, les femmes peuvent devenir ingénieures, cadres, médecins, avocates, juges en grand nombre. Au lieu donc de dire « depuis que les femmes travaillent », il est bien plus juste d'énoncer : depuis que les femmes travaillent *avec des droits égaux à ceux des hommes.*

De fait, les chronologies qui scandent l'histoire des femmes et du travail ne sont pas celles communément admises par l'histoire politique, ni même par l'histoire sociale. Aux femmes, les droits manquent dès le début du XIXe siècle, après la mise en place du code Napoléon, puis de l'enseignement secondaire. De plus, contrairement à ce qu'espéraient les féministes depuis le XIXe siècle, le droit de vote octroyé en 1944 n'a pas changé immédiatement la condition des femmes : il leur a fallu attendre la décennie 1965-1975 pour que soient mises en place les lois permettant leur émancipation, en particulier au travail.

Comme historienne, comme universitaire, comme baby-boomeuse et mère active appartenant à la première génération usagère de ces nouveaux droits, c'est cette évolution-là que j'ai voulu ici retracer. Ce livre est né d'une double nécessité. Nécessité d'abord de n'avoir plus à sans cesse réitérer l'idée que « les femmes ont toujours travaillé ». Sociologues et économistes, par exemple, argumentent avec l'axiome « depuis que les femmes travaillent », brouillant bien souvent les raisonnements sur la société contemporaine. Nécessité ensuite de rassembler les savoirs sur l'histoire des femmes et de leurs travaux au cours des deux derniers siècles, en tâchant de comprendre comment et pourquoi le travail féminin est resté si longtemps invisible, en essayant de souligner l'articulation des différents registres qui concourent à leur attribuer un rôle second et soumis. Si, ces dernières années, la question a suscité de nombreux ouvrages et articles de sociologues[1], de juristes[2], d'économistes[3], de politologues[4] et de philosophes[5], mais aussi d'historien-ne-s[6], travaillant tant dans les registres du culturel que du social, il n'y avait aucun livre rassemblant ces nouvelles connaissances.

À en tenter la synthèse, plusieurs options ont été prises. D'abord celle, formelle, d'abandonner le masculin pluriel, cette sorte de neutre, pour désigner des groupes de femmes et d'hom-

---

1. Pour la sociologie du travail, voir en particulier, Margaret Maruani, *Mais qui a peur du travail des femmes ?*, 1985 ; Margaret Maruani (éd.), *Les Nouvelles Frontières de l'inégalité. Hommes et femmes sur le marché du travail*, 1998. Une revue pluridisciplinaire est consacrée aux questions des femmes et du travail, *Travail, Genre et Société*. Pour la sociologie de l'éducation, Christian Baudelot, Roger Establet, *Allez, les filles !*, 1992. Pour l'histoire de l'enseignement, Claude et Françoise Lelièvre, *Histoire de la scolarisation des filles*, 1991 ; Marie Duru-Bellat, *L'École des filles : quelle formation pour quels rôles sociaux ?*, 1997.

2. Odile Dhavernas, *Droits des femmes et pouvoir des hommes*, 1978 ; Marie-Thérèse Lanquetin, « La preuve de la discrimination, l'apport du droit social », *Droit social*, 1995.

3. Pour l'économie, Rachel Silvera, *Le Salaire des femmes, toutes choses inégales [...] : les discriminations salariales en France et à l'étranger*, 1996.

4. Jeannine Mossuz-Laveau et Mariette Sineau, *Enquête sur les femmes et la politique en France*, 1983 ; Mariette Sineau, *Des femmes en politique*, 1988.

5. Geneviève Fraisse, *La Différence des sexes*, 1996 et *Les Deux Gouvernements : la famille et la Cité*, 2000.

6. L'historienne qui a le plus marqué les recherches françaises sur les femmes est incontestablement Michelle Perrot, qui a en particulier co-dirigé les cinq volumes de *L'Histoire des femmes en Occident* (les tomes 4 et 5 pour les XIXe et XXe siècles) et suscité de très nombreux travaux universitaires. Ses principaux articles, en particulier sur le travail des femmes, sont rassemblés dans *Les Femmes ou les silences de l'histoire*, 1999. On trouvera un point historiographique sur les femmes et le travail dans Delphine Gardey, « Perspectives historiques » [Maruani, 1998]. L'histoire des luttes des féministes aux XIXe et XXe siècles dans : Maïté Albistur, Daniel Armogathe, *Histoire du féminisme français*, 1977 ; Michèle Riot-Sarcey, *La Démocratie à l'épreuve des femmes. Trois figures critiques du pouvoir, 1830-1848*, 1994 et *Le Féminisme. Une histoire éclatée*, 2002. Laurence Klejman, Florence Rochefort, *L'Égalité en marche. Le féminisme sous la Troisième République*, 1989 ; Christine Bard, *Les Filles de Marianne. Histoire des féminismes, 1914-1940*, 1995 et *Les Femmes dans la société française au XXe siècle*, 2001 ; Sylvie Chaperon, *Les Années Beauvoir, 1945-1970*, 2000. Malgré une forte accélération de la recherche depuis une dizaine d'années, l'historiographie française est plus pauvre que celle de ses voisines occidentales, notamment américaine, anglaise ou allemande ; on en trouvera une synthèse dans Françoise Thébaud, *Écrire l'histoire des femmes*, 1998.

mes ; grammaticalement correct, il est aussi socialement accablant et a trop longtemps participé de l'invisibilité des femmes :
à toujours parler des « instituteurs », on en oublie les institutrices, à toujours chercher les « ouvriers », les ouvrières sont for-
closes et il en va de même pour les immigrées et tant d'autres[1].
Ensuite, pour ne pas signaler les femmes qu'entre parenthèses,
a été adoptée une graphie qui ne décline pas les enseignant(e)s,
mais les enseignant-e-s. Les noms de métiers ont aussi été systématiquement féminisés, dans le cadre de directives gouverne-
mentales qui datent, on l'oublie trop, de 1986 et qui
commencent, bien lentement et après une loi de 1998, à être
appliquées. On lira donc ici l'histoire des cheffes, des magistrates et des professeures[2]. Le temps semble en effet révolu où les
femmes devaient, pour être admises, en rajouter dans le conformisme masculin ambiant et ces signes sont aussi une manière
de les sortir de l'invisibilité. Enfin, le XIXe comme le XXe siècle
classifient les femmes non pas pour elles-mêmes, mais selon
l'état de leur relation juridique avec l'homme, les identifiant
comme Mlle S., Mme V., et, longtemps, Veuve H. ; si l'usage s'en
perd aujourd'hui peu à peu, en particulier après une circulaire ministérielle de 1984 qui demandait que toutes soient
appelées « Madame », la langue académique écrite garde encore
trace de ces discriminations : quand pour les hommes décédés
on supprime « M. » en nommant par le prénom et le nom, pour
les femmes on conserve « Mme, Mlle, Vve » devant le nom, sans
utiliser ce prénom, qui, du coup, s'est souvent perdu ; ici, les
femmes seront nommées comme le sont habituellement les
hommes.

---

1. Et encore ce masculin neutre n'est-il grammaticalement correct que
depuis le XVIIe siècle ; jusque-là, la règle dominante était l'accord de
l'adjectif avec le substantif le plus proche ; ainsi écrivait-on : « un chien et
cent femmes étaient contentes de leur belle promenade » [Moreau, 1999].
2. Le XIXe siècle a codifié des féminins pour certaines épouses : la
femme du maire devient la mairesse, la femme de l'ambassadeur,
l'ambassadrice ; seules les femmes à tout faire, comme les ouvrières, gar-
dèrent au féminin le nom de leur métier, ce qui marquait peut-être l'état
que les hommes refuseraient. Auparavant, le féminin existait pour des
fonctions et, par exemple, Jeanne d'Arc était bien nommée comme
commandante en cheffe des troupes royales [Moreau, 1999].

Pour son économie interne, c'est fondamentalement à l'histoire des métiers et professions que ce livre s'attache, y compris dans ce qu'ils peuvent avoir de récent. Contrairement à ce que certain-e-s s'efforcent de penser, les femmes ne sont pas convoquées ponctuellement sur le marché du travail, elles ne sont pas l'armée industrielle de réserve du capitalisme, pas plus qu'elles ne prennent le travail des hommes, ou que, jusqu'à récemment, elles ne le partagent. Au fil des deux derniers siècles, leur place s'est forgée dans l'innovation et non dans la substitution, que ce soit la nouveauté du métier d'ouvrière, comme celui de secrétaire ou d'assistante sociale. La liste de ces métiers n'est d'ailleurs pas longue, puisque les femmes sont regroupées dans des emplois très caractérisés : en 1990 encore, 60 % des femmes actives se trouvent dans six des trente et une catégories socio-professionnelles de l'INSEE — employées de la fonction publique, employées administratives, de commerce, personnels de services aux particuliers, institutrices et professions intermédiaires de la santé. Il n'a donc pas été possible de se caler sur les catégories usuelles d'analyse des populations actives, celles organisées et codées pour la lecture des recensements, qui distinguent classiquement entre l'agriculture, l'industrie et le bâtiment, le tertiaire, entre secteurs privé et public. En l'occurrence, ces typologies obscurcissaient la lecture et la compréhension des phénomènes. Ainsi, les femmes dites « employées » le sont à des tâches qui peuvent être anciennes, comme dans le commerce, ou plus neuves, comme pour la mécanographie.

C'est l'histoire des contenus du travail et de leur évolution qui a donc été privilégiée, en différenciant par exemple les « métiers des machines » des « métiers des papiers », qui s'exercent aussi bien dans les usines que dans des bureaux. Par ailleurs, pour décrire l'histoire de l'accès des femmes au marché du travail et une fois admise leur présence immémoriale, il a été nécessaire de distinguer « les métiers de toujours » de ceux récemment conquis, où la mixité est en œuvre. Or, cette dernière est d'acquisition fort récente. Jusque-là, le temps des femmes au travail est un temps qui frappe par sa platitude, par le non-renouvellement des questionnements sociaux, par l'application d'une stricte division du travail ancrée, légitimée par deux grandes structures : d'une part, le statut des épouses qui ne fait pas considérer comme actives les femmes qui travaillent avec leur conjoint, en particulier dans le cadre de l'exploitation rurale et de la boutique ; d'autre part, la définition de certains métiers comme requérant des qualités spécifiquement fémini- nes, qu'il s'agisse de la dextérité et de la monotonie nécessaires au travail sur les machines, ou des métiers du maternage et des soins. Si l'on excepte la professionnalisation de certains d'entre eux — infirmières, assistantes sociales... — en particulier durant l'entre-deux-guerres, ces métiers n'évoluent guère au fil du temps, et en tout cas pas assez pour permettre de nettes inflexions chronologiques.

Une organisation thématique des connaissances a donc été adoptée, où, aux deux extrêmes, sont classés les métiers anciens, où les femmes ne sont guère reconnues, et les métiers récemment ouverts, dont le sens commun dit que les hommes les fuient. Pour accéder à la compréhension de cette longue et lente évolution, est nécessaire un détour par l'histoire des lois, celles du travail comme celles de l'enseignement, fortement ancrées dans les conditions féminines organisées par le code civil. On y verra comment le verbe *pouvoir* a sans cesse glissé d'un sens à un autre. En effet, la société organisée par et pour les hommes aux lendemains de la Révolution française a décrété le non-accès des femmes à l'enseignement secondaire et supérieur : matériellement les femmes ne *pouvaient* pas suivre ces cursus, elles n'en avaient pas la possibilité ; parallèlement, tout un discours s'organisait qui proclamait qu'elles ne *pouvaient* pas faire ces études, parce qu'elles n'en avaient pas les capacités intellectuelles. Il a fallu presque deux siècles pour neutraliser ce sophisme, pour éradiquer cette tautologie. Contrairement à ce que l'on pourrait penser, les femmes ont toujours occupé tous les espaces de travail qui leur étaient consentis, bataillant, sou- vent en faible nombre, pour se faire ouvrir les autres. Les résis- tances furent si fortes qu'il a par exemple fallu cent ans entre le moment où la première femme a soutenu une thèse de droit et celui où les femmes comptent pour la moitié des avocat-e-s. Et encore y a-t-il bien des domaines du pouvoir et du savoir, ceux dits du « plafond de verre » ou du « dernier cercle », où la parité n'est pas encore atteinte, comme pour les cadres supérieures, les chirurgiennes ou les ministres.

Au centre de ces résistances sociales au travail des femmes, il y a plusieurs traditions. La première est de les mal comptabiliser, ce qui conduit à une invisibilité numérique organisée, à une occultation systématique qui ne laisse pas d'étonner : jusqu'aux années 1970, les femmes ont toujours constitué au moins le tiers de la population active. Comment donc la société a-t-elle pu si superbement feindre de les ignorer ? La seconde tradition est de faire sans cesse référence à leur important rôle biologique, celui de la maternité. Au XIXe comme au XXe siècle, les discours sont toujours abondants qui réclament que les femmes restent, ou repartent, dans le cadre de leurs occupations domestiques. Mauvaises mères et mauvaises épouses que ces femmes actives ? Pas nécessairement, puisqu'il y a bien des métiers qui leur sont totalement dévolus, des sages-femmes aux institutrices de maternelle. Le bruit court bien que ces actives-là sont des célibataires, mais, justement, cela n'est pas exact. Une des difficultés pour parler du travail des femmes est donc de dénouer les représentations qui l'entourent. Pour en rendre compte, plutôt qu'un détour par la littérature, ont finalement été privilégiées des citations des contemporains, souvent philosophes ou hommes politiques. Mais lectrices et lecteurs ne doivent pas imaginer que ce florilège a été spécialement conçu pour être accablant : dans la bouche des hommes, et parfois des femmes, les opinions défavorables aux femmes sont innombrables. Il m'a semblé que ces citations donneraient à penser, à méditer sur le chemin parcouru ces dernières décennies : les femmes reviennent de loin.

Ce livre s'organise en huit thématiques, avec, pour commencer, l'histoire de ce qu'il faut bien appeler l'exclusion des femmes, et spécialement des épouses, du droit commun et ordinaire. Puis on examinera comment le nombre des femmes au travail a évolué au cours des deux derniers siècles, ainsi que leurs lieux et conditions de travail. Ensuite, c'est l'histoire des métiers eux-mêmes qui sera exposée, en les classant selon leurs caractéristiques, allant des métiers traditionnels (agricultrices, commerçantes, domestiques), à ceux qui leur sont réservés parce qu'ils sont dits proches de la maternité (infirmières, sages-femmes) ou parce qu'ils sont peu qualifiés (femmes ouvrières et des machines, mais aussi femmes des bureaux et des papiers) ; on terminera par les métiers récemment ouverts (magistrates, ingénieures ou députées) où se jouent tout à la fois le savoir et le pouvoir et aussi, bien sûr, un partage équitable de toutes les possibilités offertes par le marché du travail[1].

---

1. Ce livre est la synthèse d'une bibliographie dispersée ; pour en allé-ger la lecture, les références aux articles et ouvrages ne seront pas don-nées selon le système des notes infrapaginales, mais en citant les auteur-e-s entre parenthèses ; les lectrices et lecteurs peuvent ensuite se reporter à la bibliographie générale. Par ailleurs, les guillemets ont été réservés aux citations des contemporain-e-s des faits relatés.

Chapitre premier

L'ÉTAU JURIDIQUE

Entre 1965-1975, une décennie, la condition juridique des femmes a considérablement changé. Se sont définitivement cumulées les mutations des droits civils, celles des droits à l'enseignement et au travail, qui ont balayé des incapacités organisées au tout début du XIXᵉ siècle, entre 1804 et 1810, six petites années. La nouvelle société née des grands bouleversements révolutionnaires s'était alors structurée dans l'exclusion des femmes et tout spécialement celle des épouses. Largement fondé sur la nature spécifique qui leur était prêtée, ce régime d'exception s'était organisé en cercles concentriques : une absence de droits civils et un déni des droits civiques soutenus par une instruction très inégalitaire, conduisant implacablement à des statuts au travail spécifiques. Du Consulat à la Troisième République, on ne peut noter de changement majeur, sauf dans les années qui suivent la Première Guerre mondiale avec l'ouverture d'un enseignement secondaire, conçu par ailleurs comme très élitiste. Si les lendemains de la Libération accordent les droits de vote et d'éligibilité, on reporte à vingt ans encore la réforme des articles les plus contraignants du code civil. Quant au travail, si les femmes mariées gagnent quelque émancipation en 1907, obtenant le droit de gérer le fruit de leur labeur, comment oublier que le statut égalitaire de la fonction publique de 1946 est bien mal appliqué jusqu'au milieu des années 1970, décennie qui voit aussi le vote des premières lois demandant la non-discrimination au travail. Les premières années du XIXe siècle ont ainsi, dans divers registres, serré un étau législatif, qui n'a réellement relâché son emprise que dans le dernier quart du XXe siècle.

1804-1810 : LES LOIS DE L'EXCLUSION

Des droits civils inégaux

Dans son rôle non seulement symbolique mais réel de régulation de la société, le droit détermine les rôles sociaux assignés aux uns et aux autres. Avec la rédaction du code Napoléon, qui devient ensuite code civil et code pénal, se formalise la réorganisation de la société postrévolutionnaire tout entière. Entre l'individu et l'État, l'œuvre législative du Consulat concentre des dispositions juridiques sur l'organisation de la famille, du foyer, discernant de fait plusieurs types d'individus. Ainsi, le code civil ne connaît pas de femme(s) tout court, mais seulement des femmes classées selon leurs rapports institutionnels aux hommes et leur éventuelle maternité : des filles majeures, autrement dit des femmes célibataires, des femmes mariées — entre « fille » et « femme » on voit qu'il ne s'agit pas du changement de tranche d'âge, mais du passage par le ciment social majeur : le mariage —, des veuves avec enfants, des veuves sans enfant [Bordeaux, 1984].

Sans époux, la femme majeure et la veuve sans enfant sont les plus autonomes. Mais, alors que le droit du XIXe siècle est fondé sur la libre volonté de l'individu, les femmes mariées sont en position de totale subordination à leur conjoint. Alix de Lamartine résume cette position, la rapprochant de celle de la nonne : « On fait vœu de pauvreté puisque l'on remet sa fortune entre les mains de son mari ; on fait vœu d'obéissance à son mari et vœu de chasteté, en ce qu'il n'est pas permis de chercher à plaire à un autre homme ; l'on se voue aussi à l'exercice de la charité vis-à-vis de son mari, de ses enfants et de ses domestiques, à l'obligation de les soigner, de les instruire autant que l'on peut » [cité par Fouquet et Knibiehler, 1977]. Mariées, les femmes sont simplement estimées incapables d'exercer leurs droits individuels, comme les mineurs et les fous, ce qu'énonce l'article 1124 du code civil : « Les personnes privées de droits sont les enfants mineurs, les femmes mariées, les criminels et les débiles mentaux » [Arnaud-Duc, 1991]. Quand le mari est mineur, dément, condamné, incarcéré, un juge prend sa place ; quand il meurt, c'est le rôle du conseil de famille. Désormais prime un ordre conjugal où le mari est doté de pouvoirs exorbitants. Qu'il s'agisse de la capacité civile, du droit de la personne, du droit de propriété, du droit à l'enseignement, les lois se conjuguent pour, de mille manières, oblitérer le droit au travail.

Pour *les droits de la personne*, la toute-puissance maritale est inscrite dans l'article 213 : « La femme doit obéissance à son mari. » Cette subordination est complète : le mari fixe la résidence et l'épouse est tenue de vivre avec lui ; il exerce par exemple un droit de regard sur sa correspondance, peut détruire les lettres qu'il aura demandées à l'administration des postes de lui remettre directement. L'autorisation du mari est également nécessaire pour obtenir des papiers officiels ou un passeport, pour se faire soigner en dehors de sa ville de résidence. Quant aux enfants mineurs, s'exerce la puissance paternelle[1], qu'il s'agisse de leur entretien, de leurs études, de leur travail, puisqu'ils doivent lui remettre leurs salaires jusqu'à leur majorité, fixée à 21 ans. Pour les femmes célibataires et les veuves sans enfant, elles ne peuvent non plus être tutrices, curatrices ou membres

---

1. Le terme de « puissance paternelle » ne doit pas être compris comme une autorité exclusive du père ; faux ami du lexique juridique, il signifie les droits que la loi confère aux père et mère sur leurs enfants mineurs ; les juristes sont attentifs à la possible déchéance paternelle et soulignent que tout au long des XIXᵉ et XXᵉ siècles, l'autorité du père recule devant ceux de l'enfant et de la famille [Josserand, 1931].

d'un conseil de famille ; elles ne peuvent adopter, ni être témoin aux actes d'état civil ou de testament [Bordeaux, 1984].

Du côté de *l'administration des biens*, quand l'idéologie libérale estime imprescriptibles les droits à la propriété, femmes célibataires et veuves sans enfant gèrent leur fortune et leurs revenus, y compris ceux du travail. Pour la femme mariée, l'autorisation du mari est obligatoire pour accepter une succession, faire une donation entre vifs, acquérir, aliéner ou hypothéquer un bien et, de toute façon, pour agir en justice. Lorsque le mari a accordé une autorisation générale de gestion dans le cadre d'un contrat de mariage qui doit être celui de la séparation des biens, la femme ne peut s'en servir que pour administrer ses biens propres, jamais ceux de la communauté ; dans sa fortune personnelle, elle ne peut disposer que de ses biens meubles, quand à cette époque ce sont les immeubles qui ont la plus grande valeur économique. Ces contrats stipulant la séparation des biens sont au demeurant rares, puisqu'ils induisent un contrat devant notaire, pratique coutumière des élites, sans plus ; pour les autres couples, le régime est celui de la communauté des biens.

L'ensemble de ces dispositions donne évidemment à réfléchir sur le fort taux de célibat des femmes, en particulier celles qui travaillent, comme on le verra. Car le *divorce* leur est longtemps plus difficile qu'aux hommes. On le sait interdit par le dogme catholique, mais la France révolutionnaire l'avait autorisé en décembre 1792 et largement pratiqué, généralement sur la demande des épouses [Dessertine, 1981]. Le code civil y apporte les premières restrictions, en en acceptant seulement trois causes : l'adultère, les sévices et injures graves, la condamnation à une peine infamante. Longuement débattu, le divorce par consentement mutuel ne peut être demandé avant deux ans et après vingt ans de mariage ; le mari doit avoir plus de 25 ans, les père, mère et ascendants doivent donner leur autorisation, la demande doit être renouvelée quatre fois dans l'année. Le code ordonne aussi que les époux divorcés ne puissent se remarier avant trois ans et ne donne pas la possibilité d'épouser sa ou son « complice » en cas d'adultère. De toute façon, ce dernier n'est pas conçu de manière symétrique : une femme ne peut obtenir le divorce que lorsque son mari a notoirement entretenu une concubine au domicile conjugal, alors que, pour elle, l'adultère peut être constaté n'importe où. Et le code pénal instaure le principe d'une morale sexuée : l'épouse adultère encourt une peine de trois mois à deux ans de réclusion, quand le mari ne risque qu'une amende. De plus, en 1816, le divorce est à nouveau interdit jusqu'en 1884. Dans la foulée, en 1893, les femmes séparées de leur conjoint récupèrent leur pleine capacité civile et 80 % des séparations de corps se font d'ailleurs à la demande des épouses. L'évolution vers le droit à l'entente est lente, marquée seulement par la loi de 1904 qui permet d'épouser le ou la compagnon-ne adultérin-e et celle de 1908 qui, après trois ans de séparation de corps, permet la prononciation du divorce [Perrot, 1987-b ; Fine et Sangoï, 1991].

Un faible droit à l'instruction

Le code civil, toujours, impose à la femme mariée de demander l'autorisation de son conjoint pour s'inscrire à des cours et passer des examens. De fait, l'article est une quasi-précaution liminaire, puisque dès 1808, une partie de l'enseignement, celle qui mène à l'université, exclut les filles. Cette année-là le Consulat réorganise *l'enseignement public secondaire* en lycées et collèges, en confie la surveillance à l'Université et crée le baccalauréat, premier diplôme de l'enseignement supérieur. Les lycées sont peu nombreux : un par cour d'appel, puis un par préfecture ; les collèges, aux effectifs moins fournis, sont aux chefs-lieux. Autant dire que l'offre de cette école-là est bien réduite. Et plus encore qu'on ne pourrait le croire, puisqu'il est également décrété qu'aucune femme ne pourra y être logée, ni reçue. Trois ans plus tard, en 1811, les écoles tenues par des femmes sont exclues de la surveillance de l'Université et donc de ce système secondaire récemment organisé : l'éviction des filles, tant académique qu'institutionnelle, est bouclée, il ne reste plus pour elles que l'enseignement privé, laïque ou confessionnel. Napoléon lui-même n'en faisait pas mystère : « Je ne crois pas qu'il faille s'occuper d'un régime d'instruction pour les jeunes filles ; l'éducation publique ne leur convient pas puisqu'elles ne sont point appelées à vivre en public ; le mariage est toute leur destination » [cité par Lelièvre et Lelièvre, 1991]. Parallèlement, l'Église catholique affirme sa sollicitude pour l'enseignement féminin, entendant bien reprendre la place qu'elle occupait sous l'Ancien Régime dans la surveillance des écoles. Elle proclame par ailleurs la nécessité de la séparation des sexes, tant pour des raisons de moralité que pour préserver une spécificité à ces formations. Devant le désintérêt organisé de l'État, les lieux d'enseignement non confessionnels se développent aussi. En 1850 dans le département de la Seine, ce sont 15000 à 20000 filles qui reçoivent une instruction dans divers établissements privés [Mayeur, 1979 et 1993].

Quant à *l'enseignement primaire*, le Consulat le laisse en friche, à l'appréciation des communes chargées d'entretenir maî-tre-sse-s et locaux. Quand François Guizot lance 190 inspecteurs dans le royaume en 1833, le tableau brossé est désolant : les pouvoirs publics ignorent jusqu'au nombre exact des écoles, les campagnes sont sous-scolarisées, les maîtresses et maîtres pauvres, surtout quand elles et ils ne sont pas congréganistes ; les savoirs des élèves se révèlent hétérogènes, les parents variant le versement de l'écolage selon qu'ils souhaitent que leurs enfants apprennent juste à lire, à écrire et/ou à compter. Les lois inspirées par Guizot sont de massification et d'uniformisation : chaque commune doit posséder son école, publique ou privée, chaque département avoir son École normale pour la formation des instituteurs. Bien qu'il n'y ait pas encore de forte intervention financière du ministère de l'Instruction publique, la surveillance des enseignants et l'administration de leurs carrières sont désormais centralisées avec la mise sur pied d'une inspection primaire et d'une inspection d'académie. Quant à l'obligation, elle ne concerne que les garçons. Pour les filles ne sont prévues que des écoles « spéciales » — et on verra combien ce vocabulaire est récurrent —, non obligatoires, qui ne peuvent être ouvertes que sur demande expresse des conseils municipaux, si la commune en a le « besoin » et les « ressources ». Pour accroître les difficultés, ou favoriser la discrimination, une ordonnance de 1835 prescrit la séparation des sexes dans la classe ; un an plus tard, la cohabitation est tolérée, mais en montant une cloison dans la salle. Pourtant, en 1837, 1,1 million de filles sont recensées dans le primaire public ou privé, soit quand même deux fois moins que de garçons.

À partir de 1836, est mis en place *l'enseignement primaire postélémentaire*, assorti d'un diplôme, le brevet, en 1850. Filles et garçons y sont dissociés et les établissements sont plus nombreux pour les seconds ; pourtant, dans la seule académie de Paris, entre 1855 et 1880, 24 171 brevets sont décernés à des filles, soit 1 000 par an en moyenne, un tiers de plus qu'aux garçons [Mayeur, 1989].

Un droit au travail contrôlé

Du côté de l'exercice d'un métier, le code civil s'efforce, par divers biais, d'en rendre l'accès difficile aux femmes mariées : il faut ainsi l'autorisation du conjoint pour exercer un métier et disposer de son salaire, mais encore pour prendre un engagement artistique. Quant aux biens que les femmes pourraient y engager, on a dit que la surveillance du mari est complète, sauf clause spéciale du contrat de mariage. L'oblitération est forte dans le cadre de la propriété associée au travail. Ainsi, la femme majeure ou la veuve sans enfant non remariée peut risquer et jouer ses biens, mais sans la contrainte par corps qui la rendrait crédible[1] : le code pénal de 1810 porte bien atteinte au crédit des femmes, à leur capacité de s'obliger. Pourtant, la fin du XVIIIe siècle avait connu des mutations, peu avant la Révolution, en particulier dans le cadre des métiers urbains fermés aux femmes. Ainsi, à Paris, dans les corps féminins des marchandes-maîtresses, par exemple les lingères et les couturières, l'intervention directe des maris, pères ou d'autres hommes de la famille était prohibée [Truant, 1996]. De même, la femme non

---

1. Sauf en cas de stellionat, délit consistant à vendre ou à hypothéquer un bien dont on n'est pas propriétaire.

mariée ne peut être ni conseil judiciaire, ni arbitre ou expert. Elle ne peut être ni comptable, ni caution d'un comptable, ni responsable des deniers publics, jusqu'en 1867. Jusqu'en 1868 et la création des sociétés anonymes, les femmes ne peuvent sous-crire des lettres de change et sont, par là même, exclues de la création de la monnaie fiduciaire.

On pourrait imaginer que cet ensemble législatif est celui produit par un régime autoritaire. Mais il n'en est rien. La République ne sera pas plus clémente aux femmes.

DES RÉPUBLIQUES SANS CITOYENNES

1848 : l'éviction de la citoyenneté

Le XIXᵉ siècle est bien celui de l'ouverture aux talents individuels, de l'élaboration de l'identité par le travail et par l'instruction. Il est donc logique que, du point de vue de cette société androcentrée, les femmes en soient exclues, au moins dans les discours et si possible dans les faits. Tout se noue sans doute dans les années 1840, quand le droit au travail est traduit, converti en équivalent du droit à la propriété, cette propriété qui donne droit à la citoyenneté. Le travail devient ainsi une valeur non seulement économique, mais identitaire et politique. Il est le moyen par lequel l'individu peut prendre conscience de ses devoirs, il garantit la liberté et l'égalité de tous : « Il faut proclamer cette vérité que le travail est l'agent le plus actif de la réalisation de l'égalité », écrit bien la *Revue républicaine* [Riot-Sarcey, 1994]. C'est ainsi que l'interdiction d'accès à la citoyenneté signe l'exclusion des femmes, venant renforcer encore les dispositions antérieures. Un droit de vote, un droit de propriété, un droit au travail partagés auraient été la clef d'un statut universel et égalitaire, d'une masculinité partagée [Scott, 1998]. Il n'en sera rien. Mais dans un silence certain, aggravé encore par un accès inégalitaire à l'enseignement.

24

Un enseignement secondaire excluant

Dans le cadre de l'accès des femmes aux métiers qualifiés, à ceux qui font la décision politique, économique et sociale, une place de choix doit être accordée au système d'enseignement avalisé par le ministère Ferry, quand s'enracine la Troisième République. Contrairement à ce que l'on pense souvent, les trains de lois qu'il a inspirés n'ont rien de démocratique. Tout d'abord, même s'il installe un substantiel enseignement primaire en trois niveaux, Jules Ferry laisse intact l'enseignement secondaire napoléonien et, de surcroît, refuse toujours d'y intégrer les filles. Le système élaboré entérine la séparation des groupes sociaux comme des sexes.

Pour *l'enseignement secondaire*, la loi dite Camille Sée de 1880 fait traditionnellement date. Elle a été précédée en 1867 par une première tentative, celle de Victor Duruy. L'idée est d'organiser un enseignement secondaire pour les filles des notables. Il sera payant, 15 ou 20 francs par mois, quand une institutrice ou une employée des postes ne gagne que quatre fois cette somme. Il sera limité : les disciplines qui donnent accès à la pensée classique, latin, grec et philosophie, en sont bannies. Il sera long, mais pas trop : sur cinq ans, avec un diplôme de fin de cursus, le brevet d'enseignement secondaire. Il n'est pas question de former ces filles pour une ouverture à l'université, puis aux carrières libérales. Pas question non plus de leur donner accès aux livres qui ont formé leurs pères et leurs frères. Comment ne pas penser au portrait que Balzac dresse de Camille Maupin, sa figure littéraire de George Sand ? Sur son enfance, quand « elle s'éleva toute seule, en garçon. Elle tenait compagnie à Monsieur de Faucombe dans sa bibliothèque et y lisait tout ce qu'il lui plaisait de lire », sur sa vie adulte, quand « monstrueuse créature qui tenait de la sirène et de l'athée, [elle] formait une combinaison immorale de la femme et du philosophe, et manquait à toutes les lois sociales[1] ». Une

---

1. Honoré de Balzac, *Béatrix*, publié entre 1839 et 1845, Bibliothèque de la Pléiade, 1976, p. 687.

circulaire dit bien que ce sont des épouses et des mères promues au rang d'éducatrices qu'il faut former : « Pour fortifier son jugement et orner son intelligence, pour apprendre à gouverner son esprit et se mettre en état de porter avec un autre le poids des devoirs et des responsabilités de la vie, sans sortir du rôle que la nature lui assigne, il faut à la femme une instruction forte et simple » [1867, cité par Lelièvre et Lelièvre, 1991]. Dans ces cours secondaires, sont en revanche enseignés la littérature générale et un peu de sciences. Des locaux municipaux sont mis à disposition, sans obligation aucune, ainsi que les professeurs, masculins, qui enseignent dans les lycées de garçons. Il s'agit bien d'une tentative laïque destinée à élaborer des lieux de formation, fondés sur une distinction sociale et sexuée, concurrents des écoles congréganistes et des pensionnats religieux.

D'ailleurs, pour l'Église catholique, l'absence d'éducation religieuse, l'ouverture au monde tout comme l'enseignement par des hommes sont rédhibitoires. Mgr Dupanloup, archevêque d'Orléans et membre du Conseil supérieur de l'Instruction publique, mène le combat : « Les filles sont élevées pour la vie privée ; je demande qu'elles ne soient pas conduites aux cours, aux examens, aux diplômes, aux distributions qui préparent les hommes à la vie publique. » Éduquer les filles, ce serait menacer un ordre social péniblement construit, nul ne s'y trompe et le journal ultramontain *L'Univers* l'écrit : « Émanciper la femme, c'est l'arracher aux devoirs et aux occupations de son état et en faire l'émule et l'égale de l'homme dans les fonctions de la vie civile » [cité par Rogers, 1996]. Entre 1867 et 1870, plus de soixante-dix cours sont ouverts, pour environ 2 000 filles ; en 1878, il en restera à peine une dizaine. La tentative est un échec, peut-être parce que le cursus imaginé n'est guère respecté. À celui-ci, les enseignants préfèrent la méthode des conférences, où les élèves viennent accompagnées d'une adulte, leur bonne, leur institutrice particulière ou leur mère, à laquelle on remettra les devoirs corrigés. Ces derniers sont facultatifs, le plaisir de savoir étouffé, la crainte de donner aux jeunes filles l'habitude de paraître en public évidente : « Le savoir des femmes est comme les fleurs, il ne doit pas être trop ardent ; il doit être le parfum du foyer domestique » [1868, cité par Rogers, 1996]. Les horaires sont d'ailleurs légers : en 1887, à Brest, la fréquentation se fait les lundis, mercredis et samedis de 11 heures à 14 heures et de 11 heures à midi les autres jours [Cosnier, 2001]. Résultat, les cours sont désertés et certaines en sont ravies : « Ce cours des demoiselles Allest est trop bête. On apprend une leçon tous les quinze jours, on fait des devoirs ineptes. Je suis bien contente de ne plus y aller. En revanche, j'aurai un professeur qui viendra me donner des leçons deux fois par semaine. De cette façon, je ne ferai que des choses utiles. [...] Quelle veine d'avoir un prof ! Les garçons vont me respecter et je vais devenir savante » [cité par Rogers, 1996].

En 1880, la législation de Camille Sée pour les filles s'installe donc sur cet insuccès de Duruy. On met en place un enseignement « spécialement conçu » dans des lycées et des collèges particuliers, levant ainsi pour partie l'interdit napoléonien. Cinq ans donnent accès au diplôme de fin d'études secondaires, trois ans au brevet. Pas de baccalauréat, les filles sont toujours exclues de l'accès à l'enseignement supérieur. En revanche, payant comme celui des garçons, cet enseignement permet toujours d'opérer une sélection sociale, de préserver l'entre-soi. Dès 1882 ouvrent vingt-trois établissements rassemblant 3 000 élèves, dont les lycées de Montpellier, Rouen, Auxerre, Grenoble, contre 352 établissements de garçons et 90 000 élèves. Parallèlement, les cours secondaires privés de filles sont de 105, pour 5 400 élèves. On voit que les effectifs des décennies antérieures sont largement dépassés. Dans les programmes, une heure facultative de latin destinée à accéder aux textes français classiques est supprimée dès 1897 — cela fait des femmes « pédantes » —, mais on enseigne l'alphabet grec, nécessaire pour pouvoir plus tard aider les fils dans leur scolarité. Mais il n'y a toujours pas de philosophie, cette discipline qui permet de penser le monde. Et Jules Simon de souligner que « si elles mordent à la philosophie, elles y gagneront que la folie les étreindra à bref délai ou qu'elles deviendront athées : il faut des cerveaux d'hommes mûrs pour se livrer fructueusement aux études philosophiques ». Pour les mathématiques, des notions, car « il serait fâcheux de développer l'esprit d'abstraction et les jeunes filles n'auraient que faire des mathématiques appliquées, puisqu'elles ne deviendront pas ingénieurs ». Quant aux sciences, fort peu surtout et Jules Verne dispense ses conseils : « Prenez garde de ne pas vous égarer en courant dans le domaine scientifique ; puissiez-vous en sortant du cours de chimie générale savoir confectionner un pot-au-feu » [textes cités par Lelièvre et Lelièvre, 1991]. Restent la littérature, le français, une langue vivante, l'histoire nationale et des aperçus d'histoire générale, le dessin et la musique, un peu de gymnastique, des travaux d'aiguille et « l'économie domestique ». En tout et pour tout vingt heures de cours par semaine, moins que les garçons, pour ménager la santé des jeunes filles.

Certaines pourtant s'obstinent pour l'accès à ce grade de bachelier qui leur ouvrirait les portes de l'enseignement supérieur. La première à l'obtenir est Julie-Victoire Daubié, qui essuie d'ailleurs dix refus successifs du recteur de l'université de Paris pour son inscription, persuadé qu'il est que cette demande est « outrecuidante, ridicule, que les femmes n'ont pas besoin de cela » [cité par Christen-Lécuyer, 2000]. On est aux lendemains de 1848, Julie Daubié a 27 ans ; elle ne peut passer et obtenir l'examen qu'en 1861, à Lyon, où le recteur précise bien que la loi n'interdit en rien aux femmes de subir les examens supérieurs, illustrant ainsi un autre type de position face au désir égalitaire des femmes. À la remise du diplôme, Rouland, ministre de l'Instruction publique déclare pourtant : « Vous voulez ridiculiser mon ministère » [cité par Thierce, 1995]. Fortes de son exemple, 299 autres jeunes filles deviennent « bacheliers » entre 1862 et 1896, pas tout à fait neuf par an. On est là au cœur du non-conformisme, des prouesses intellectuelles, mais aussi psychologiques, comme le raconte une lauréate : « En 1887, c'était encore un phénomène extraordinaire de présenter cet examen ; aux épreuves écrites, sur une centaine de candidats, on remarquait deux robes ; encore la seconde était-elle une soutane ; afin que la candidate ne soit pas mêlée à la foule, on lui avait réservé une place à part, au bout de la propre table des examinateurs » [cité par Christen-Lécuyer, 2000]. Ce ne sont pas les établissements publics, mais privés et les maîtres particuliers qui permettent ces résultats ; en 1905, le collège Sévigné, dirigé par Mathilde Salomon, crée une préparation au bac, avec un apprentissage accéléré du latin en deux ans. En 1908, enfin, sans doute sous la pression du nombre, l'administration de l'enseignement public finit par admettre la préparation des filles aux baccalauréats A, B, C et D dans ses établissements, installant des cours de latin pour la première partie et des cours de mathématiques et de philosophie pour la seconde. Il faut quand même attendre encore cinq ans, 1913, pour que ces cours de latin commencent dès la classe de 4e, accroissant ainsi les chances de succès des volontaires, d'ailleurs formées par les professeurs des lycées de garçons. Dès 1909, 100 filles se présentent à la première partie de l'examen, en 1912, 450 candidates sur 693 furent reçues à la première partie, et 289 sur 410 à la seconde. Les effectifs disent combien ce déblocage n'était que ponctuel et dépendait de la bonne grâce des directrices d'établissements.

L'obtention du baccalauréat entraîne l'accès des filles à l'enseignement supérieur. Elles ont dû y batailler, le droit de se présenter aux examens étant antérieur à celui de fréquenter les bibliothèques et les cours. Jusqu'à la fin du Second Empire, les femmes étaient interdites d'amphithéâtre, au motif que la cohabitation entre les sexes était impossible, morale et moralité n'y survivraient point. Quand la première bibliothèque de la Ville de Paris ouvrit ses portes en 1865, elle fut interdite aux femmes. Julie Daubié dut préparer sa licence seule en 1871, la Sorbonne ne s'ouvrant aux femmes qu'en 1880, alors qu'elles étaient déjà admises dans les facultés de médecine. Les décennies 1860-1890 furent jalonnées des exploits des premières, dont parfois l'histoire n'a même pas retenu les prénoms : 1869, Doumergue fut la première docteur en pharmacie ; 1875, Madeleine Brès la première docteur en médecine ; 1881 : Blanche Edwards fut reçue au concours de l'externat de Paris, dans un vaste chahut organisé par ses confrères, puis admise à l'internat en 1887, après bien des contestations sur son inscription ; 1885, Leblois fut reçue docteur ès sciences. Les disciplines scientifiques — et probablement médicales car les femmes restaient là dans le domaine des soins qui leur est traditionnellement reconnu — furent les moins difficiles à conquérir. Quand en 1892 Jeanne Chauvin passa son doctorat de droit, avec une thèse sur *Les professions accessibles aux femmes*, l'inscription au barreau lui fut, dans un premier temps, refusée. Il était donc clair que, pour celles qui s'obstinaient à être autant diplômées que les hommes, ces diplômes-là ne pouvaient conduire à des situations professionnelles équivalentes.

Un enseignement primaire à la traîne

Dans l'enseignement primaire, la loi Falloux de 1850 n'a installé l'obligation de créer des écoles de filles que pour les communes de plus de 800 habitants, soit de bien gros bourgs pour la France de l'époque où 26 millions de personnes habitent dans des communes de moins de 2 000 habitants, et sans d'ailleurs qu'y soient attachés des moyens financiers. Dix-sept ans plus tard, le ministère Duruy fait tomber le seuil d'ouverture à 500 habitants, en prévoyant cette fois un impôt pour leur entretien[1]. Enfin, la loi Ferry de juin 1881, qui prévoit une école gratuite et obligatoire dans chaque commune, décrète la prise en charge par l'État des dépenses qui dépassent le produit de ces impôts. 1833-1881 : il aura fallu un demi-siècle pour que les filles obtiennent des pouvoirs publics le même traitement que les garçons. Encore s'agit-il surtout de principes d'égalité, car des discriminations sont encore bien présentes. Ainsi, très matériellement, dans les classes uniques où la cloison vient d'être supprimée, le règlement imagine que « les garçons pourront par exemple occuper les bancs les plus proches du maître et les filles ceux du fond, avec un espace réservé de 80 centimètres » [cité par Lelièvre et Lelièvre, 1991] : une obsession — au nom d'une certaine morale — de la séparation des sexes que l'on trouve tout au long des différents cycles d'études.

---

1. Perception d'un quatrième centime communal et d'un troisième centime départemental.

Par ailleurs, si les programmes sont uniformisés sur le territoire national, filles et garçons n'étudient pas exactement les mêmes choses et passent des examens différents. Du côté des garçons, est valorisée l'exaltation du plaisir d'apprendre pour exercer un métier intéressant ; du côté des filles, des apprentissages se font aussi, sans doute, mais dans un autre registre, celui qui conduit à faire de bonnes maîtresses de maison. Pour les premiers, dans le cadre des travaux pratiques, du travail sur le bois et les métaux, de la gymnastique, voire des exercices militaires ; pour les secondes, de la couture et encore de la couture, et les circulaires insistent sur le raccommodage et le ravaudage, trop souvent délaissés au profit du tricot. La ségrégation se lit aussi dans les sujets du certificat d'études, le recherché et non mixte examen de fin d'études primaires. Pour les garçons, l'ouverture au monde prime, lorsque pour les filles la fermeture sur le foyer domestique prévaut : quand les uns narrent une expédition qui les conduit à pied de Dunkerque au Havre avec leur instituteur ou bien un voyage de Lille à Marseille avec leur père marinier qui transporte des alcools, les autres racontent à une amie comment elles ont failli s'empoisonner avec des moules douteuses ou comment elles sont fières d'avoir préparé un lait de poule pour leur père malade [Cosnier, 2001]. Quant à certains mots d'une grande banalité, ils deviennent presque polysémiques, comme le « bain » : pour les filles, c'est « votre sœur est malade, le médecin prescrit un grand bain ; vous le donnez, vous nettoyez la baignoire, vous l'écrivez à votre tante » ; pour les garçons : « Vous vous baignez à la mer et vous l'écrivez à votre correspondant de Haute-Marne. » Il en va de même pour les sujets du brevet élémentaire, trois ans après le certificat d'études : les garçons commentent la phrase de Jean-Baptiste Say : « Une nation n'est pas civilisée tant que tout le monde ne sait pas lire, écrire et compter », et les filles expliquent « en quoi consiste la véritable économie domestique » [textes cités par Cosnier, 2001].

Pour le personnel qui enseigne, François Guizot avait prescrit une École normale d'instituteurs par département ; quand, en 1882, la loi Paul Bert les rend obligatoires pour les femmes et les hommes, la France ne compte que dix-sept écoles normales d'institutrices. Évidemment, là encore, l'Église catholique a entre-temps pris la place. En 1866, les congréganistes sont 70 % des enseignantes. En 1879, 2,3 millions de filles sont inscrites à l'école primaire, mais, depuis 1850, les effectifs du laïc public n'ont augmenté que de 80 000 unités, contre 500 000 dans l'enseignement religieux et le privé laïc. Même l'interdiction d'enseigner à toute congrégation édictée par la loi Combes de 1904 ne peut enrayer le processus d'abandon de ses filles par la République, processus évidemment largement approuvé par les parents : les écoles de sœurs rouvrent alors en qualité d'écoles libres, avec un personnel sécularisé ou des maîtresses laïques : entre 1902 et 1912, le taux des filles éduquées par les congréganistes diminue de 39,5 % à 1,5 %, tandis que le privé laïc croît de 1,6 % à 23,3 % [Lelièvre et Lelièvre, 1991].

Pour *l'enseignement postélémentaire*, une série de dispositions prises entre les années 1876 et 1886 l'organise, tant dans des Écoles primaires supérieures que dans des cours complémentaires ; les deux sont à la charge des mairies pour les locaux et le matériel scolaire. Il s'agit de prolonger la scolarité obligatoire pour former la main-d'œuvre requise par les secteurs du commerce et de l'industrie, en pleine expansion. Pour les filles, l'exemple en avait été donné par une pionnière, Élisa Lemonnier : en 1862, elle avait fondé la Société pour l'enseignement professionnel des femmes et ouvert une école à Paris, qui dispensait des cours ménagers et de couture, mais aussi de commerce et de dessin. Les arrêtés et décrets qui se succèdent entre 1881 et 1886 organisent la gratuité, les programmes et les diplômes, avec le brevet élémentaire en trois ans et le brevet supérieur en six, soit un âge terminal de cursus à peine inférieur à celui de l'enseignement secondaire qui mène en sept ans les fils des élites au baccalauréat. Au même moment, pour les apprentissages dits manuels, sont créées les Écoles nationales professionnelles (ENP), auxquelles s'ajoutent les Écoles pratiques de commerce et d'industrie (EPCI), en 1892, dont le développement ne peut se comparer à celui des Écoles primaires supérieures [Briand et Chapoulie, 1992].

Cet enseignement-là prépare les filles comme les garçons à la vie active. On a beaucoup parlé des métiers d'institutrice et de ceux offerts par les Postes et Télécommunications. Il y en a bien d'autres, qu'il s'agisse de l'ensemble des nouveaux postes ouverts par une administration tant communale que nationale en considérable expansion, avec 500 000 fonctionnaires en 1901 et un million en 1914 ; mais aussi de toutes les entreprises qui se développent alors, tant dans les transports que dans les secteurs neufs de la seconde industrialisation, industriels comme commerciaux ; ou encore dans les petites entreprises de service qui se multiplient dans les villes de toute taille (2,1 millions d'actifs dans les branches artisanales en 1901). Brevet élémentaire et brevet supérieur sont nécessaires pour présenter les concours de la fonction publique, mais les EPS forment aussi des comptables, des dactylos, des laborantines, des dessinatrices et, bien sûr, à tous les métiers liés au secteur traditionnel de travail féminin, le textile.

Vue sous cet angle, la formation des filles dans le primaire supérieur est bien moins discriminante que l'enseignement secondaire. Mais dans une certaine mesure seulement. En effet, l'enseignement primaire postélémentaire n'est en rien obligatoire pour les municipalités et son réseau est moins dense pour les filles que pour les garçons. Si quelques grandes villes, par nécessité économique évidente, multiplient les créations dès la fin des années 1870 (quatre écoles ouvrent à Lyon entre 1879 et 1884), entre 1880 et 1900 naissent seulement quatre-vingt-dix EPS de filles, contre 200 pour les garçons. Dans trente-deux départements en 1900 et quatre encore en 1914, les filles ne peuvent suivre ces enseignements. Dans tous les cas, la création des EPS de filles est plus tardive que celle des garçons, arrive seconde dans la hiérarchie des dépenses scolaires, y compris dans les équipements, avec des locaux plus exigus et un matériel moins abondant. L'offre d'enseignement est ainsi longtemps bien inégale, alors que la demande est forte : une fois l'espace national convenablement maillé, les effectifs augmentent considérablement, soit 6 000 filles en 1880 et 72 000 en 1930 dans les EPS publiques, contre 2 000 en 1880 et 25 000 dans les EPS privées. Pour les Écoles pratiques de commerce et d'industrie (EPCI), en 1919, on en compte cinquante-neuf pour les garçons (12 000 élèves) et quatorze pour les filles (3 000 élèves) ; en 1939, ce sont 35 000 garçons et 11 000 filles ; dans les ENP, il y a, en 1959, 16 000 garçons et 4 000 filles [Briand et Chapoulie, 1992 ; Prudhomme, 2000].

Il va de soi que, les filles n'étant pas destinées aux mêmes métiers que les garçons, les programmes sont dissemblables. Préparées aux métiers du bureau, les filles font plus de langues, du droit, de la comptabilité, de la dactylographie ; quand on leur enseigne du dessin, c'est sans géométrie dans l'espace, puisqu'elles ne dessineront pas des pièces mécaniques, mais des modèles pour tissus. Quand les garçons travaillent le fer et le bois, elles travaillent l'aiguille et la cuisine [Lelièvre et Lelièvre, 1991]. Certains cursus sont même exclusivement consacrés aux travaux domestiques, comme à l'école de la Martinière à Lyon où les élèves de la section « ménage » vont faire le marché avec une enseignante, visitent des crèches, prennent leur tour par groupes et à la semaine pour laver le linge de l'école, puis le repasser [Court, 1999]. Même si les programmes voient des remodelages au début du XXe siècle, les dissemblances touchent, globalement, plus ou moins la moitié des enseignements. D'ailleurs, pour les accréditations des établissements, les discriminations sociétales sont aussi à l'œuvre : deux fois moins d'EPS de garçons sont autorisées à préparer au brevet élémentaire, qui conduit souvent aux carrières bien mal rémunérées de la fonction publique : manière sans doute d'y assigner les filles.

Quel droit au travail ?

L'État libéral du XIXe siècle n'est pas législateur dans le cadre de l'usine largement considérée comme un lieu privé, celui des industriels, où doit s'épanouir la relation individuelle. Le siècle vit sur les principes de la loi Le Chapelier de 1791 — « C'est aux conventions libres d'individus à individus à fixer la journée pour chaque ouvrier ; c'est ensuite à l'ouvrier à maintenir la convention qu'il a faite avec celui qui l'occupe » — réitérés par le code civil et ses articles sur le louage de la force de travail. Dans ce cadre, même l'association paraît attenter à la liberté individuelle. Les balbutiements de la législation industrielle se trouvent dans les lois de protection des enfants, dont on limite l'âge d'accès et le temps de présence dans les ateliers : en mars 1841, les 8-12 ans doivent au plus travailler huit heures journalières, les 12-16 ans, douze heures et le travail de nuit est proscrit. Il faut attendre mai 1874 et la Troisième République pour que l'âge minimal du travail monte à 12 ans [Le Crom, 1998][1]. Dans cette loi, les femmes sont, pour la première fois, traitées comme des individus spécifiques. Après débat, ont été exclues les femmes mariées, mais incluses les filles mineures : pour les 16-21 ans sont interdits le travail de nuit et les journées de plus de douze heures. Il s'agit de fait des seules jeunes femmes ouvrières dans l'industrie, puisque ne sont concernés que les manufactures, fabriques, usines, mines, chantiers et ateliers. D'autre part, les femmes sont désormais interdites des travaux souterrains : c'est, juridiquement, leur première exclusion d'un type de travail. Est invoquée alors non point la pénibilité du travail, mais la nuit éternelle des fonds de mines, cette obscurité censée permettre d'offenser les bonnes mœurs, de favoriser la débauche. Ainsi, épouse et mère avant tout, la femme mariée est tenue d'assurer le service nocturne de la maison ; une mère au travail, le soir, la nuit, c'est pour le père la nécessité de partager les tâches intérieures et la liberté extérieure [Bordeaux, 1998].

Et il en est de même pour la loi de 1892 sur l'interdiction du travail de nuit des femmes. Les mêmes arguments moraux sont convoqués, quand il s'agit aussi de rémunérations, les travaux de nuit étant mieux rémunérés. Après treize ans de débats, l'argumentaire est construit en cinq points : la femme est un être physiquement plus faible que l'homme ; sa condition d'ouvrière, peu payée et tenue d'effectuer une longue journée incluant les travaux domestiques, est plus éprouvante que celle des ouvriers ;

---

1. Quantité d'espaces de travail restent dérogatoires ; en 1882 est votée la loi sur la scolarisation obligatoire jusqu'à 13 ans, sauf pour les enfants qui ont obtenu le certificat d'études avant cet âge.

son incapacité juridique, en particulier l'absence de droit de vote et d'élaboration des lois, l'empêche d'améliorer ses conditions de travail ; il convient donc de la protéger ; mais cette protection n'a pour but que de la mieux conserver pour la rendre à ses fonctions maternelles [Viet, 1998]. Sans doute les législateurs ont-ils oublié les notations du docteur Louis-André Villermé, si souvent convoqué quand il s'agit de moraliser les ouvriers, lui qui, dans son *Tableau physique et moral des ouvriers*, notait bien que « ce sont les femmes qui sont employées à décharger les betteraves la nuit dans les raffineries [du Nord], parce qu'elles sont plus habiles et plus souples que les hommes et qu'elles résistent mieux à la boue et au froid » [cité par Groult, 1975].

Plusieurs remarques s'imposent à propos de cette interdiction du travail de nuit. D'abord, cette discrimination positive — pour employer un vocabulaire contemporain — ne fait pas l'unanimité. Déjà lors de la loi de 1874, les guesdistes et les féministes derrière Hubertine Auclert liaient clairement égalité au travail et égalité civile et civique : or, comme le code civil, le code du travail embryonnaire traite bien dans une même main femme et enfant mineur ; en 1892 et après, ces clivages perdurent. Ensuite, l'argument de la faiblesse des femmes est, du côté des législateurs, bien sélectif ; en effet, la loi ne s'applique pas à toutes les femmes, loin s'en faut. Il ne s'agit en fait que des lieux industriels, et encore, puisqu'en est exclu le travail à domicile. On peut voir là la confirmation de la puissance conjugale conférée par le code civil et la préservation des espaces privés de travail ; on peut aussi noter que dans le cadre du travail à domicile ne règne pas la concurrence entre hommes et femmes salarié-e-s pour un travail partagé et bien payé, puisque les tâches y sont, on le verra, strictement sexuées. Sont d'ailleurs exclus de la loi tous les métiers où les femmes sont largement majoritaires, par exemple les employées de maison, mais encore ceux des bureaux, des magasins, des ateliers et des boutiques, des hôpitaux, ainsi que l'agriculture. De plus, même dans les industries, de nombreuses dérogations sont prévues pour les périodes de presse — jusqu'à soixante jours par an — et très peu d'inspectrices et inspecteurs du travail sont recrutés pour faire respecter cette loi : 106 en 1893, 142 en 1914. Et, de fait, les recensements de la population accusent un repli des femmes vers le travail à domicile. La loi de 1892 entérine donc la division du travail entre hommes et femmes, et en organise de nouvelles : il s'agit bien d'une exclusion sous prétexte de protection [Lewis, 1995 ; Zancarini-Fournel, 1995]. Le travail salarié et bien payé, de nuit et à l'extérieur de chez soi, celui qui cumule les signes de l'autonomie, est bien au centre du débat et tend alors à être compris comme celui de l'homme, père et soutien de famille. De fait, hormis un décret de 1909 sur le port des lourdes charges[1] et les lois de protection des femmes enceintes et en couches, le code du travail ne produira plus que des lois neutres et asexuées.

Effectivement, dès lors que les femmes travaillent à l'extérieur de la cellule familiale, *la maternité* fait irruption dans la sphère publique. Et ce de manière d'autant plus confuse et opaque que se forge l'équation : travailleuse = épouse, épouse = mère, si possible de très nombreux enfants et donc au foyer. Soit en résumé un amalgame travailleuse = mère de famille. Pour la protection des travailleuses enceintes, les débats durent plusieurs décennies, dans une partition qui reflète les diverses positions sur les droits des femmes. Pour les féministes, la protection de la maternité est atteinte au droit des travailleuses. Pour les libéraux, l'État ne peut s'immiscer dans la vie privée : « On ne règle pas la vie domestique par des lois », explique un député [1891, cité par Cova, 2000]. Les députés favorables à une législation sont divisés entre ceux qui préconisent de ne pas employer les femmes aux travaux d'usine pénibles dans les quatre semaines qui suivent l'accouchement et ceux qui veulent accorder en plus des indemnités compensatoires aux jeunes mères. Quant au repos obligatoire avant et après l'accouchement, si certains le préconisent, ce n'est jamais ailleurs que dans les lieux industriels, dans une logique qui recoupe celle du

---

1. Décret du 28 décembre 1909 limitant à 25 kg les charges qui peuvent être portées, traînées et poussées par les femmes, soit le transport sur brouette : 40 kg, véhicule compris, le transport sur charrette à bras de deux roues : 130 kg, véhicule compris.

vote de la loi de 1892. La loi Engerand de novembre 1909 interdit aux employeurs de rompre le contrat de travail dans les deux semaines qui suivent un accouchement. En mars 1910, les premières indemnités sont consenties aux enseignantes, avec deux mois de congé rémunéré répartis avant et après l'accouchement ; le bénéfice de la loi est étendu aux employées des postes et des arsenaux en 1911. Pour les ouvrières, y compris à domicile, les quatre semaines de fin de couches deviennent obligatoires en 1913 ; elles sont assorties d'une allocation journalière, dès lors que mères et enfants se présentent aux consultations pour nourrisson-e-s[1]. On glisse alors dans le registre sanitaire de protection de la maternité et de l'enfance [Cova, 2000].

Un aménagement limité du code civil

En 1904, la célébration du centenaire du code civil amène quantité de pétitions et propositions de lois sur les pupitres des députés. Le gouvernement crée une commission destinée à réviser certains points, demande aux associations féministes de présenter des rapports, mais les exclut de la commission. Dans un geste symbolique, entraînées par Hubertine Auclert, des manifestantes brûlent le code civil devant l'Assemblée le 29 octobre 1904, mais n'obtiennent aucun relais dans la presse [Klejman et Rochefort, 1989]. Mais les législateurs résistent. En 1907 est néanmoins votée une loi permettant aux femmes mariées de disposer librement des biens et gains acquis dans leur profession, après s'être acquittées des charges du ménage ; ces femmes actives rejoignent ainsi le statut donné aux commerçantes qui bénéficient d'une capacité entière pour les actes de leur commerce. Mais l'autorisation du mari demeure requise pour exercer cette profession et la loi ne s'applique que si l'épouse a une activité séparée de celle de son mari : collaborant à l'activité du conjoint, une femme ne fait que remplir son devoir d'assistance, estiment les juristes. La loi sera en relatif échec

---

1. En juillet 1980, le congé maternité est porté à seize semaines, prolongeable de six autres en cas d'état pathologique de la mère.

pour les plus actives de ces femmes, banquiers et notaires admettant difficilement les preuves de l'origine autonome de leurs fonds [Rubellin-Devichi, 1983]. En 1907 toujours, les femmes, qui sont 30 % de la population active, obtiennent d'être électrices aux conseils des prud'hommes ; depuis trois ans, elles étaient aussi devenues éligibles au Conseil supérieur du travail. Ajoutant à cela le droit de témoigner dans les actes civils et notariés, l'admission aux commissions communales d'assistance (1905), la possibilité pour les juges de paix de passer outre l'interdiction du mari pour qu'une femme puisse ester en justice, les féministes estiment avoir obtenu une « égalité de l'honneur » [Klejman et Rochefort, 1989]. Mais l'essentiel reste à faire.

D'UNE GUERRE À L'AUTRE

On voit comment le XIXᵉ siècle s'est fait fort de confiner les femmes dans l'espace privé, de les exclure de la vie publique, ce lieu d'exercice de tous les pouvoirs, politiques, économiques et sociaux. Si le droit au travail leur est consenti c'est toujours sous contrôle : contrôle des horaires, contrôle des salaires, contrôle du conjoint, contrôle des formations... Le XXIᵉ siècle débutant peine à imaginer une si précise et efficace organisation de la soumission d'un sexe à l'autre, pensant généralement que le XXᵉ siècle a été celui de l'émancipation, que la Première Guerre mondiale a signé l'arrivée des femmes sur le marché du travail et que la Seconde leur a accordé le si fondamental droit de vote. En réalité, les trois premiers quarts du XXᵉ siècle ne sont pas très déterminants pour l'évolution de la condition féminine et, d'une guerre à l'autre, les changements ne sont en rien articulés dans des réformes profondes.

L'élargissement des droits à l'enseignement

Si l'on se place du côté des principes républicains, démocratiques et égalitaires, le blocage des filles pour l'accès au baccalauréat, aux carrières libérales ou aux responsabilités dans l'administration est évident. Il faut attendre 1924 pour que cet examen soit légalement pour les femmes ce qu'il est depuis 1808 pour les hommes. Cent seize ans, plus d'un siècle.

Si en 1912 un gros millier de filles a obtenu le baccalauréat, une guerre plus tard, en 1924, l'égalisation entre filles et garçons se fait plus ferme avec le décret Léon Bérard qui institutionnalise le désenclavement. Si l'enseignement spécial des filles sur cinq ans sanctionné par le diplôme d'études secondaires n'est pas supprimé dans les lycées et collèges, l'État y installe en revanche une section dite d'enseignement secondaire masculin, facultative et sur sept ans, sanctionnée par les baccalauréats. Les deux filières féminines sont donc préservées, avec, en plus, des heures supplémentaires pour les candidates : l'économie domestique, la musique et les travaux d'aiguille. Il ne peut être dit que ces filles savantes renoncent en quoi que ce soit à leur destin d'épouse et de ménagère. L'État continue de s'immiscer dans la vie privée des femmes en leur faisant enseigner ce que, éventuellement, leurs mères devraient leur transmettre.

En même temps que l'administration reconnaît aux filles la préparation des baccalauréats, elle leur octroie des droits pour l'accès aux autres grades universitaires. Alors, la question n'est pas numériquement primordiale, puisqu'en 1926 on compte à peine 1 806 bachelières en série philosophie et 328 pour les bacs scientifiques, soit 18 % des diplômé-e-s. Elles seront 36 % en 1938, quand l'enseignement secondaire est gratuit depuis cinq ans. L'angoisse guette, en tout cas du côté des enseignants : « Si on me demandait quelle est la plus grande révolution à laquelle nous avons assisté depuis la guerre, [...] je dirais que c'est l'invasion de l'Université par les femmes, [...] au point que l'on se demande avec inquiétude si après avoir jadis été nos maîtresses, elles ne vont point devenir nos maîtres », dit un professeur de faculté de lettres en 1930 [cité par Christen-Lécuyer, 2000]. Un demi-siècle sera encore nécessaire pour la conquête de cette situation.

Droits civiques sans droits civils

En mai 1919, dans un contexte de mutation des droits élémentaires, juste après une guerre où les femmes ont été présentes sur bien des fronts, débutent au Parlement les débats sur le droit de vote des femmes. Seuls les socialistes défendent les droits intégraux, poursuivant un programme datant de 1879. Ils s'étaient là associés, seuls, à l'offensive des suffragistes qui pensaient que l'obtention du droit de vote et d'éligibilité présidait à l'ensemble des réformes concernant les droits des femmes. La plus connue d'entre elles, Hubertine Auclert, amatrice d'actions spectaculaires, portait haut et fort cette revendication sur la place publique, intervenant en particulier dans les mairies pendant les mariages et la lecture de l'article 213. Lors de la révision des listes électorales de 1878, elle essaya, avec une dizaine d'autres militantes, de s'y faire inscrire, au nom de la proclamation du suffrage universel de 1848. La justice les débouta en s'appuyant sur l'article de la loi de mai 1858 : « Sont électeurs tous les Français » : là, le masculin neutre pluriel ne fonctionnait pas, il s'agissait bien d'une exégèse en faveur des individus mâles de nationalité française [Moreau, 1999]. Hubertine Auclert et les autres écrivirent alors aux maires et préfets une lettre notifiant leur refus d'être assujetties à l'impôt : « Nous laissons aux hommes le privilège de gouverner, d'ordonner et de s'attribuer les budgets, le privilège de payer les impôts qu'ils votent » [cité par Klejman et Rochefort, 1989]. En 1884, aux élections municipales, trois femmes s'étaient cependant inscrites sur les listes du Cher, du Lot-et-Garonne et de la Seine inférieure et avaient obtenu assez de voix pour être « élues ».

En 1919, à la Chambre des députés, certains mettent la barre haut : toujours mineures civiles, les femmes n'auraient le droit de voter qu'à partir de 30 ans, mais ne seraient pas éligibles. Pourtant, la majorité des députés, 344 voix contre 94, est largement acquise au droit de vote des femmes. Au Sénat, en revanche, le rapporteur Henri Maupoil est bien hostile qui affirme : « La main d'une mère est faite bien plus pour être baisée dévotement et celle d'une fiancée amoureusement que pour porter un bulletin de vote » [cité par Bard, 1995]. Après le développement de propositions misogynes — vote uniquement pour les 650 000 veuves de guerre qui remplaceraient ainsi un homme, leur mari, c'est le « suffrage des morts » ; vote pour les femmes qui ont été ou sont mariées ; vote familial proportionnel au nombre d'enfants (mais là les catholiques se déchirent : les filles comptent-elles pour un enfant entier ou pour un demi ?) ; vote avec un minimum de diplômes, le certificat d'études ; vote pour les femmes nées après 1900 à partir de leur 25e anniversaire —, la proposition de loi est repoussée par 156 voix contre 134. En 1932, puis en 1935, il en sera de même. Un peu comme le travail, le droit de vote semble générateur de cataclysmes sociaux : il faudrait prévoir une augmentation des divorces des couples ruinés par leurs désaccords politiques, de l'alcoolisme, consolation des hommes éprouvés par leurs femmes trop égales, de la mortalité infantile pour ces nourrissons abandonnés les jours de scrutin [Bard, 2001]. Trop faibles, les femmes ne pourraient donc supporter ces lourdes responsabilités. Un siècle et demi auparavant, Condorcet savait pourtant déjà demander « pourquoi des êtres exposés à des grossesses et à des indispositions passagères ne pourraient-ils exercer des droits dont on n'a jamais imaginé de priver des gens qui ont la goutte tous les hivers et qui s'enrhument aisément ? » [cité par Armogathe et Albistur, 1978]. Entre les deux guerres, des femmes se présentent quand même sur les listes électorales, comme Louise Weiss, fondatrice de *La Femme nouvelle*, candidate aux municipales à Montrouge en 1934, qui raconte tristement comment, quand elle évoque les droits de vote et d'éligibilité, « les paysannes restent bouche bée, les ouvrières rient, les commerçantes haussent les épaules, les bourgeoises me repoussent, horrifiées » [cité par Klejman et Rochefort, 1989]. À la Libération, le droit de vote et d'éligibilité — même encore discuté au sein du gouvernement provisoire[1] — est accordé par ordonnance.

---

1. Pour François de Menthon, économiste, Pierre-Henri Teitgen, juriste, les chefs de famille, hommes et femmes, auraient une voix supplémentaire pour trois enfants, deux pour quatre enfants et trois pour cinq enfants et plus.

1938-1947 : le code de la famille

Les années 1938-1945 sont tout à la fois celles des premiè-res encoches dans un code civil obsolète et celles de politiques familiales très accentuées. *Le code civil* est modernisé en février 1938, par une série de décrets qui ont trait au droit des personnes. L'article 213 sur l'obéissance au mari est supprimé, on ne lit plus dans les mairies que l'article 212 : « Les époux se doivent mutuellement fidélité, secours, assistance. » La femme mariée peut désormais s'inscrire dans une faculté, se présenter à un examen, signer et recevoir un chèque, mais ne peut ni ouvrir un compte en banque, ni accepter une donation, ni se faire établir un passeport, ni se faire soigner librement. Le mari peut toujours s'opposer à ce que sa femme exerce une profes-sion et la famille est toujours sous protection paternelle.

Les politiques familiales développées incitent à l'inactivité professionnelle des mères de familles, voire simplement des femmes mariées. Il y a d'abord le souci nataliste, récurrent dans les discours des politiques et des moralistes depuis le milieu du XIXe siècle, largement accentué depuis la défaite française à Sedan en 1870 et qui s'affirme dans une tournure législative plus ferme : est ainsi pris en compte le nombre d'enfants dans l'attribution des ressources aux ménages. Ce problème des pres-tations familiales est ancien et lié à l'accès des femmes au mar-ché du travail salarié. Dans le langage des organisations ouvrières du XIXe siècle, la question est identifiée sous les voca-bles de « sursalaire » et de « salaire familial ». Payables par l'employeur et non par l'État, ils sont tous deux des prestations familiales. Mais le « salaire familial » est forfaitaire et versé à l'homme, soutien désigné d'une famille dont la mère serait inac-tive. On est là dans le registre de la protection des rémunéra-tions masculines comme du père nourricier et protecteur, de l'exclusion des femmes du marché du travail. Inspirée d'Adam Smith et de Jean-Baptiste Say, c'est, semble-t-il, une revendica-tion des secteurs menacés par les mutations technologiques [Frader, 1998].

Le « sursalaire » est en revanche une allocation familiale, au développement lié d'une part aux soucis natalistes et hygiénistes et d'autre part à la scolarisation obligatoire des enfants, qui grève les budgets des familles ouvrières : ce seraient bien 500 000 enfants de moins de 12 ans qui travaillent dans l'industrie à la veille de la loi de 1874. De fait, les employeurs qui versent des allocations pour les enfants à charge sont généralement ceux des secteurs économiques protégés : jusqu'à 25 % de salaire supplémentaire pour deux enfants à charge, 100 % pour six ; du coup, on note des préférences à l'embauche pour les travailleuses et travailleurs sans enfant [Pedersen, 1993]. La différence d'avec le salaire familial est qu'il est versé aux femmes comme aux hommes, certains syndicalistes ne se faisant pas faute de dénoncer le fait qu'une femme mère de famille puisse gagner plus qu'un homme sans enfant. Optionnelles dans l'industrie, ces mesures de prise en charge sont plus anciennes dans le secteur public : entre 1897 et 1913, l'État étend progressivement les indemnités pour charge de famille aux fonctionnaires des Contributions indirectes et à ceux des Douanes, à l'Instruction publique, aux Postes et Télégraphes et enfin à l'Armée. En 1919, l'ensemble des agents de l'État est concerné. Il est vrai que, durant la guerre, les primes temporaires de vie chère avaient amorcé une réflexion et des actions, avec la prise en compte des charges de famille, tous secteurs confondus. En 1921 les syndicats patronaux avaient aussi créé le Comité central des allocations familiales qui développait l'affiliation volontaire des chefs d'entreprise à des caisses de compensation ; en 1932, cela devient une obligation avec une répartition des charges selon la masse salariale, et non plus selon le nombre de chargés de famille dans chaque entreprise.

Dans ce cadre, le train de décrets-lois de novembre 1938 harmonise le taux des allocations et les étend à l'ensemble de la population active. Surtout, il introduit une nouvelle indemnité, la « majoration », pour les mères qui restent au foyer. C'est l'Union féminine civique et sociale, proche de la CFTC, qui avait, en 1928, lancé l'idée de ce double barème, destiné prioritairement aux mères ouvrières. Il faut cependant être française pour toucher ces 5 % du salaire départemental moyen, qui sert aussi de base au calcul des allocations pour les enfants : 5 % pour le premier enfant, 10 % pour le deuxième, 15 % pour chacun des suivants. La politique familiale, une politique publique d'ampleur nationale, est née. Et elle tente déjà de convaincre : l'allocation pour le premier enfant est supprimée dès lors que celui-ci reste unique après cinq ans [Martin, 1998]. En juillet 1939, le *code de la famille* invente pour cette majoration le terme d'« allocation de mère au foyer » et porte son taux à 10 % du salaire départemental moyen. Réduction des dépenses publiques ? Incitation à la natalité ? Charge contre les si nombreuses femmes actives mères d'un enfant unique ? L'allocation pour enfant unique est alors totalement supprimée.

Sur ce faible encouragement financier à l'inactivité, le régime de Vichy ne renchérira que peu en transformant, en 1941, l'allocation de « mère au foyer » en allocation de « salaire unique ». L'innovation vichyste est ailleurs, dans le taux de cette prestation, selon le nombre d'enfants : en 1943, l'allocation de salaire unique représente 53 % des prestations versées, plus que les allocations familiales. Mieux que simple complément, elle est désormais une véritable compensation. Quant au régime de la Libération, dans le cadre de la demande gaullienne des « douze millions de beaux bébés », il augmente la prestation à partir du deuxième enfant et l'étend aux enfants naturels et étrangers : en 1947, une femme au foyer, mère de deux enfants reçoit en prestations l'équivalent d'un salaire d'ouvrière[1]. L'époque conserve en revanche le non-versement d'allocations aux parents d'enfant unique : réelle entorse au système proclamé par la Sécurité sociale d'une redistribution horizontale des revenus, cette mesure exclut 2 millions de familles, sur 4,5 millions. Enfin, en décembre 1945, une *loi de finance* institue le quotient familial et conjugal comme volet fiscal de la politique familiale : l'impôt est désormais calculé par foyer, et non par actif, et sa progressivité pénalise le revenu des femmes qui travaillent ; par

---

1. Sans avoir été réellement indexée sur le coût de la vie, l'allocation salaire unique sera supprimée en 1978.

ailleurs, le quotient familial établit l'épouse non active comme une personne à charge du chef de famille, quand sa présence au foyer donne justement droit à des prestations spécifiques, par ailleurs non imposables [Martin, 1998]. On est bien là dans un mode d'intervention de l'État qui fait de la famille un phénomène social d'intérêt public.

Auparavant, *les politiques natalistes* fondées sur la répression n'avaient guère persuadé les mères de procréer et, éventuellement, d'interrompre leur activité. Dans ses décrets de juillet 1939, le code de la famille renchérit sur les lois de juillet 1920 et mars 1923. Qualifiées de « scélérates » par les néomalthusien-ne-s, elles avaient réitéré l'article 317 du code pénal de 1810 : crime depuis 1791, l'avortement était passible des assises, sans que soient distinguées les responsabilités pénales de l'avortée et de l'avorteur-se ; pour les professionnels de la santé, les travaux forcés menaçaient. Étaient passibles de la loi les femmes qui s'étaient procuré l'avortement à elles-mêmes et toute personne ayant aidé une femme, consentante ou non. L'article 87 du code civil, qui autorisait l'avortement thérapeutique nécessaire à la santé de la mère, était par contre conservé. En juillet 1920, la nouveauté fut l'interdiction de toute propagande anticonceptionnelle, que ce soit par des interventions publiques ou privées, par des livres, écrits, imprimés, annonces, affiches, dessins, images et emblèmes ; elle était punie d'amendes assorties de un à six mois de prison. C'était l'amalgame entre les pratiques abortives et anticonceptionnelles. Trois ans plus tard, en 1923, l'avortement devenait délit : la qualification juridique était atténuée, mais, passibles des tribunaux correctionnels, les accusé-e-s étaient jugé-e-s par des magistrats et non plus par les jurys populaires des assises. Même composés uniquement d'hommes — les femmes en étant exclues pour cause de non-citoyenneté jusqu'en 1944 —, ceux-ci étaient réputés peu répressifs. Sans doute parce que, comme époux, ces jurés étaient peu ou prou concernés, comme le raconte une ouvrière : « Quand on était "prise", eh ben, vous savez, c'était des fausses couches ! Il y en avait, c'était avec des épingles à tricoter, d'autres avec un spéculum et une sonde. En général, c'était l'homme qui le faisait à la femme » [cité par Rhein, 1977]. Si le nombre des affaires jugées a doublé dans l'entre-deux-guerres, il est resté fort bas — 350 par an — au regard des probables centaines de milliers d'avortements. Pourtant, les magistrats ont su faire des exemples, comme celui de Madeleine Pelletier, première interne des asiles d'aliénés de l'Assistance publique en 1903, féministe déclarée, malthusienne convaincue, qui revendiquait le droit à la contraception et à l'avortement : inculpée pour avortement en 1939, non jugée mais déclarée totalement irresponsable par un psychiatre, elle fut internée et mourut peu après [Sowerwine, 1991].

Le code de la famille renchérit donc sur ces lois. Sur les dix-huit articles concernant la maternité, la moitié d'entre eux sont consacrés à la répression de l'avortement, en particulier dans ses sanctions professionnelles, puisque médecins et sages-femmes risquent l'interdiction d'exercer. Par ailleurs, l'article 90 de ce nouveau code les libère des contraintes du code pénal qui impose aux soignantes et soignants le secret professionnel (article 378) : toute dénonciation est bienvenue, chacun « demeure libre de fournir son témoignage à la justice sans encourir aucune peine » [Cova, 2000]. Vichy aggrave le délit d'avortement en le transformant en crime contre la sûreté de l'État. Près de quatre mille condamnations annuelles sont prononcées entre 1942 et 1944 par le tribunal d'État, une juridiction spéciale, et, en 1942, Marie-Louise Giraud, une blanchisseuse accusée de vingt-six avortements, est même guillotinée : aucune femme, même coupable d'infanticide, n'avait subi la peine de mort depuis le début du siècle[1]. Mais ni les lois de 1920 ni celles de 1923, 1939 ou 1941 ne supprimeront contraception tâtonnante et avortement, ni ne feront remonter la natalité : la limitation des naissances est nichée dans des registres psychologiques et sociaux bien plus complexes.

---

1. Selon le code pénal, l'infanticide est passible de la peine capitale. La loi du 14 septembre 1941 classe l'avortement parmi les infractions de nature à nuire à l'Unité nationale, à l'État et au Peuple français ; celle du 15 février 1942 l'assimile à un crime contre la sûreté de l'État, ce qui la rend passible, après jugement devant le tribunal d'État, de la peine de mort.

1965-1975 : CITOYENNES À PART ENTIÈRE

Indispensable à une place égalitaire sur le marché du travail, la citoyenneté à part entière concerne la reconnaissance des derniers droits dont les femmes ont été privées à partir du début du XIXᵉ siècle. Il est donc nécessaire de continuer à prendre dans un même ensemble les droits de la personne, ceux des épouses, mais aussi ceux des mères, avec le droit à une libre maternité. Elle seule peut permettre aux femmes actives, et aux autres, d'avoir un contrôle sur leur existence, sans risquer leur santé et sans s'exposer à des poursuites judiciaires. Les dates de cette conquête, de 1967 à 1974, ne peuvent que frapper : c'est exactement au même moment que se font les révisions du code civil et que s'installe la mixité scolaire.

Les droits de l'épouse

En plein État d'exception, en juillet 1942, les épouses avaient pu, quel qu'ait été leur régime matrimonial, représenter leur mari et gérer les fonds nécessaires aux besoins du ménage. D'autre part, la même loi innovait aussi dans le cadre de l'intervention de la justice pour réguler les rapports entre époux, puisque chacun pouvait désormais demander au juge de l'habiliter pour un acte pour lequel le consentement du conjoint était requis : il s'agissait bien là de donner une latitude de gestion aux épouses dont les maris étaient absents[1]. Par ailleurs, une partie de l'interdiction d'exercer un métier était levée pour les professions commerciales ; ailleurs, si le mari pouvait toujours faire opposition à l'activité de son épouse, cette interdiction pouvait être levée après une procédure judiciaire. Enfin la puissance paternelle était nuancée, puisqu'il fallait désormais l'exercer dans l'intérêt commun du ménage et des enfants. Peu à peu,

---

1. Une innovation qui passe telle quelle dans les réformes de 1965.

le droit évoluait, même timidement, bousculé par la pression de la guerre. À partir de 1946, la constitution de la Quatrième République garantit « dans tous les domaines, à la femme des droits égaux à ceux de l'homme » (article 2), quand les femmes votent et sont éligibles. La Déclaration universelle des droits de l'homme de 1948 en fait une injonction internationale en proclamant l'égalité des sexes et des époux dans le mariage. Dès juin 1945, un décret avait mis en place une commission de réforme du code civil, qui cessa rapidement ses activités, après avoir en particulier admis que le droit de veto de l'époux au travail de sa femme était « une règle d'intérêt public […] inspirée par l'intérêt de la famille en général » [cité par Eck, 1992]. Les temps étaient alors aux fortes turbulences sociales. Trop sans doute ? « On ne codifie pas un droit en pleine évolution », écrivaient deux hommes juristes, Ripert et Boulanger, dans leur *Traité de droit civil* de 1956 [cité par Rubellin-Devichi, 1983].

Vingt ans sont encore nécessaires pour émanciper les épouses de la tutelle maritale. En 1965, c'est la suppression de leur incapacité à gérer leurs biens et le régime légal des époux mariés sans contrat devient celui de la communauté réduite aux acquêts, qui remplace la communauté simple. C'est la fin de l'incapacité juridique, puisque les épouses peuvent désormais exercer un métier, passer contrat, ouvrir un compte bancaire sans que l'identification des fonds soit requise. Logiquement, cette loi consacre le droit pour l'épouse ou l'époux de disposer librement de ses gains et salaires après s'être acquitté-e des charges du mariage. Ainsi, la femme a désormais la capacité d'aliéner et d'obliger ses biens personnels pour les besoins de sa profession, y compris en cas de communauté de biens[1]. Voilà un ensemble qui établit clairement l'autonomie professionnelle d'une majorité des épouses, après un siècle et demi de dépendance. Une majorité seulement, car la position dominée

---

1. Le régime communautaire distingue désormais trois masses de biens : les biens de l'époux, ceux de l'épouse et ceux de la communauté (article 223 du code civil) ; ce régime de la communauté réduite aux acquêts est celui de la très grande majorité des contrats. Par ailleurs, l'article 1367 permet de changer de régime matrimonial en cours de vie commune.

des femmes associées à leur mari dans les métiers les plus anciens et les plus traditionnels ne saurait être encore éradiquée : la loi ne concerne pas les épouses qui collaborent avec leur conjoint, actives agricultrices, commerçantes ou femmes d'artisans mariées sous le régime de la communauté ; le mari seul gère l'affaire et prend les décisions, par exemple pour les baux et ce jusqu'en 1980 pour les agricultrices et 1982 pour la boutique. Cette année-là, une réforme du code du commerce permet que les conjoints (mais il s'agit le plus souvent de conjointes) d'artisans et de commerçants travaillant dans l'entreprise familiale aient le choix entre le *statu quo*, la qualité de collaborateur mentionné au registre du commerce, celle de salarié ou d'associé ; en cas de mention, « le conjoint est réputé avoir reçu du chef d'entreprise le mandat d'accomplir au nom de ce dernier les actes d'administration concernant les besoins de l'entreprise ».

Cependant, le droit de la famille reste en chantier. Cinq ans sont encore nécessaires pour arriver à la suppression de la notion de chef de famille, jusque-là assortie de l'autorité paternelle ; en 1970 est introduite la notion d'autorité parentale, également partagée entre les époux, et la codirection matérielle et morale de l'éducation des enfants. Puis, en juin 1975, la nouvelle législation du divorce signe la fin du délit pénal d'adultère féminin, instaure le divorce sur demande conjointe et supprime la pension alimentaire aux ex-épouses. Votée à la fois pour égaliser les statuts des époux et pour entériner la montée des divorces, cette réforme confirmera de vieilles tendances : quatre demandes en divorce sur cinq sont introduites par les épouses, ce qui correspond au nombre de celles qui, à la fin du XIXe siècle, demandaient la séparation de corps. Mais il faudra attendre encore des années, jusqu'en 1985, pour une égalisation dans le droit des personnes et celui des biens, avec le vote de l'égalité des époux dans la gestion du patrimoine de la famille. Malgré tout, en 1981 encore, à l'entrée du mot « propre » du *Petit Larousse illustré*, on pouvait lire : « n.m., qualité particulière : le rire est le propre de l'homme. En propre : en propriété particulière : avoir une femme en propre » [cité par Bordeaux, 1984][1].

Les droits à une maternité contrôlée

La loi dite Lucien Neuwirth (député de l'UNR) votée en décembre 1967 — et dont la totalité des décrets d'application se feront attendre six ans[2] — est le premier pas dans un contrôle des naissances moins empirique que depuis des siècles. Son vote est largement dû à la lutte d'organisations et d'associations comme la Maternité heureuse, futur Mouvement français pour le planning familial (MFPF), fondée par Marie-Andrée Lagroua Weill-Hallé et Évelyne Sullerot. Médecin, ancienne militante des Jeunesses étudiantes catholiques (JEC), proche du parti communiste, la première a milité dès le milieu des années 1950 pour la diffusion des techniques contraceptives, à l'image des centres anglais et suisses de *birth control*, obtenant en particulier le soutien de la presse comme *France Observateur* et *L'Express* avec Françoise Giroud. Un certain nombre d'hommes politiques s'engagent aux côtés du MFPF et la contraception est un thème majeur dans la campagne électorale des législatives de 1965 : plus de 500 articles de presse sont chaque mois publiés entre octobre 1965 et février 1966 [Chaperon, 2000]. La loi de 1967 supprime pour partie l'article 3 de la loi de 1920 interdisant la vente des contraceptifs, mais maintient l'interdiction d'en faire de la publicité, si ce n'est pour les condoms liés à la prévention des maladies vénériennes. Par ailleurs, la prescription des contraceptifs, stérilet et contraceptifs oraux, la « pilule », n'est autorisée que pour les médecins. Les mineures doivent produire une autorisation parentale, dont on a vu qu'elle est désormais partagée entre les pères et les mères. Quant à la délivrance des contraceptifs, elle est pendant quelques années assimilée à celle des stupéfiants et les pharmaciens doivent

---

1. Dans l'édition de 1996, le rire est toujours attribué à l'homme, mais c'est une maison que l'on a désormais en propre.
2. 4 février 1969 pour les modalités de fabrication, d'importation et de vente des contraceptifs ; 8 mars 1972 pour les modalités d'agrément des centres de planification, en particulier le Planning familial.

tenir le relevé d'identité des bénéficiaires. Les femmes attendront 1974 pour la suppression de ce carnet à souches et le remboursement des produits par la Sécurité sociale.

Le tollé est considérable, l'antiféminisme virulent. La loi a suscité, et suscite toujours, interdits et hostilité. Interdit d'une partie du corps médical, qui renâcle aux ordonnances. Interdit de l'Église catholique, puisque dans son encyclique *Humanae vitae* de 1968, Paul VI, après une énième dénonciation de l'avortement, précisait qu'« était exclue également toute action qui, soit en prévision de l'acte conjugal, soit dans son déroulement, soit dans le développement de ses conséquences naturelles, se proposerait comme but ou comme moyen de rendre impossible la procréation » [cité par Ferrand et Jaspard, 1987]. Et encore une hostilité sociale virulente, enracinée dans trois évidences. La première est que les hommes sont dépossédés d'une partie de leurs responsabilités face à la contraception, puisque celle basée sur le coït interrompu, qui ne peut être que leur fait, est obsolète ; désormais, la décision d'enfanter peut n'être due qu'au seul volontarisme des femmes. La deuxième évidence est nichée au cœur du débat entre nature et culture, les femmes étant depuis des siècles attachées à la première et les hommes à la seconde. Les considérables progrès de la biologie sont accusés de pervertir cette nature dans laquelle on avait enfermé les femmes et qui semblait si bien les définir. La troisième est que cette maîtrise de la maternité ne peut que soutenir une modification de la sexualité des unes et des autres.

Malgré les efforts du Planning familial, la contraception reste mal comprise par bien des familles et d'autant moins diffusée qu'elle reste interdite de publicité. Les avortements perdurent, très nombreux et fort dangereux. Là encore, une campagne de presse a secoué l'opinion publique et les parlementaires, celle du « Manifeste des 343 » ; très soutenu par le nouveau féminisme issu de mai 1968 et incarné par le Mouvement de libération des femmes (MLF), le manifeste en forme de pétition regroupe 343 noms, dont certains fort connus d'avocates, d'écrivaines, de comédiennes, et paraît dans *Le Nouvel Observateur* en avril 1971 : toutes ces femmes déclarent avoir avorté et être donc hors la loi. Bien sûr, aucune n'est poursuivie et le débat public s'installe [Pisan et Tristan, 1977 ; Chaperon, 2000]. C'est en novembre 1974 que, dans une forte tension médiatique et parlementaire, Simone Veil fait voter la loi sur l'interruption volontaire de grossesse (IVG). Elle est assortie de plusieurs clauses, comme celle du faible délai accordé aux femmes (dix semaines d'aménorrhée, puis douze en juin 2001), du non-remboursement par la Sécurité sociale (accordé en 1983), de la gravité du cas qui doit être attestée par plusieurs consultations, de la clause de conscience pour les médecins qui peuvent refuser l'acte. Elle est de surcroît votée à titre provisoire et sera reconduite en 1979. Les oppositions sont encore plus âpres, les arguments toujours les mêmes : comment accorder aux femmes de tels droits sur leur corps, sur leur vie, comment éviter la dépopulation absolue, comment empêcher l'extension du travail des femmes ? Ses opposants inconditionnels tentent même, en vain, un ultime recours devant le Conseil constitutionnel : la loi serait contraire au préambule de la Constitution qui proclame les droits sacrés et inaliénables de tout être humain.

Le droit à l'enseignement

On a dit plus haut que l'obligation de scolarisation ne rime pas avec l'égalité scolaire. Tant que les filles sont reléguées dans des établissements spéciaux, avec des enseignantes à elles seules destinées et des programmes particuliers assortis d'examens spécifiques, l'inégalité ne peut que demeurer. Pas forcément, d'ailleurs, dans le domaine du savoir, mais dans celui de l'affirmation de soi, de cette sécurité qui, loin des idées reçues et des stéréotypes, peut permettre aux filles de penser et de se penser en des termes d'égalité avec les garçons. Serait-ce pour ces raisons que l'obligation de mixité, qui seule permet confrontation et émulation, est si tardive ? À dire vrai, elle est, elle aussi, contemporaine des grandes mutations sociales des années 1960. Sauf dans les écoles maternelles, mixtes dans l'ensemble, la co-éducation a jusque-là été marginale : dans l'élémentaire, la mixité est une concession aux contraintes externes, celle du manque d'élèves ou de maîtres ; dans le secondaire, une circulaire de 1926 a autorisé la présence de jeunes filles dans les lycées de garçons de moins de 150 élèves, soit encore une contrainte d'effectifs ; en 1963, sur 1 274 établissements secondaires publics, 282 sont encore entièrement féminins et 353 masculins. La première brèche est celle introduite dans les collèges d'enseignement secondaire (CES), lors de leur création par la réforme Capelle-Fouchet en 1963 : rassemblant désormais les jeunes gens par leur classe d'âge, ils fusionnent les classes des lycées de la 6e à la 3e et les quatre premières années de l'enseignement primaire supérieur. Parallèlement, l'État entame une vaste campagne de construction d'établissements et dans ces centaines de collèges neufs, la mixité est de rigueur [Lelièvre, 1990 ; Prost, 1997]. Frileux registre de la nouveauté aussi pour les écoles élémentaires : à partir de juin 1965, les écoles nouvellement inaugurées doivent être mixtes. Pour les lycées, il faut attendre 1971. Pourtant, cette coéducation imposée par la réglementation n'efface pas d'elle-même les hiérarchies entre filles et garçons : en 1982, une circulaire ministérielle doit encore dire combien la mixité se veut égalitariste par « la lutte contre les préjugés sexistes […], en assurant l'égalité des chances » [cité par Lelièvre et Lelièvre, 1991].

Entre-temps, l'évidence s'est imposée : dans les classements, les filles sont statistiquement les meilleures, à tous les niveaux. Elles redoublent moins dans le primaire, sont bonnes dans les collèges, surtout quand se creusent les écarts globaux après la classe de 5e ou celle de seconde dans les lycées. En 1971, plus de filles que de garçons sont lauréates des baccalauréats et à la fin des années 1980, l'écart monte à dix points. On sait par ailleurs que comme les stéréotypes ont la vie dure et qu'ils sont intégrés par les deux sexes, ces résultats, y compris si on leur adjoint ceux obtenus à l'Université, ne résistent pas à de fines typologies : les filles font rarement des mathématiciennes et des scientifiques fondamentales, elles s'orientent moins vers les classes techniques et technologiques [Baudelot et Establet, 1992]. Mais cette partition égalitaire dans l'accès au baccalauréat signe aussi, de fait, l'accès enfin acquis des filles à l'enseignement supérieur et dans toutes les filières. Et ce d'autant mieux que sautent les verrous des interdictions d'accès à certains prestigieux lieux de formation : en 1972, l'École polytechnique — symbole pluriel des mathématiques abstraites et du service de l'État — s'ouvre aux filles et parmi les six qui y sont immédiatement admises, Anne Chopinet y entre et en sort major.

Alors, pour les filles aussi, le diplôme devient un capital social, valorisable par l'accès à des professions plus diversifiées. Les femmes font irruption dans le monde des compétences reconnues.

Le droit au travail

C'est le régime de Vichy qui ose une restriction du travail des femmes mariées, dans les emplois de l'administration et des services publics : leur embauche est suspendue et celles qui sont en place peuvent être mises en congé sans solde quand leur conjoint subvient aux besoins du ménage. On est en octobre 1940, moment qui conjugue une période de chômage due à la désorganisation économique et le retour des démobilisés. La loi est d'exception, peu appliquée et suspendue deux ans plus tard, au moment où commencent les ponctions de main-d'œuvre en direction des usines allemandes. Entre-temps, le statut des fonctionnaires de septembre 1941 avait arrêté que « les femmes ont accès à l'emploi public dans la mesure où leur présence dans l'administration est justifiée par les besoins du service. Des lois particulières et les règlements propres à chaque administration fixent les limites dans lesquelles cet accès est autorisé » (article 36).

Quand la Constitution de 1946 énonce pour la femme des droits égaux à ceux de l'homme, le droit au travail y est objectivement inclus. Deux lois le fixent. La première est votée à la suite des travaux de la Commission nationale des salaires instituée à la Libération ; en février 1945, Alexandre Parodi, ministre du Travail, propose de ramener l'écart des salaires entre les hommes et les femmes à 10 %, alors que les conventions collectives de 1936 les avaient légalisés entre 20 et 30 % ; après le succès du PCF à l'Assemblée constituante d'octobre et la nomination d'Ambroise Croizat comme ministre du Travail, un arrêté de juillet 1946 abroge tout abattement de salaire : au moins dans les textes, le salaire féminin n'existe plus [Chaperon, 2000]. Pour le service de l'État, la loi de 1946 qui fixe le statut des fonctionnaires précise qu'aucune distinction n'est faite entre les deux sexes pour son application. Avec une petite annexe : « Sous réserve des dispositions spéciales qu'il prévoit » (article 7, qui ne sera levé qu'en 1975). S'organise là, en particulier, la longue exclusion des femmes des services de la police et de l'armée, résolue plusieurs décennies plus tard par des décrets, comme en février 1998, avec la suppression des quotas féminins sur l'ensemble des statuts particuliers des différents corps d'officiers et sous-officiers de carrière. En 1945, ce statut énoncé comme égalitaire a été suivi d'une instruction spécifiant qu'« aucune distinction ne peut être faite entre les deux sexes pour le recrutement des emplois de l'État ». Excellente sur le principe, elle n'omet qu'une chose : installer la mixité des concours, imposée seulement en 1974.

Pour tous les autres emplois salariés, le droit du travail reste muet jusqu'en 1972, quand est votée la loi sur les égalités de rémunérations, tournée selon la formule : « Pour un même travail ou un travail de valeur égale. » Comme, de fait, les femmes font rarement le même travail que les hommes, la vraie question est alors de déterminer ce qui fait un travail de valeur égale. Bâclant les débats en une séance, les deux assemblées rejettent tous les amendements proposés par la gauche pour faire adopter des sanctions à l'égard du patronat ou garantir l'application de la loi par des moyens concrets. Rarement saisie — dix-huit plaintes déposées sur les trois premières années — la magistrature décide d'ailleurs de maintenir le flou autour de cette notion et de ne sanctionner que les discriminations relevées autour du travail égal. Ancrées dans des siècles de partition du travail, les résistances sont immenses et la loi réitérée : en 1975, il est interdit de rédiger des offres d'emploi sexistes, de refuser une embauche ou de licencier en fonction du sexe ou de la situation de famille. Cette réaffirmation des principes égalitaires est, une fois encore, assortie d'une clause : « sauf motif légitime », qui laisse une issue aux patrons rétifs [Lurol, 1999].

Après huit ans sans évolutions notables, la loi dite Yvette Roudy supprime en 1983 cette notion de motif légitime et la remplace par une liste d'emplois qui peuvent être réservés à l'un ou l'autre sexe, d'ailleurs très limitée et touchant les mannequins et les artistes. Elle tente aussi de préciser la notion de discriminations illégales : l'égalité de rémunération est alors étendue à celle d'égalité professionnelle qui englobe l'emploi et la rémunération, mais aussi la formation permanente — dont l'organisation pénalise les femmes — et encore l'affectation, la classification, la promotion. On passe alors des vœux pieux à un vrai désir de corrections des discriminations, d'une logique législative et sociale de la protection des femmes sur le marché du travail à une autre, celle de l'égalité de traitement. À la fin du XXᵉ siècle, les enquêtes continuent cependant de montrer une application modeste et un impact décevant, bien que la loi confère aux syndicats la possibilité de se porter partie civile et permette à l'inspection du travail d'envisager des sanctions pénales pour les employeurs. De même que le droit communautaire avait exercé des pressions pour l'adoption de la loi de 1983, c'est aujourd'hui de la Cour de justice des communautés européennes que viennent les évolutions, en signifiant en particulier que l'égalité des droits ne peut rimer avec égalité des chances, en dissociant les principes formels des situations réelles. Ont ainsi été construites différentes notions, comme celle de la discrimination indirecte : mesure d'apparence neutre, elle concerne une très forte proportion de femmes, en particulier dans l'égalité de traitement ou dans l'interdiction du travail de nuit. L'application de cette notion implique d'examiner les traitements dans le travail grâce à des critères communs aux hommes et aux femmes, par exemple pour l'égalité des rémunérations pour un travail de valeur égale [Lanquetin, 1998].

Les années 1970 sont celles du dénouement législatif de la condition féminine, dans tous les registres, y compris par des décrets et lois ponctuels qui éliminent formellement les ultimes inégalités, tout particulièrement au travail. Mais comme la marche a été longue ! Comme les discriminations ont été fortes, enracinées qu'elle étaient dans des registres diversifiés, touchant à tous les aspects de la vie en société. Les femmes ont plus d'un siècle de retard sur les hommes pour leurs droits civiques et largement plus pour leurs autres droits à la citoyenneté. De même, quand on a consenti à instruire les filles, c'est tout autant avec des décennies de retard sur leurs frères, et encore a-t-il fallu le choc des guerres, leur cortège de bouleversements démographiques et sociaux pour consentir des aménagements sur les différences les plus pénalisantes, en tout cas pour les filles des élites. Pour les autres, si on les instruit, c'est dans la discrimination la plus ferme, en les préparant à des métiers souvent à elles seules réservés. La condition sociale faite aux femmes et aux hommes a, durant des siècles, été construite dans des différences inventées et soutenues par des discriminations légales, validant la construction d'une hiérarchie de tous les instants et de tous les lieux. Socialement construites, ces différences entre les sexes étaient sans doute tellement contestables qu'il a fallu les inscrire dans les lois. En effet, si les différences biologiques avaient à elles seules suffi à légitimer ces interdits, pourquoi donc s'aider de la loi ? De l'appareil législatif ont découlé toutes sortes d'assignations, en particulier dans le cadre de la définition des activités féminines et masculines, à l'intérieur comme à l'extérieur de l'espace domestique. Cet ensemble législatif a contribué à forger la division sexuelle du travail, dans la variété de ses registres.

Premier registre, celui de la différenciation entre l'espace privé et l'espace public. Aux femmes, sous le prétexte qu'elles enfantent, est entièrement dévolu le premier et ses travaux non rémunérés, tous ces travaux domestiques qui vont de l'élevage des enfants à l'entretien du foyer, cuisine, ménage, lavage, entretien du linge... Voilà incontestablement des travaux de femmes qui, jusqu'à des temps récents, ne se comptabilisaient guère et se discutaient moins encore. Aux hommes était livré l'espace public, celui du travail, du politique, de la décision sociale. Deuxième registre, celui du travail rémunéré à l'extérieur de chez soi : l'autorisation maritale exigée pour les femmes mariées montre combien ce travail était conçu sur le mode masculin, comment les femmes ne pouvaient en principe en user que par effraction juridique ; il ne leur était pas généreusement octroyé, elles devaient le mériter, le demander. Troisième registre, celui de l'accession aux métiers, où la division du travail était plus forte encore, non à cause de la nature des femmes, mais bien à cause des lois, en particulier celles qui interdisaient les formations, que celles-ci soient intellectuelles ou manuelles, écartant toute velléité de devenir avocat, haut fonctionnaire, électricien ou cuisinier. Quand les formations initiales n'étaient pas en cause, les législateurs supprimaient au besoin une partie des possibilités d'emploi, comme avec l'interdiction du travail de nuit. Parallèlement, pour entériner cette différenciation, d'autres métiers étaient, on le verra, entièrement conçus au féminin. À coups de lois, la société avait construit le genre des métiers et jusqu'aux années 1970, les professions étaient bien rarement mixtes. Plus encore, les femmes y étaient fort mal comptabilisées.

Chapitre II

LA CÉCITÉ STATISTIQUE

« Depuis que les femmes travaillent »… La formule est souvent invoquée, car depuis lors, tout irait plus mal : dénatalité galopante, hausse des divorces, accentuation des mauvais résultats scolaires des enfants, difficulté à sortir des crises économiques, extension du chômage. En réalité, les femmes ont toujours participé à la vie économique de la nation. Mais pas toujours en échange d'un salaire, ni dans tous les métiers offerts par le déploiement de l'industrialisation. La société les a préférées auxiliaires de leur mari aux champs et à la boutique, complémentaires des mères dans les métiers des soins et de l'enseignement, salariées mal qualifiées et peu payées des usines et des bureaux. Cette répartition du travail — et donc des rôles sociaux — ne s'est pas spontanément organisée. Si l'appareil juridique a contribué à sa stabilité, sa légitimité s'est aussi forgée dans des représentations de la féminité. S'est ainsi construit un genre féminin aux qualités spécifiques et antinomiques des qualités masculines : d'un côté le dévouement psychologique à sa famille et aux autres, l'abnégation matérielle dans les tâches quotidiennes et domestiques sans cesse renouvelées, la faiblesse physique constitutive nécessitant une protection à l'extérieur de l'espace domestique, et encore, et surtout pour ce qui concerne le travail, les incapacités intellectuelles pour concevoir, organiser, diriger. De l'autre côté s'élaboraient des représentations opposées où le genre masculin cumulait l'horreur de l'enfermement domestique, la force et l'activité nécessaires au travail créatif, l'intelligence et la volonté de puissance obligatoires à l'organisation politique, industrielle et sociale. Parce que intellectuellement et rationnellement difficilement tenables, ces oppositions radicales entre les sexes ont dû s'alimenter dans des registres diversifiés. Ainsi, l'inventaire des différences biologiques a conduit à un énoncé de la complémentarité des hommes et des femmes, les premiers palliant les insuffisances des secondes.

Là étaient les représentations sociales de la hiérarchie des sexes. Dans la réalité, il en allait tout autrement. Des exemples ? Ils abondaient. De faible constitution ces femmes qui assumaient l'ensemble des travaux domestiques ? Intellectuellement inférieures, ces femmes chargées de la formation et l'éducation des enfants ? Incapables de responsabilités ces femmes auxquelles étaient confiés les soins aux nourrissons et aux malades ? Inaptes au travail, ces femmes paysannes, boutiquières, bonnes, concierges, ouvrières, secrétaires, enseignantes ? Fortes contradictions, bien évidemment. Dans des tensions incessantes mais tues, la domination masculine sur le travail des femmes a béquillé deux siècles durant en prenant appui sur des discours de déni des femmes et sur l'organisation d'une sous-estimation systématique de leur travail. Car, contrairement aux idées reçues, le taux d'activité des femmes, célibataires, mariées, mères, jeunes comme âgées — même s'il vacille, et l'on verra pourquoi, dans les années 1930-1950 — ne désarme jamais jusqu'à sa forte croissance des années 1980.

DES DISCOURS

Au début du XIXᵉ siècle, le code civil a assigné la femme mariée à sa famille. Pour faire accepter cette exclusion de la vie collective, il a fallu la construire de manière convaincante. Parallèlement à l'établissement d'un droit moins rigoureux aux célibataires et veuves, se forge une mythologie négative de la « femme seule » et une apologie de la mère de famille. C'est l'élaboration de représentations sociales qui légitiment l'infériorité des femmes, une infériorité qui s'ancre dans une construction du biologique qui sépare, oppose et surtout hiérarchise les deux sexes.

L'organisation des différences

C'est seulement à la fin du XVIIIᵉ siècle que des penseurs s'attachent à fonder et articuler dans l'ordre du biologique les différences entre hommes et femmes. L'élargissement de la sphère politique et les restructurations sociales élaborées par la société révolutionnaire rendent alors de moins en moins plausibles des rapports de domination ancrés dans des coutumes immémoriales. Jusque-là, le modèle de différenciation, théorisé en particulier par les philosophes grecs, rangeait chaque sexe selon son degré de perfection métaphysique et sa chaleur vitale, organisant là une hiérarchie entre hommes et femmes très différente de la nôtre. Et par exemple, de l'Antiquité aux Lumières, on ne doute pas que le sexe et les appétits de la chair soient du côté des femmes, quand l'amitié se cultive du côté des hommes. Pour que ce basculement de la répartition des affects puisse se réaliser, il a fallu que changent les références aux corps des unes et des autres. Alors que le squelette masculin avait toujours paru une suffisante référence, mi-XVIIIᵉ on se soucie de reproduire un squelette féminin détaillé. Les systèmes nerveux que l'on estimait identiques sont différenciés. La lexicologie est dès lors mise à contribution : les organes reproducteurs qui jusque-là portaient le même nom — testicules — se différencient, on y repère les ovaires ; d'autres, qui n'étaient pas nommés, apparaissent, comme le vagin. Que l'une engendre et l'autre pas n'avait jusque-là rien autorisé pour instituer la subordination. Désormais, ces organes de la reproduction font la différence et fondent la domination, jusque dans les comportements et rapports sociaux. Dès 1816, un médecin avait d'ailleurs observé que les femmes « doivent leur manière d'être aux organes de la génération, en particulier à l'utérus » [cité par Laqueur, 1992]. La différence des sexes est radicalement modifiée, elle n'est plus de degré, mais d'espèce.

Peut alors se former un cadre de référence qui distingue clairement le naturel du social et qui surtout les oppose. Enfermées dans le premier, les femmes sont priées de ne pas s'égarer dans le second. Transformées en éternelles malades, elles sont supposées sans cesse ballottées entre la puberté, les menstrues, les grossesses, les accouchements, la ménopause, qui dérégleraient leurs comportements sociaux. La biologie confirme cette nouvelle approche, classant les femmes comme passives, léthargiques, conservatrices et stables, quand les hommes sont actifs, énergiques, impatients et passionnés. Les médecins de l'anthropologie naissante développent alors l'idée que le physique commande au moral et à l'esprit, que les caractères biologiques spécifiques des femmes consacrent leur infériorité psychique et mentale ; la sensibilité est désormais dite dominer chez elles sur les qualités intellectuelles. La nature devient la condition de la femme, sa destinée biologique et sociale. Dès lors, dans un déroulement du sophisme, la vocation de la perpétuation de l'espèce limite l'accès au travail et interdit l'accès à des fonctions supérieures [Fraisse, 1996 ; Gardey, 2000]. La socialisation du biologique justifie les assignations sociales, la structuration des espaces privés et publics, la division du travail. Il faudra attendre 1949 pour que, dans un opprobre quasi généralisé, Simone de Beauvoir proclame, avec *Le Deuxième Sexe*, qu'« on ne naît pas femme, on le devient ».

La famille ? Centrale...

Ces représentations sociales vont de pair avec une exaltation de la famille et de la maternité, si possible prolifique.
Désormais, la nature féminine destine à la reproduction assortie du don de soi, dans de fortes contradictions : la maternité
devient parallèlement honteuse, l'accouchement tabou et tout
accompagné de la prescription biblique de l'enfantement dans
la douleur. Les tâches, devoirs et modèles de la femme-mère
changent au XIXᵉ siècle. Après le coup d'envoi de l'éducation
nouvelle donné par Jean-Jacques Rousseau et l'*Émile*, le statut
des enfants et des mères se transforme. Même si en général le
tout-petit est décrit sous les traits d'un fils et non d'une fille,
l'attendrissement devient de rigueur, l'enfant grandit de plus en
plus dans la maison familiale et non chez les nourrices. Alors la
mère devient la première institutrice de sa progéniture, ses activités maternantes se diversifient, occupant si possible la vie à
plein temps. Enfin, au XXᵉ siècle, la psychanalyse se charge de
renforcer ces responsabilités d'éducatrice : qu'un des apprentissages fondamentaux vienne à manquer à l'enfant, jamais le père
n'est incriminé : irremplaçable, la mère devient aussi éminemment dangereuse. Quant au travail des mères, il est le plus souvent identifié comme perturbateur et négatif. Divorces,
maladies, mauvais résultats scolaires, rien n'est épargné [Fou-
quet et Knibiehler, 1977].

Ont aussi permis le changement de la condition de l'enfant,
et donc des mères, toutes les découvertes pasteuriennes d'asepsie, en particulier pour les accouchements, la stérilisation des
biberons et la vaccination qui font reculer la mortalité infantile.
La fécondité baisse de moitié en trois générations, de 4,13
enfants par femme en 1829 à 2,25 en 1911 [Chesnais, 1986].
Alors commencent *les discours populationnistes* et alarmistes.
On a dit comment, après la Première Guerre mondiale, l'appareil législatif se fait très répressif pour tenter, sans succès,
d'enrayer la baisse de la natalité. Auparavant, la pensée démographique avait connu des phases mouvementées. Jusqu'aux

années 1850 dominait la crainte de la surpopulation et les discours malthusiens étaient omniprésents, y compris dans les groupes sociaux les plus favorisés, prêchant tant pour eux-mêmes que pour les nouveaux venus, ces ouvrières et ouvriers dont la large descendance pesait sur le niveau de vie. C'est dans les années 1860 qu'à une natalité haute sont associés des projets économiques et politiques : il faut des bras pour lutter contre la suprématie coloniale anglaise, des soldats pour enrayer le péril prussien, des hommes et des femmes pour servir les machines des nouvelles usines [Dupâquier, 1988]. Du coup, le discours antimalthusien change de camp, les élites se l'appliquant d'ailleurs pour partie à elles-mêmes. Mais, à examiner l'histoire du travail des femmes, il est tout aussi clair que ces discours natalistes se développent parallèlement à leur accès au travail salarié : ces mères-là, en restant au foyer, seraient autant de femmes absentes du marché du travail. Des néomalthusiens ne s'y trompent d'ailleurs pas, qui mettent en avant les arguments de dignité et de droits des femmes. La famille et la maternité placées au centre de la société, les discours sont dès lors de per-pétuelles références à l'illégitimité du travail féminin.

Pourtant, la dénatalité s'installe, tout comme se perpétue le travail des femmes. Les modèles et les normes désormais offerts aux femmes sont-ils sans effets ? Cela dépend des groupes sociaux. Si l'on exclut leurs rares filles qui s'obstinent à passer leur bac ou à devenir médecins, les femmes des élites économi-ques et sociales se plient au modèle proposé. C'est le cas des femmes patronnes des industries du Nord qui, entre 1840 et 1860, changent radicalement leur mode de vie. Jusque-là et tout comme au XVIIIe siècle, elles étaient intégrées dans les struc-tures de production [Chassagne, 1981]. Comme les autres mem-bres de la famille, ces entrepreneuses participaient à l'achat et à la préparation des matières, à leur distribution aux sous-trai-tants, à leur expédition dans le monde entier. Le mari présent ou absent, elles surveillaient la main-d'œuvre et lors des litiges se retrouvaient face aux contestataires au tribunal des prud'hom-mes. Elles tenaient aussi les comptes et Alexandre Decrême, pourtant plusieurs fois lauréat d'expositions industrielles, disait se fier plus à sa femme qu'à lui-même pour la gestion financière de leur société. Une fille, même fort avantageusement dotée et mariée, pouvait parcourir la France avec son père dans ses tournées, comme Hollande-Dubois, pourtant membre d'une fratrie de vingt et un enfants comptant plusieurs garçons. Il s'agissait bien là du plaisir de travailler et de faire des affaires : Pauline Motte-Brédard refusa de renoncer à ces activités quand son mari se consacrait au jardinage, aux bonnes œuvres et lui conseillait de vivre de ses rentes. Vie privée et vie publique étaient en symbiose, en particulier grâce à l'unité de lieu : maison, magasins et bureaux soit se jouxtaient, soit s'imbriquaient dans des grosses constructions polyvalentes. D'ailleurs, la vie privée était réduite : peu de domestiques, peu de mobilier, peu de réceptions, peu d'enfants, de surcroît expédiés dans de lointaines pensions. Quand Adèle Motte écrivit à sa mère qu'éloignée de la maison familiale depuis dix-huit mois elle allait périr de chagrin, celle-ci lui répondit sèchement qu'elle ne serait nulle part mieux que chez les sœurs de Saint-Bernard pour préparer sa montée au ciel, si tant était que Dieu voulût bien l'accueillir. Dans cet ensemble, et comme pour les hommes, guère de bonnes œuvres non plus, ni de piété excessive [Smith, 1989].

Au milieu du XIXᵉ siècle, tout change. Effets enfin intégrés d'un code civil et d'un code pénal qui les écartent de l'efficacité en affaires ? Lassitude de devoir recourir à son conjoint ou à un fils pour des transactions ? Conséquence de la nouvelle urbanisation haussmannienne qui, devant les usines multipliées et agrandies, sépare désormais lieu de travail et de résidence, exilant les bourgeoises dans des quartiers neufs et plus sains ? Si l'on excepte quelques rares veuves, les femmes du Nord — et bien d'autres évidemment — se retirent de la production et se replient sur leur vie privée. Les enfants rentrent des pensions et se font bien plus nombreux : autrefois deux ou trois par famille, ils sont désormais six, sept, voire plus. Alors aussi croissent les dépenses domestiques, qui contrastent avec les habitudes d'économie de la génération précédente : personnel de service, ameublement, réceptions et toilettes se multiplient. C'est le temps de la fusion avec les valeurs religieuses, les offices sont fort fréquentés, les pèlerinages aussi, le culte marial se déploie dans une profusion iconographique, chapelets et collections de croix s'accumulent. Savoirs gestionnaires et nouveaux loisirs sont reconvertis dans les œuvres charitables et moralisatrices, et les bourgeoises du Nord multiplient les crèches, les dispensaires, les ouvroirs. Mais, l'aspect productif ayant disparu de leur vie, elles se retirent également du monde technique en pleine recomposition, demeurent confites en dévotion, soumises à la nature, arbitrant contre le scientifique en faveur du biologique. Corset, voilette et gants : une nouvelle bourgeoise est née. Chez elle, le mari trouve un havre de repos, dans sa maison, on instruit les filles aux mêmes comportements, on se marie, on se soigne, on meurt [Smith, 1989].

Peut-être ces femmes imitent-elles le mode de vie aristocratique, loin des soucis du labeur productif. En tout cas, elles sont érigées en modèle pour les épouses des classes moyennes, quand on essaie de valoriser la vie de mère au foyer, de montrer l'étendue de la scène privée : « Le titre saint de mère de famille n'a longtemps représenté que des idées de dévouement et de tendresse ; une des œuvres de notre temps sera, je crois, de faire voir qu'être mère et épouse ce n'est pas seulement aimer, c'est travailler ; la maternité est une carrière, à la fois privée et publique, une profession avec toutes ses espérances et toutes ses occupations » [1869, cité par Martin-Fugier, 1980]. Se multiplient alors les livres qui permettent de tout organiser : le livre des comptes, le livre des factures, les livres de recettes de cuisine, de blanchisserie, le livre d'inventaire pour ce que l'on possède, ce qui disparaît, ce que l'on renouvelle en linge, vêtements, meubles, ustensiles, le livre du médecin, avec les dates de maladie, les ordonnances, les traitements à suivre.

Quelques décennies plus tard, l'entre-deux-guerres continue d'essayer d'inventer le métier de ménagère, de mobiliser les femmes autour des objectifs d'une maison hygiénique, confortable, mécanisée. Il s'agit de transformer le travail illimité des femmes au foyer en un « métier » reconnu et valorisé susceptible de leur donner une identité : « Une ménagère n'est pas une femme sans profession ; le ménage est une profession réelle, parmi les plus indispensables de toutes celles qui existent, manuelles ou libéra-les » [1927, cité par Martin, 1987]. Mais, malgré le développe-ment simultané des premières prestations familiales, il ne s'agit quand même pas de rémunérer ces tâches, juste de les rationali-ser, en particulier en appliquant les principes tayloriens aux tra-vaux domestiques. Pour son initiatrice, Paulette Varnège, il s'agit bien là de « la plus grande complexité des temps modernes [quand il faut faire face] à la dispersion de l'attention, de l'effort et à la diversité », questions qu'elle propose de résoudre dans le chronométrage des tâches, leur hiérarchisation, leur simplifica-tion. En 1930 est même fondée l'École de haut enseignement ménager de Paris, destinée aux filles des notables, puisqu'il faut le baccalauréat pour y entrer, et dont l'enseignement est sanc-tionné par un diplôme de fin d'études. Les filles y suivent des cours de comptabilité domestique, d'éclairage et de chauffage, d'architecture et d'urbanisme, de physique ménagère, mais aussi de couture, de nettoyage et de cuisine [Martin, 1987].

Des « femmes seules » ?

Famille et maternité deviennent donc, pour les femmes, la seule norme socialement valorisée. Hors d'elles, tout devient déviance, le célibat, la maternité célibataire, le concubinage, le divorce, l'homosexualité. S'organise donc une hiérarchie parmi les femmes. Mineure mais honorée, la femme mère de famille. Majeure mais mal considérée, la femme sans mari, ni enfant(s). La législation révolutionnaire distinguait ainsi nettement le céli-bat des femmes de celui des hommes ; pour ces derniers, il était perçu comme un choix, une sorte d'asocialité à sanctionner et ils étaient surimposés, privés de secours publics ; mais les fem-mes n'étaient pas assujetties à ces contraintes, comme si leur célibat ne pouvait être qu'involontaire [Bordeaux, 1984].

Une place particulière doit être faite à la construction d'une normalité sociale qui pousse hors règle *la lesbienne*, ni mariée, ni mère. Pourtant, jusqu'au XVIIIᵉ siècle, les transgressions étaient admises, des filles pouvaient se déguiser en garçons et en acqué-rir la liberté, y compris au travail. Parallèlement, on ne comptait pas les histoires d'hommes allaitant et même de Christ aux mamelles [Laqueur, 1992 ; Steinberg, 2001]. Symboliquement, en 1792, les révolutionnaires interdisent aux femmes le port du pantalon. À partir du milieu du XIXᵉ siècle, les médecins construisent l'identification et le rejet des homosexuelles, femmes différentes, indisciplinées et donc inférieures. Aux États-Unis, certaines d'entre elles, en général diplômées, assument cette dissidence et la vie commune avec une autre femme, d'ailleurs socialement nommée à la fin du XIXᵉ siècle dans l'expression « mariage de Boston ». Possédant des biens, vivant et voyageant ensemble, dormant dans le même lit, les lesbiennes sont reçues dans leurs familles tout comme dans la bonne société [Walkowitz, 1991]. En France, on euphémise : « On vivait à deux dans un même appartement, […] les élèves n'ont jamais su quoi que ce soit, on avait du respect pour la vie privée des gens », quitte à, bien avant le PACS mais après la loi de 1966, à adopter ensemble des enfants [Cacouault, 1985][1]. Ces discriminations qui organisent la différence trouvent une nouvelle légitimité dans la psychanalyse, théorisée pour un monde androcentré et qui justifie l'infériorité des femmes par l'absence de pénis. Bien plus tard, dans les années 1970, Évelyne Sullerot y opposera la démonstration gynocentrée : « Le petit garçon, extrêmement jeune, apprend confusément qu'il n'aura pas d'enfants. Ce sont les femmes qui ont les bébés. Lui ne sert à rien. Il compensera alors par l'agressivité, l'activité, la volonté de puissance ce tourment d'être incomplet par rapport à la nature mère. […] Toute l'activité masculine n'est qu'une énorme névrose collective » [cité par Groult, 1975].

Pour *les femmes non mariées*, l'opprobre est tout autant organisé. Vieille fille, grisette, putain sont, dans des registres divers, les qualificatifs consacrés, le vocable de bas-bleu étant réservé aux femmes instruites. C'est seulement après la Seconde Guerre mondiale que l'expression « femme seule » fait son apparition. On en sait la variété des statuts — célibataire, séparée, divorcée, veuve, toutes avec ou sans enfants — en aucun cas assi-

---

1. La loi du 11 juillet 1966 permet l'adoption plénière par une personne célibataire ou mariée.

milables les uns aux autres, mais opposés à celui de la femme convenable, celle qui est mariée. Et pourtant, comme elles sont nombreuses ces femmes non mariées ! En 1911, 27 % des plus de 15 ans sont célibataires, auxquelles il faut ajouter 16,5 % de veuves et 0,5 % de divorcées, soit 45 %, presque une femme sur deux[1]. Et cette situation a son implacable symétrie : 35 % des hommes sont alors célibataires, 6,5 % veufs et 0,5 % divorcés, soit 41 %. À examiner les courbes des célibataires définitifs[2], les proportions sont cependant différentes pour les femmes et les hommes : 10,3 % pour les hommes nés entre 1831 et 1835 et donc au travail jusque tard dans le XIXᵉ siècle, contre 11,8 % des femmes, effet aussi de leur plus forte longévité. Ces célibataires ne sont pas géographiquement répartie-s de façon homogène, les hommes étant plus nombreux dans les campagnes et les femmes, dans les villes. Est-ce pour cette raison que célibat rural et célibat urbain ne sont pas perçus de la même manière ? Quand le premier n'inquiète pas car il est compris comme partie des stratégies successorales, le second est condamné comme source d'immoralité, spécialement pour les femmes qui seraient guettées par le concubinage et la débauche [Fine et Sangoï, 1991].

Les chiffres grimpent à peine quand on se tourne vers la population active, toujours en 1911 : 47 % des femmes de plus de 15 ans n'y sont pas mariées, contre toujours 41 % des hommes [Pézerat et Poublanc, 1984 ; Perrot, 1987-b]. Ce regard comparatif réévalue une position des femmes analysée comme spécifique, associant célibat et travail. Il est vrai que les femmes non mariées ne se répartissent pas de manière régulière dans la population active. Leur nombre paraît spécialement important dans les services publics administratifs, soit 70 % en 1911, contre 25 % des hommes [Pézerat et Poublanc, 1984]. On ne sait si, à cette date, seraient surreprésentées les toutes jeunes femmes ou si aurait joué un règlement d'embauche particulier : en effet, jusqu'en 1890, les fonctions d'employé-e des PTT et de leur

---

1. Il est vrai que l'âge au mariage est tardif, vers 27 ans pour les hommes, 24 ans pour les femmes.
2. Que les démographes examinent franchie la barre des 50 ans et dont on exclut les divorcé-e-s, les veuves et veufs.

conjoint-e ont été incompatibles avec toutes les autres fonctions publiques rétribuées, civiles, militaires, ecclésiastiques, judiciaires ou de police, avec celles de maire ou d'adjoint, avec l'exercice de toute industrie commerciale, avec la profession d'officier ministériel, d'employé-e ou d'intéressé-e dans une agence ou un cabinet d'affaires [Join-Lambert, 2001]. Dans leur journal syndical, les demoiselles des Postes font ainsi état de leur arbitrage personnel : une impossibilité de se marier car leur salaire est faible et qu'à revenu égal, elles ne pourraient épouser qu'un ouvrier, ce qu'elles refusent [Pézerat et Poublanc, 1984]. Plutôt que de penser qu'elles s'élevaient alors contre un déclassement social, ne pourrait-on imaginer qu'elles réclamaient une réforme du règlement ? Quoi qu'il en soit, deux générations plus tard, en 1975, les femmes du secteur postal sont les plus mariées de toute la population active, 83 % [Le Bras et Garden, 1995].

D'autres métiers sont toujours cités quand il s'agit d'un célibat qui serait engendré par le travail féminin, dont celui d'enseignante. La supposée évidence de ce célibat entraîne éventuellement de hâtives interprétations des chiffres, par exemple pour les institutrices : dans la Manche, il y a ainsi 73 % d'institutrices non mariées au début du siècle, contre 45 % en 1922. Or, au début du XXe siècle, enseignent encore quantité de congréganistes, y compris dans l'enseignement laïc et public, puisque, contrairement aux écoles primaires de garçons où l'inition est drastique dès 1892, leur remplacement n'a été prévu qu'au fur et à mesure des défections et retraites. Les dossiers d'institutrices embauchées à partir des années 1880 le montrent bien : en 1881, 46 % de ces femmes sont mariées, 50 % en 1903, 80 % en 1922 [Alligier, 1999]. Toujours dans le cadre du célibat, la figure de la professeure célibataire du secondaire est la plus haute, presque un archétype. Effectivement, dans les promotions de l'École normale supérieure de Sèvres, sur les dix dernières années du XIXe siècle c'est-à-dire juste après sa création, 60 % des diplômées actives restent célibataires (contre 25 % des hommes), soit treize points au-dessus de la moyenne nationale. Globalement, sous la Troisième République, elles sont 56 % de célibataires en fin de carrière, auxquelles il faut adjoindre 10 %

de veuves ; en 1954, chez les 35-40 ans, elles sont encore 43 % contre 22 % pour la population active féminine [Mayeur, 1979, Margadant, 1993, Cacouault-Bitaut, 1999]. Curieusement, un peu comme pour les postières, dans les années 1970 ces enseignantes ont un taux de nuptialité élevé, 79 % en 1975.

Par ailleurs, le non (re)mariage touche bien d'autres activités. Dans l'entre-deux-guerres, la moitié des femmes actives sont ou ont été mariées, mais pas forcément pour la vie. Au-delà de 40 ans, 29 % des ouvrières, 49 % des employées sont célibataires mais encore 22 % d'entre elles sont veuves ou divorcées, soit un total de 71 % [Le Bras et Garden, 1995]. L'explication du veuvage est souvent avancée pour des femmes que le décès de leur mari amènerait au travail, et tout spécialement les femmes diplômées. Par exemple, les déléguées des salles d'asile du XIXᵉ siècle aux fortes responsabilités exercées dans un monde entièrement masculin : ruinées ou peu fortunées, célibataires ou veuves pour les deux tiers d'entre elles, elles auraient été obligées de chercher du travail et attendraient tout de leur activité professionnelle [Luc, 1995]. Cette idée court tout autant sur les inspectrices du travail, femmes diplômées des classes moyennes ou supérieures et donc, presque par définition, femmes inactives ; or, leurs dossiers personnels montrent que si elles deviennent bien veuves, c'est le plus souvent pendant leur activité [Schweitzer, 2001]. Quant aux 600 000 veuves de la Première Guerre, sujettes à tant de discours misérabilistes sur l'obligation dans laquelle elles se trouvèrent de devoir subvenir aux besoins de leur famille, aucune étude précise ne dit encore si, avant le conflit, elles étaient déjà ou non sur le marché du travail.

Pour expliquer ces absences de maris, l'historiographie comme la société des XIXᵉ et XXᵉ siècles ont pensé des explications relevant de contraintes sociologiques et économiques. Première explication, d'ordre sociologique, avancée tout particulièrement pour les enseignantes et les femmes soignantes, celle du modèle monial proposé lors de leur professionnalisation, puisque, dans le cadre de la laïcisation républicaine, ce sont des congréganistes qu'elles remplacent. Serait ainsi particulièrement prégnante dans le destin matrimonial des professeures la conception de l'École normale supérieure sous forme d'internat ; on s'appuie là sur un témoignage, le *Journal d'une sévrienne* de Marguerite Aron ou encore sur les projets de la création de l'École de Sèvres qui invoquent un noviciat laïque, soulignent bien que les nouvelles recrues sont timides, accoutumées à une vie austère et contemplative [Mayeur, 1979]. Mais pourquoi donc ? Modèle des maisons religieuses, certes, l'internat l'est également de nombreux lieux d'enseignement des jeunes filles, qui se marient bel et bien ensuite. Le modèle congréganiste serait aussi évident pour le célibat des femmes des services sociaux, dans le cadre d'un apostolat motivé par l'encyclique *Rerum Novarum* qui invite à moderniser l'ancienne charité [Kni-biehler, 1984]. Là encore, quel rapport entre charité et célibat ? Deuxième explication, d'ordre économique, la pauvreté, concep-tualisée dans l'expression « absence de dot ». Sans dot, les fem-mes seraient obligées de travailler, ce que l'on conçoit, et ne trouveraient pas de conjoint. Curieux raisonnement : la pauvreté ne contraint-elle pas, justement, à la vie à deux ? Le raisonne-ment s'applique tout particulièrement aux couches moyennes et supérieures, où la prolongation de la scolarité est envisageable, mais où les diplômes écarteraient d'office tout prétendant, soit que ces femmes-là soient trop savantes pour qu'un époux les accepte, soit que ce diplôme les mette dans une condition sociale les défiant d'accepter le mariage avec un homme moins diplômé qu'elles. On rejoint là le cas des enseignantes du secon-daire. Ce n'est évidemment pas parce que le XIXe siècle, tout pétri qu'il était d'infériorité féminine organisée en particulier dans le mariage, voulait penser l'éducation des filles et le travail des femmes comme une contrainte pour elles, que chercheuses et chercheurs doivent avaliser de genre de raisonnement.

Ces explications sont en effet toutes prises dans le discours dominant : les femmes ne travaillent pas, ne doivent ni n'aiment travailler et ne s'y résolvent que sous le poids de contraintes externes. Immariables, des femmes seraient ainsi astreintes au travail. Le raisonnement est tautologique. Il ne prend pas en compte l'idée d'une vie sans mari qui ne soit pas une tare et qui serait peut-être bien assumée. On a dit comment le code civil fonctionne comme un appareil de subordination des femmes à leur conjoint et combien le divorce est une procédure pénible jusqu'en 1974. Premièrement, des femmes peuvent bien ne pas désirer se marier. Deuxièmement, elles peuvent tout autant n'être pas mariées, mais avoir un compagnon, vivant ou non en concubinage. Troisièmement, si la dot est si indispensable pour se bien marier — est-ce à dire selon le projet des parents ? —, convenons qu'elle n'est présente et possible que dans une fraction de la population. Pourquoi l'activité serait-elle analysée pour les femmes — et jamais pour les hommes — comme une contrainte ? La sociologie du travail montre assez aujourd'hui comment, même en cas de crise économique, les femmes ne sont pas disposées à sortir du marché du travail. Pourquoi en serait-il autrement dans les décennies précédentes ou au siècle dernier ? Quant à la sociologie de la famille qui dispose désormais de recensements qui prennent en compte ces données, elle ne peut qu'enregistrer la très forte présence des femmes célibataires vivant seules, des femmes célibataires vivant en concubinage, des femmes divorcées ou veuves et non remariées : en 1968, il y avait 2,1 millions de femmes vivant sans conjoint, 3,1 millions en 1982 et 4,3 millions en 1998. D'ailleurs, quand on interroge les femmes, à la question « pensez-vous qu'une femme peut réussir sa vie sans vivre en couple », elles répondent « oui » à 73 % [1984, cité par Maruani, 1985].

Cependant, une vraie mutation se fait au milieu des années 1970. Alors, les femmes autrefois recensées comme les plus célibataires deviennent les plus mariées. Sans faire de l'appareil législatif un unique système d'interprétation de la vie des femmes au travail, cela donne à réfléchir. C'est bien au moment où sautent les derniers verrous de la dépendance des femmes mariées que les femmes actives convolent en grand nombre, alors que, parallèlement et paradoxalement, dans le cadre des mutations culturelles qui suivent 1968, la société devient plus tolérante à l'union libre et voit diminuer le nombre total des mariages [Segalen, 1996]. D'ailleurs, elles le disent : des entretiens menés avec des enseignantes identifient bien un refus global de l'assujettissement au mari. D'autres raisons sont avancées, comme les nominations qui éloignent du milieu d'origine [Cacouault, 1984]. Imagineraient-elles de difficiles arbitrages avec leur conjoint, dans le cadre des contraintes imposées par le code civil ? Sait-on assez sur ces femmes « seules » et travailleuses du XIXe siècle et de la première moitié du XXe siècle, sur l'état de leur fortune, sur leurs motivations face au travail ? Femmes génitrices, mères nourricières, soignantes, éducatrices et, généralement, aimantes : comment nier que les femmes sont bonnes pour la famille ? Mais, à analyser ces parcours de femmes au travail et sans mari, sans doute faudrait-il mettre à l'épreuve une autre hypothèse : ces femmes ne se demanderaient-elles pas si la famille, ainsi conçue, est bonne pour elles ?

DES CHIFFRES

D'abord fort préoccupée de présenter la condition de mère comme seule possible, la société s'efforce ensuite, jusqu'à la seconde moitié du XXe siècle, de masquer le nombre des femmes qui travaillent ; dans un troisième temps d'après-guerre, celui aussi des recensements plus efficaces, les discours positifs se concentrent sur les mères qui, pour se consacrer à leur famille, sortent du marché du travail, l'insistance se faisant toute particulière pour les mères d'au moins trois enfants. Dans cette organisation sociale, les femmes elles-mêmes peuvent se dénier comme actives. Souci du conformisme social ambiant ? Valorisation implicite d'un conjoint apte à faire vivre sa famille ? Dévalorisation de soi liée à l'absence de formation et donc de diplômes ? Diversité des emplois qui énoncerait comme une quasi-absence de vie de travail ? Elles proclament que « de leur temps, les femmes ne travaillaient pas, qu'elles élevaient leurs enfants ». Quand, parce que les chiffres prouvent le contraire, on leur demande de se raconter, les mêmes disent alors leur vie de labeur, comme cette femme stéphanoise, née en 1896, ouvrière à plein temps de 1910 à 1927, puis à mi-temps de 1928 à 1932 quand son fils naît, puis épicière de 1932 à 1947, encore ouvrière à domicile de 1947 à 1951 et enfin cuisinière de cantine de 1951 à 1971, soit soixante et un ans de travail incessant [Burdy, 1989].

L'État mauvais recenseur

Il faut dire que l'État recenseur collabore largement à l'organisation de l'invisibilité du travail des femmes. Au XIXᵉ siècle, on compte surtout les soldats à enrôler, les enfants à scolariser, les contribuables à taxer. Le décompte des actifs est fortement lié aux représentations sociales, il caractérise des ménages, dénombre des chefs de famille, pères et maris, des patrons. Ne se dégagent qu'avec lenteur des nomenclatures distinguant entre activité familiale et activité individuelle, entre profession et secteur d'activité : il faut en France attendre 1936 pour une réelle codification du salariat liée à la possession des diplômes et à une place dans la division du travail [Desrosières et Thévenot, 1988 ; Topalov, 1999].

Dans un tel contexte, on imagine aisément comment l'appareil statistique prend mal en compte la place des femmes au travail. Une des notes introductives au recensement de 1891 rappelle d'ailleurs que « la femme, lors même qu'elle aiderait son mari dans sa profession, devra être classée à la famille, à moins qu'elle n'ait elle-même une profession distincte » ; cette même année, pour l'activité dans le cadre d'une propriété familiale rurale, de l'artisanat ou de la boutique, « femmes, enfants et ascendants du chef de ménage peuvent ou non être considérés comme actifs » [Motte et Pélissier, 1992]. L'immense majorité des épouses qui travaillent avec leur conjoint à la ferme, à l'atelier, à la boutique échappe ainsi souvent au dénombrement. Par ailleurs, les variations sont fortes selon les localités : dans un village, on attribue à toutes les femmes l'activité de leur époux, dans un autre on les inscrit comme « sans profession », dans un troisième elles sont décomptées comme « ménagères ». Ménagères ? Dans les actes de mariage, au XIXᵉ siècle, les épouses de cultivateurs se déclarent à 38,5 % « sans profession » et à 60,5 % « ménagères », quand c'est respectivement le cas de seulement 6,7 % et 8,1 % des conjointes d'ouvriers. De plus, les distorsions

LES FEMMES ONT TOUJOURS TRAVAILLÉ

sont très fortes selon les régions, puisque quand 40 % des femmes de l'actuelle région Rhône-Alpes se déclarent ainsi, il s'en trouve seulement 0,5 % dans l'Est [Motte et Pélissier, 1992].

Il n'est pas dit que tous les agents recenseurs se plient à ces directives, qui facilitent pourtant grandement leur travail. Mais les historien-ne-s savent combien, pour les femmes, le signe « '' » est usité dans les colonnes des dénombrements nominatifs de la population, si fondamentaux à l'étude de l'activité économique. Pour comprendre la place des femmes dans la population active, il paraît donc raisonnable de tenter quelque réévaluation numérique, en particulier pour les travaux ruraux, majoritaires. En 1891, le recensement affiche 11,6 millions d'actifs et 5,6 millions d'actives[1]. Tous âges confondus, 47 % de la population vit de l'agriculture[2] et, dans le morcellement de la petite exploitation rurale française, 5 643 000 d'exploitations ont moins de 100 hectares [Mayaud, 1999]. Quatre millions neuf cent mille hommes actifs dans l'agriculture, contre seulement 1,8 million d'actives ? Quand on sait le contenu des travaux ruraux, qui, dans une forte ségrégation des tâches, associent totalement hommes et femmes, le compte est étrange. Aux spécialistes d'histoire rurale, il paraît raisonnable d'estimer l'activité des femmes à 45 % contre 55 % pour les hommes. Or, pour les patron-ne-s d'exploitation, à peine 700 000 femmes sont recensées actives contre 2,8 millions d'hommes. Si l'on applique là la proportion des 45/55, c'est bien à 2,2 millions d'actives que l'on aboutit et, si l'on inclut les salariées rurales, à un total à 3,3 millions d'actives rurales auxquelles il faut ajouter 30 000 employées et commises

---

1. Total de « population active » + « domestiques », non compris la « famille », recensement de 1891. La population totale est de 38,4 millions. Il s'agit là du recensement officiel de la population ; il ne sera utilisé ici que dans le cadre de ce paragraphe ; pour le reste du chapitre, on utilisera les chiffres corrigés et réévalués par les statisticiens [Marchand et Thélot, 1997].

2. Pour le reste de la population active : 25 % vivent de l'industrie, 10 % du commerce, 3 % des transports ; les autres vivent de leurs revenus ou sont « sans profession, non classés », une hétéroclite catégorie où figurent pêle-mêle les enfants assistés-e-s ou n'habitant pas la commune de leurs parents, le personnel interne des hôpitaux, les saltimbanques, les prostituées, les « gens sans place », en particulier dans le cadre du travail à domicile, où les femmes sont fort nombreuses.

78

et 342 000 domestiques. Il faudrait probablement faire de même dans le cadre du petit commerce et de l'artisanat : environ 800 000 patrons de l'industrie sont recensés contre 200 000 patronnes, et 600 000 patrons du commerce contre 260 000 patronnes : 1,4 million d'hommes qui, si l'on exclut les rares grandes affaires, se font bien probablement aider de leur conjointe ; et même si ce n'est le cas que des deux tiers d'entre eux, c'est à nouveau 1 million de femmes qu'il faudrait rajouter à la population active. Le nombre de femmes actives passerait alors, pour 1891, de 5,6 millions à 8,1 millions : pour 100 hommes actifs, on compterait alors 70 et non pas 48 actives.

On pourrait se livrer à un exercice similaire pour tous les recensements. Les réévaluations seraient d'autant plus parlantes que, jusqu'au milieu des années 1930, la population rurale est le secteur économique qui regroupe le plus d'actives et d'actifs et où les femmes sont systématiquement mal recensées[1]. Dans les années 1980 encore, la situation n'a guère changé : l'INSEE, ordonnateur des recensements, a pour convention de n'admettre qu'un seul chef d'exploitation et une épouse d'agriculteur qui se déclare « exploitante » est automatiquement convertie dans la catégorie « aide familiale » ; et la notion est appliquée de manière fort restrictive : quand l'INSEE dénombre 504 000 aides en 1975, un recensement du ministère de l'Agriculture en compte 1,5 million. De plus, l'aide familial-e peut tout autant être un enfant, ce qui, une fois encore, établit l'équivalence entre épouse et enfants [Painvin, 1982 ; Lagrave, 1987]. On voit là comment les catégories classificatoires du XIXe siècle, celles qui ne savent que rapporter l'activité à la famille, continuent de fermement se perpétuer ; elles entérinent les carences juridiques, contribuant à masquer des réalités séculaires de forte participation des femmes au travail rural. Par ailleurs, ces numérations incomplètes renvoient à une autre question : c'est bien aussi au fort dépeuplement des campagnes à partir des

---

1. D'après les recensements, pour partie corrigés par les statisticiens, 1911 : hommes : 5 M, femmes, 2,7 M ; en 1921 : hommes : 4,6 M, femmes : 2,5 M ; 1931 : hommes : 4,1 M ; femmes : 2,2 M ; 1946 : hommes : 3,8 M ; femmes : 2,1 M [Marchand et Thélot, 1997].

années 1960 que fait écho la croissance de l'activité féminine recensée au même moment : dans sa lecture, il faut aussi prendre en compte que plusieurs centaines de milliers de ces femmes-là étaient déjà actives rurales, sans avoir été reconnues comme telles.

Quelle baisse d'activité durant l'entre-deux-guerres ?

Pour la comptabilisation de l'activité féminine, une attention particulière doit être portée au recensement de 1926, qui marque sa plus forte décroissance depuis le début du XIXe siècle. Cette baisse numérique, souvent qualifiée de chute, est toujours soulignée par les démographes, généralement en termes de pourcentages. Notons tout de suite que si entre 1921 et 1926 l'activité féminine baisse de huit points, il ne s'agit jamais que de 332 000 femmes, sur 7,2 millions, ce qui est peu ; de plus, au recensement de 1931, on enregistre déjà 87 000 actives supplémentaires. Pour expliquer cette situation, généralement interprétée comme une désertion des femmes du marché du travail, plusieurs questions se posent. Il y a d'abord le cas des femmes se déclarant ménagères, fermement réévalué dans les directives du recensement de 1926 : « Afin d'éviter toute ambiguïté sur le terme de ménagère qui, selon les localités, est pris dans une double acception — femme mariée s'occupant exclusivement de son ménage ou bien femme de ménage-domestique —, à la question : quelle est votre profession principale ?, la femme qui ne fait que son propre ménage répondra : néant. » Premier élément : sans que l'on puisse les dénombrer, les femmes à la maison sont fermement priées de ne plus s'égarer dans les rangs de la population active. Deuxième élément : disparaissent sans doute du recensement une partie des femmes agricultrices-ménagères mentionnées plus haut, sans que l'on sache combien.

Il y a ensuite la question de la répartition de ces femmes. Lors des trois recensements qui précèdent la grande crise économique (1921, 1926, 1931), deux secteurs apparaissent déjà touchés : l'agriculture et l'industrie. Dans l'agriculture, entre 1921 et 1926, ce sont 134 000 femmes qui disparaissent, mais aussi

230 000 hommes, chiffres qui montrent les difficultés d'un secteur où les déperditions continuent ensuite de s'accentuer : moins 172 000 femmes et moins 279 000 hommes en 1931. Parallèlement, 59 000 femmes quittent l'industrie en 1926 (mais 12 000 y entrent à nouveau en 1931). De fait, cette forte baisse correspond au déclin accéléré du travail des étoffes (couturières, giletières, lingères et modistes), dentelles et broderies, soit, dans des secteurs désormais mécanisés, 178 000 actives de moins entre 1921 et 1936 [Zerner, 1987]. Pour les employées, la perte est de 139 000 entre 1921 et 1926, avec en revanche une progression de 243 000 femmes en 1931 ; pour les domestiques, pour une partie probablement employées dans les fermes, le secteur perd 57 000 femmes en 1926, mais en regagne 14 000 en 1931. En revanche, les patronnes du commerce progressent de 88 000 unités durant ces dix ans, attestant que ce secteur est bien celui du repli pendant les crises, des rurales comme des ouvrières.

Enfin, une troisième composante est l'âge de ces femmes. De fait, entre 1921 et 1931, l'activité des femmes de 15-24 ans — cette tranche d'âge toujours supposée très occupée avant un mariage qui signerait son retrait du marché du travail — amorce une baisse, effet des prolongations de scolarité, qui s'accentuera dans les décennies suivantes, et qui commence par 70 000 jeunes femmes. Pour le nombre des femmes de plus de 55 ans qui ne sont plus recensées comme actives, il est encore plus significatif, soit 114 000 de moins entre 1921 et 1936 : depuis 1910, de lois en décrets, de secteurs en secteurs, les retraites des vieilles travailleuses commencent à gagner en efficacité, en particulier dans la fonction publique, les banques, les transports [Dumons et Pollet, 1994]. Du coup, au centre de la pyramide des âges, les actives de 25-55 ans restent en nombre constant entre 1921 et 1931, soit 3,6 millions. Les mouvements sont identiques pour les hommes, sauf pour la tranche d'âge des 25-55 ans, qui augmente de 750 000 personnes entre 1921 et 1931. Cette dissymétrie a une cause, l'appel à une autre main-d'œuvre, proportionnellement plus masculine, celle des immigré-e-s d'Europe latine et centrale, d'Afrique du Nord, voire d'Asie. Un million quatre cent mille hommes souvent jeunes morts au front, un million d'invalides, dont 60 000 sont incapables de reprendre un métier, le bilan de la Première Guerre mondiale est lourd. Or, entre 1911 et 1931, la population active masculine recensée reste stable : 12,8 millions d'actifs masculins en 1911, 12,7 millions en 1921, 13 millions aux recensements suivants, malgré le resserrement de la pyramide des âges. Parmi eux, des centaines de milliers d'étrangères et d'étrangers, dont les entrées conventionnelles ou clandestines, femmes comprises, sont estimées à 100 000 par an [Noiriel, 1988, Schor 1996]. Grâce à eux, la baisse des actifs masculins due à la guerre, à la scolarisation, aux retraites reste statistiquement invisible.

Il faut donc largement nuancer cette baisse d'activité des femmes qui suit la Première Guerre mondiale : il ne s'agit en rien ici d'un retour à la maison, mais d'une crise agricole doublée de restructurations industrielles et d'un rétrécissement de la pyramide des âges des actives. Si on regarde la part de la population active féminine hors agriculture, c'est 58 femmes actives pour 100 hommes en 1911, puis 61 en 1921, pourcentage qui se stabilise ensuite à 55 % [Le Bras et Garden, 1995][1]. Les femmes sont bien, au minimum, 30 % de la population active. En revanche, la différence est légèrement plus sensible aux lendemains de la Seconde Guerre mondiale. En 1921, 7,2 millions de femmes sont recensées actives, leur taux d'activité est de 48 % ; en 1936, durant la grande crise, ce sont 6,5 millions, pour un taux d'activité de 43,2 % ; en 1954, les actives sont 6,6 millions et sont 42,8 % à travailler : on voit là que le résultat des mesures prises à la Libération dans le cadre des allocations familiales et surtout de l'allocation salaire unique est surtout lisible en remontant plusieurs décennies en arrière. Il est notable que, pour la tranche d'âge supposée en plein élevage des enfants, les 25-39 ans, le taux d'activité est de 43 % en 1921, 42 % en 1936 et perd à peine deux points en 1952

---

1. La grande crise économique des années 1930 a aussi bien sûr un effet : en 1938, à 27 ans, 20 % des femmes ouvrières parisiennes sont hors du marché du travail, contre à peine 7 % de leurs aînées, qui avaient eu 27 ans en 1928 [Omnès, 1998].

[Marchand et Thélot, 1997]. Ces chiffres se maintiennent encore et pour la dernière fois en 1968. En 1984 les femmes ont récupéré un taux d'activité de 55 %, elles sont 10 millions sur le marché du travail. En tout état de cause, quelle que soit l'époque, tous les hommes ne travaillent pas. Ainsi, en 1866, leur taux d'activité était de 81,1 % contre 42 % pour les femmes ; en 1911, 86,8 % contre 46,3 % ; en 1936, 75 % contre 40 %. Tout bascule effectivement à partir de 1990 : 79,2 % des hommes en âge de travailler sont actifs et 60 % des femmes le sont aussi [Marchand et Thélot, 1997 ; *Population*, 1992].

Des actives mariées et mères

Donc, les femmes travaillent, avec une croissance significative dans des secteurs nouveaux, comme le service de l'État, l'industrie, le commerce, le bureau. Le changement de leur mode d'activité se lit surtout dans l'ouverture de nouveaux métiers et, dans le dernier quart du XXᵉ siècle, dans la progression, bien faible, des actives mariées. Les épouses ont en effet toujours travaillé : dans l'état des recensements, elles regroupent 50 % des actives en 1920, 55 % en 1936, 52 % en 1970, 55 % en 2000 ; à cette dernière date, les statisticiens comptent tous les couples, légitimes ou non, qui regroupent entre 73 et 78 % des femmes selon les enquêtes, pour 80 % des hommes. Dans les années 1970, les célibataires les plus nombreuses sont les femmes employées de commerce et auxiliaires médicales, pour 38 %. De fait, les courbes d'activité sont plutôt plates, sans opposition significative entre les différents métiers, ni non plus selon les statuts matrimoniaux [Sullerot, 1973]. Contrairement aux représentations sociales ordinaires, l'activité des femmes n'est pas une composante de leur vie avant le choix d'un conjoint, il est simplement statistiquement plus fréquent. Sinon, comment expliquer les taux d'activité par tranches d'âge ? Il est certes longtemps très élevé pour les femmes de 15-24 ans, ne s'abaissant qu'avec la prolongation des scolarités : 60 % en 1896 comme en 1936, 47,2 % en 1954, 27,5 % en 1996. Mais aux mêmes dates, le taux d'activité des 25-54 ans est bien de 47 %

en 1896, 40,8 % en 1936, 43,1 % en 1954. Le décrochement se fait en 1975, quand est franchie la barre des 50 % : 55 %, puis 74,5 % en 1990 et 79,5 % en 1996 [Marchand et Thélot, 1997]. Comment donc a-t-on pu dire que les femmes mariées sont, ou ont été, au foyer ?

Et *les mères* aussi ont toujours travaillé. Dans les discours qui analysent la grande place des femmes sans mari sur le marché du travail ou encore le nombre d'inactives déclarées, on a largement tendance à oublier d'autres paramètres, à forclore d'autres manières de lire les statistiques. D'ailleurs, elles ont longtemps été rares, ces statistiques. Pour celles antérieures à 1946, on ne dispose tout simplement pas de chiffres permettant de connaître l'activité des mères de famille. Les travaux d'historien-ne-s les traquent donc par d'autres moyens, le suivi individuel. Et là, les certitudes cultivées par les représentations tombent. D'abord, population active et non active confondues, nombreuses sont les femmes sans enfant, même si, parfois, les tableaux ne les mentionnent même pas. En 1950, sur cent femmes de 50 ans (soit en fin de vie féconde), vingt n'ont pas eu d'enfant ; parallèlement, trente n'en ont eu qu'un seul, vingt-trois en ont eu deux, vingt-sept en ont eu trois ou plus [Stolte-Holstein, 1977][1]. Donc, au milieu du XXᵉ siècle, les trois quarts des femmes ont entre zéro et deux enfants. Parmi elles, les plus nombreuses sont bien celles qui n'ont qu'un enfant, juste suivies par celles qui n'en ont pas. On est là à l'aube du *baby-boom* et des politiques natalistes financièrement compensées. Cependant, douze ans et trente-deux ans plus tard, si la proportion des femmes non-mères a régressé, celle des mères d'un ou deux enfants n'a que peu varié : en 1950, elles sont 53 % des 40-44 ans, en 1962, 41 % et en 1982, 49,7 % [Véron, 1988]. Même si les calculs sur la fécondité comprennent toujours les femmes étrangères, fort nombreuses et souvent mères de famille étoffée, on est bien là dans les faibles taux de fécondité toujours dénoncés. S'organise

---

1. Cette non-fécondité diminue au fil du temps, même si les démographes alignent des chiffres contradictoires ; ainsi, d'autres calculs montrent une absence d'enfant pour 24,9 % des femmes nées en 1900, 20 % pour celles nées en 1915 ; 11 % pour celles nées en 1940 [Daguet, 2000].

dès lors une tension des discours sur le travail des femmes : on demande qu'elles retournent s'occuper de leur progéniture, alors que celle-ci est, depuis des siècles, fort réduite.

Si l'on se tourne vers les mères actives, le nombre d'enfants est encore plus bas. Ainsi, dans la population des ouvrières de la région parisienne du XXe siècle, les femmes nées à la fin du XIXe siècle sont 51,5 % à n'avoir pas eu d'enfant, contre 39 % pour celles nées en 1911 ; un tiers d'entre elles n'en ont eu qu'un seul [Omnès, 1998]. Il en va de même pour les employées de chez Renault : dans les années 1920, 73 % n'ont pas d'enfant, dont 59 % sont mariées. Femmes jeunes et en début de vie active ? Peut-être. Mais il faut bien noter que, parallèlement, dans cette même entreprise, 76 % des hommes employés n'ont pas d'enfant, dont 50 % sont mariés [Gardey, 1995]. Ces constatations remettent en cause d'une part l'idée d'un groupe des employé-e-s tout préoccupé de mobilité sociale et qui cultiverait dès lors l'enfant unique, contrairement aux ouvrières et ouvriers : les comportements malthusiens sont identiques dans les deux groupes. Les raisons avancées et rapportées sont surtout économiques : « Toutes les ouvrières estiment qu'avoir des enfants est un luxe réservé à "ceusses-là qui ne sont pas des ouvriers" ; on se passe le plaisir d'en avoir un, mais en avoir plus est chose déraisonnable » [cité par Knibiehler, 1980]. Toujours dans les usines, une surintendante raconte que « l'une des ouvrières m'a dit, avec beaucoup d'amertume dans la voix, "des enfants, non merci ; les garçons, on en fait de la chair à canon ; les filles, on en fait des malheureuses ; pour que ma fille ait la même vie que moi, il vaut mieux ne pas en avoir". Je n'ai pas vu dans ces ateliers une seule femme ayant plus de deux enfants » [cité par Fourcaut, 1982]. En face, le discours médical dénonce le malthusianisme en des termes bien différents : « L'enfant [est] un *impedimentum* fâcheux, qui demeure, pour certaines femmes peu scrupuleuses, comme une gêne à la libre disposition de leur temps, un obstacle au maximum de profit retiré d'un travail exceptionnellement rémunéré » [1917, cité par Downs, 1993].

Ces chiffres montrent d'abord que les discours qui martèlent que « toujours enceintes » les femmes ne peuvent être employées comme on le fait des hommes, et surtout pas à des postes de responsabilités, sont basés sur des données imaginaires. D'ailleurs, contrairement à une idée solidement ancrée, qui relève des stéréotypes associés au désir d'exclure les femmes du marché du travail, il faut souligner que ces mères s'absentent fort peu : au début des années 1970, 75 % de femmes actives n'ont jamais interrompu leur activité ; sur le quart restant, 21 % se sont arrêtées une fois, 3 % deux fois, en général pour élever un enfant[1], mais aussi pour se plier à une mobilité professionnelle géographique du conjoint (11 %), confirmant l'adage : l'homme suit sa carrière, la femme suit son mari. Et dans des logiques parfois confondantes : « Si on avait attendu [pour ma mobilité géographique], le salaire de ma femme serait peut-être devenu plus important et on n'aurait plus pu se permettre de faire le sacrifice financier [de sa perte de salaire] » [cité par Grafmeyer, 1992]. Ces maris, d'ailleurs, s'absentent aussi : à la fin des années 1950, par exemple, le temps moyen d'absences est de 1,84 an pour les femmes et 1,47 an pour les hommes.

D'autre part, quand les représentations sociales fantasment des interruptions de vie active d'une quinzaine d'années, 37 % des femmes s'arrêtent de six mois à deux ans et 22 % de deux à cinq ans. Enfin, ce sont les femmes qui ont les conditions de travail les plus difficiles qui s'arrêtent : dès les années 1960, plus le diplôme est élevé, moins le travail est mis entre parenthèses [Michel et Texier, 1964 ; Sullerot, 1973]. Ainsi, le discours, omniprésent avant les années 1980, qui insiste sur les femmes qui quittent le marché du travail pour s'occuper de leur nombreuse nichée et du géniteur de cette dernière est un discours qui ne concerne que fort peu de femmes, quelques dizaines de milliers sur plusieurs millions. Ancrés dans la maternité, heureuse évidemment, les discours hostiles au travail des femmes barrent systématiquement plusieurs composantes : d'abord, que les femmes, en France, qu'elles travaillent ou non, ont peu d'enfants ; ensuite que ces enfants ne restent pas leur

---

1. Ce qui renvoie aux 15 % de séquences d'inactivité pour maternité des ouvrières parisiennes de l'entre-deux-guerres relevées par Catherine Omnès.

vie durant au domicile parental. La vraie mutation des dernières décennies vient du maintien des femmes sur le marché du
travail, y compris pour les mères de familles nombreuses où la
discontinuité de l'activité s'atténue : en 1954, 19 % des mères de
trois enfants et plus travaillaient, elles sont 31 % en 1982, 50 %
en 1989, 60 % en 2000[1]. Par ailleurs, dans ce même mouvement
qui valorise de moins en moins le modèle de la mère au foyer,
les déclarations spontanées des femmes changent : elles revendiquent plus facilement le statut de chômeuse que celui de gardienne du foyer, quand leurs situations sont formellement
identiques [Guillemot, 1996 ; Martin 1998].

Les femmes ne sont pas ces girouettes, allant et venant sur le
marché du travail, que décrivent trop souvent les modèles économiques et les discours dominants. Leur sous-enregistrement
notable, leur hausse d'activité dans les dernières décennies rendent pour commencer la lecture des courbes d'activité assez spé-
cieuse. En revanche, les femmes les moins qualifiées arbitrent
plus fermement que les hommes en se référant à leur foyer. On
verra comment cet arbitrage ne signifie pas retrait du marché du
travail, les femmes allant et venant entre l'usine, le bureau et le
travail à domicile ; contrairement aux hommes, semble-t-il, elles
choisissent facilement un travail proche de leur logement,
même si les conditions y sont mauvaises. Cette stabilisation est
souvent synonyme de déqualification et de changement de
poste de travail : c'est alors que les femmes passent dans les
emplois de service aux personnes ou aux administrations, devenant femmes de ménage. Cela dit, le turn-over n'est pas seulement leur fait. Aux usines Renault, dans l'entre-deux-guerres,
75 % des femmes employées restent moins d'un an dans l'entreprise, certes, mais 79 % des hommes adoptent aussi ce compor-
tement [Gardey, 1995]. Mêmes attitudes au Grand Bazar de
Lyon, sur tout un siècle : le turn-over n'est pas lié au sexe, mais
à l'âge — il se fait surtout en début de vie active — et surtout
aux mauvaises conditions de travail et/ou de rémunérations. Du
coup, le nombre de séquences de travail différentes relevées sur

---

1. Il s'agit des enfants de moins de 16 ans.

une vie peuvent être considérables : jusqu'à trente, quarante employeurs différents pour des femmes peu qualifiées. Mais les hommes non qualifiés présentent tout à fait les mêmes profils, même s'ils ont tendance, *a posteriori*, à reconstruire des logiques de carrière plus délibérées [Beau, 2001 ; Testenoire, 2001]. Quant à la durée de la vie active, elle est bien aussi parallèle : dans les entreprises Casino, à Saint-Étienne, les femmes travaillent seulement cinq ans de moins que les hommes [Zancarini-Fournel, 1990].

Les femmes ont toujours travaillé. Pourquoi donc le cacher ? Sans doute pour accréditer l'idée de leur absence de l'espace public où s'élabore le politique et l'Histoire. Subordonnées à leur mari et à l'espace domestique, représentées comme assujetties à la maternité et à la famille, leur travail est socialement pensé comme illégitime ou, à l'extrême rigueur, contraint. Mais, même en dédommageant les charges d'enfants, la société n'arrive pas à convaincre les femmes à l'inactivité économique. Pas plus d'ailleurs qu'elle ne les persuade que leur salut social ne peut se réaliser que dans le mariage. Ainsi, ni l'inactivité, ni le lien conjugal ne peuvent, loin de là, qualifier les femmes des XIXᵉ et XXᵉ siècles. De même, pour analyser leur absence sur le marché du travail, on ne peut tomber dans l'interprétation d'une inactivité liée à une nombreuse progéniture : comme les populationnistes le soulignent depuis 150 ans, les femmes françaises ont fort peu d'enfants. De toute façon, mariage, maternité et travail ne sont pas liés de manière mécanique : sinon, pourquoi les femmes sans enfant ne seraient-elles pas toutes actives ?

Quant au travail, plusieurs modèles se dégagent. Le premier est celui tant prôné par la société : des femmes épouses et mères au foyer, ne travaillant jamais. Combien sont-elles vraiment ? On ne sait, sauf pour les décennies récentes : en 1970, 4,9 % des femmes de 16 à 29 ans n'avaient jamais travaillé, contre 3,7 % en 1977 ; pour les 30 à 50 ans, elles sont 12 % [Huet, 1982]. Le deuxième modèle est celui de la femme active, mariée et qui, peut-être, limite sa fécondité pour rester plus aisément sur le marché du travail. Troisième modèle, pratiqué tant au XIXᵉ siècle qu'aujourd'hui, celui de la femme active, avec ou sans enfants, mais sans conjoint. Ces femmes sont et ont toujours été des millions, réparties tant dans des métiers anciens, agricultrices ou commerçantes, que relativement nouveaux, comme secrétaires ou institutrices, ou très récents comme chirurgiennes, suivant pas à pas le mouvement de l'industrialisation qui recompose sans cesse l'offre de travail.

POPULATION ACTIVE D'APRÈS LES RECENSEMENTS,
SANS RÉÉVALUATIONS

	hommes	femmes
1851	10 994	5 669
1866	12 025	6 287
1881	12 078	6 445
1891	12 233	6 692
1901	12 576	6 986
1911	12 879	7 217
1921	12 776	7 231
1926	13 238	6 899
1931	13 411	6 986
1936	12 650	6 542
1954	12 873	6 642
1962	13 166	6 664
1968	13 514	7 127
1975	13 910	8 132
1982	14 187	9 618
1990	14 071	10 722
1999	14 318	12 238

Source : Margaret Maruani et Emmanuèle Reynaud [2001]

TAUX D'ACTIVITÉ DES FEMMES PAR TRANCHES D'ÂGE[1]

	15-24 ans	25-54 ans	Plus de 55 ans
1896	60	47	36
1911	67	47	34
1921	63	44	34
1931	61	41	30
1936	60	41	27
1954	51	43	25
1962	47	43	23
1968	46	45	20
1975	44	54	15
1982	42	64	15
1990	35	74	13
1996	28	79	12

Source : Olivier Marchand et Claude Thélot [1997]

FRANCE, RÉPARTITION DES EMPLOIS FÉMININS EN POURCENTAGES

	Agri-culture	Salariées agricoles	Patronnes	Professions libérales	Employées
1866	38,7	13,4	18,8	0	2,4
1881	36,8	10,3	15,6	0	5,2
1911	33,1	4,8	12,2	0	9,9
1921	30,7	5,0	12	0	14,7
1954	24,6	2,6	12,9	0,3	20,3
1962	17,7	1,5	11,1	0,3	26,8
1968	13,1	0,9	9,7	0,4	31,7
1982	5,7	0,5	6,4	0,6	21,2

---

1. De 1896 à 1936, il s'agit de l'âge au 1er janvier, à partir de 1954, de l'âge atteint au cours de l'année.

	Cadres	Ouvrières	Domestiques	Clergé	Total
1866	0	15,5	9,9	1,3	100
1881	0	19,0	12,2	0,9	100
1911	0	28,6	10,9	0,4	100
1921	0	27,8	9,1	0,6	100
1954	7,2	22,1	8,2	1,7	100
1962	10,7	23,1	7,8	1,6	100
1968	13,9	22	7	1,1	100
1982	41,2	20,7	3,3	0,3	100

Source : Olivier Marchand et Claude Thélot [1997]

POPULATION ACTIVE FÉMININE (JUSQU'EN 1936) ET EMPLOI FÉMININ
(À PARTIR DE 1946) PAR GRAND SECTEUR, EN MILLIERS

Année	Agriculture	Industrie et bâtiment	Tertiaire	Total
1861	3 286	1 621	1 186	6 093
1872	3 072	1 545	1 377	5 994
1881	3 034	1 746	1 665	6 445
1891	2 968	1 866	1 858	6 692
1901	2 840	2 142	2 004	6 986
1911	2 736	2 295	2 186	7 217
1921	2 583	2 195	2 453	7 231
1926	2 449 (− 134)	2 136 (− 59)	2 314 (− 139)	6 899 (− 332)
1931	2 277 (− 172)	2 148 (+ 12)	2 561 (+ 243)	6 986 (+ 87)
1936	2 140 (− 137)	1 809 (− 339)	2 593 (+ 32)	6 542 (− 444)
1949	1 999	1 676	3 162	6 837
1962	1 291	1 672	3 643	6 606
1990	441	1 622	7 366	9 429

Source : Olivier Marchand et Claude Thélot [1997]

Chapitre III

DEUX SIÈCLES DE TRAVAIL

Les femmes au travail donc, et indéniablement en grand nombre. Leur activité aux XIXe et XXe siècles suit de près les mutations et recompositions du paysage économique. Au XIXe siècle rural succède un XXe siècle urbain, où l'emploi se diversifie, en particulier dans l'industrie, le commerce et l'administration. Il y a des métiers dont les femmes sont légalement exclues, comme ceux du fond des mines ou de la mer. Mais les femmes sont surtout absentes des métiers qualifiés, dont elles ne peuvent passer les CAP, tout comme elles le sont des professions libérales ou de responsabilité qui, en tout état de cause, ne rassemblent pas des nombres vraiment significatifs d'actifs. Mais partout ailleurs les femmes sont présentes, bénéficiant des mutations législatives, comme la réduction de la durée du travail ou les conventions collectives. Leurs vies ne sont pourtant pas identiques à celles des hommes : la législation ne concerne ainsi pas le travail à domicile, où elles sont très nombreuses. Par ailleurs, le temps partiel est souvent leur apanage, quand il est de plus ancré dans un auxiliariat qui exclut du bénéfice des avantages sociaux. Enfin, longtemps, les syndicats sont hostiles ou indifférents aux femmes actives et d'ailleurs elles participent rarement aux mouvements revendicatifs, tant il est vrai que ce que les sociologues ont appelé « la double journée » peut mobiliser ce qui leur reste de temps et d'énergie.

LES LIEUX DE TRAVAIL

D'un XIXᵉ siècle rural à la seconde industrialisation

Jusqu'à la fin du XIXᵉ siècle, la France reste un pays où prédomine l'agriculture. Les actives et actifs s'y comptent près de 70 % de la population, propriétaires, salariés et domestiques. Ils ne sont pas qu'attachés à la terre, le travail à domicile pour l'industrie y tient une large place comme source complémentaire de revenus, mobilisant femmes et hommes, enfants et adultes. Diffus, omniprésent, sous-déclaré, les recensements ne peuvent guère le quantifier, dans les campagnes comme en ville. Mais dès le XIXᵉ siècle, les femmes travaillent aussi dans l'industrie traditionnellement conçue : industries textiles en effervescence dans de nouvelles grandes unités de production dispersées sur le territoire, manufactures d'État comme celles du tabac et des allumettes, mines, papeteries et autres entreprises partout présentes et souvent petites, puisqu'en 1850 la France compte 138 000 manufactures et usines, 82 000 moulins à grains, 20 000 briqueteries et tuileries, pour les neuf dixièmes situés dans des communes de moins de 5 000 habitants[1] [Lévy-Leboyer, 1996]. Peintures, gravures, dessins puis photographies témoignent : les femmes sont bien là, triant à la main les morceaux de charbon, roulant un par un les cigares, empilant les tuiles, vérifiant les navettes, toujours entre elles, mais souvent surveillées par des hommes. En 1836, déjà un million de femmes travaillent dans l'industrie, en 1861, elles sont 1,6 million.

---

1. À partir de 1860 sont qualifiées d'industrielles les entreprises de plus de dix salarié-e-s.

Pour le secteur tertiaire, où l'on a dit comment les recensements les sous-estiment quand elles travaillent à la boutique avec leur conjoint, elles sont un peu moins présentes : 0,7 million en 1836, 1,1 million en 1861. Par ailleurs, elles sont nombreuses, 600 000 au milieu du siècle, employées comme domestiques, dans l'acception que leur donne le moment : s'occupant du ménage, mais aidant aussi aux autres travaux. Pour les autres, si elles sont encore rares dans les bureaux, elles sont de plus en plus présentes dans le grand commerce, avec l'ouverture des premiers grands magasins comme le Bon Marché en 1852.

Si l'on adopte la schématique division de l'activité économique en trois grands secteurs — agriculture, industrie et tertiaire —, ce n'est qu'en 1876 que l'agriculture rassemble moins de la moitié des actives, l'autre moitié se répartissant pour 27 % dans le secondaire et 23 % dans le tertiaire. Dix ans plus tard, les femmes travaillent en parts égales dans l'industrie et les services. La deuxième industrialisation qui court des années 1880 aux années 1960 progresse alors à grands pas, multipliant et inventant de nouveaux métiers. Après le temps du charbon, du chemin de fer, du textile et de la vapeur, c'est l'ère de l'électricité, des machines, des aciers et de la mécanique, de la production en série, d'une extension industrielle soutenue par les banques, les assurances, la grande diffusion, l'ensemble dans de très grandes comme de toutes petites entreprises. C'est au recensement de 1906 que basculent les proportions de femmes actives, désormais quasiment réparties en trois grands tiers[1]. La proportion des ouvrières atteint son maximum historique, 31,8 %, plus de deux millions. Encore 28,6 % des femmes actives à la veille de la Première Guerre mondiale et toujours 27,8 en ses lendemains, les ouvrières sont stabilisées ensuite autour de 20 %. Avec l'installation des machines et son corollaire, la rationalisation du travail, les

---

1. Agriculture : 39 % ; industrie : 31,8 % ; tertiaire : 29,1 %. Il ne s'agira dans ce chapitre que des chiffres utilisés par les statisticiens [Marchand et Thélot, 1997] ; les rectifications de la population active selon les propositions faites au chapitre précédent n'ont pas été faites.

femmes ne sont plus simplement ouvrières dans le textile, féminin à 90 %, mais encore dans les industries mécaniques, alimentaires et chimiques [Zerner, 1987]. En chiffres absolus, en revanche, le déclin de certains secteurs est net : ce sont d'une part des reconversions fortes, la baisse de certains secteurs très dévoreurs de main-d'œuvre, comme la broderie, la dentelle, la passementerie : en Basse-Normandie, quand 50 000 ouvrières brodaient en 1850, elles restent 1 000 en 1900 ; au Puy, elles étaient 150 000 en 1850, mais à peine quelques milliers en 1911 [Désert, 1996].

Dans cette deuxième époque de l'industrialisation, l'emploi tertiaire subit de fortes mutations. D'un peu plus de 400 000 employées en 1886, les femmes passent à 700 000 en 1911 et plus d'un million en 1921, puis 1,8 million en 1954. Se lit là la grande extension du secteur public, la nouvelle place prise par l'État dans la gestion du pays : État administrateur, colonisateur, enseignant, État qui, sous la Troisième République crée de nouveaux ministères comme les Postes et Télécommunications, libérées de la tutelle de l'Intérieur en 1878, l'Agriculture, dissociée du Commerce en 1881, tout comme le Travail en 1906, ou encore les Colonies, séparées de la Marine dès 1894[1]. Les personnels en sont en constante augmentation : 27 000 personnes à l'Instruction publique en 1858, 121 000 en 1896, dont 55 % de femmes, quand les Postes passent de 27 000 à 68 000 personnes, dont 23 % de femmes [Poublan, 1984]. L'État emploie 500 000 fonctionnaires en 1901, un million en 1914, 1,5 million en 1948, auxquels s'ajoutent alors 500 000 personnes des collectivités territoriales jusque-là gérées par les mairies et les départements [Rouban, 1996]. Les femmes sont dans la fonction publique, mais aussi employées des nouveaux bureaux des entreprises industrielles comme commerciales. À la marge apparaissent les nouvelles femmes des professions libérales, 1 000 en 1911, 6 000 en 1936, 19 000 en 1954, année où sont recensées des femmes cadres : presque 500 000.

---

1. Par contre, celui des Cultes est dissous en 1905.

Une parenthèse : la Première Guerre mondiale

Dans cette longue phase industrielle, la guerre de 1914-1918 tient une place à part, même si ses retombées ne sont pas aussi radicales qu'on le dit sur l'activité des femmes. La mémoire collective a retenu de ces années un afflux des femmes dans les usines, tout particulièrement les usines de guerre et de munitions qui embauchent plusieurs centaines de milliers de « munitionnettes ». Bien sûr. Elles sont 100 000 dans la Seine — contre à peine 10 000 dans les entreprises métallurgiques et mécaniques en 1914 —, un tiers des salarié-e-s de ce secteur, et 420 000 dans la France entière en 1918 [Thébaud, 1986-a]. Mais elles n'arrivent pas toutes sur le marché du travail : en 1915, un tiers des munitionnettes interrogées dit déjà connaître le travail en usine [Downs, 1993]. D'ailleurs, les chiffres du recensement de 1911 affichent bien déjà 2 063 000 ouvrières et encore 880 000 patronnes de l'industrie et du commerce, 715 000 employées et 789 000 domestiques. Il en est parmi elles qui changent de secteur, tout comme entre sur le marché du travail une partie des 6,3 millions de femmes de 15 à 64 ans déclarées inactives. Au moment de la mobilisation, la population industrielle baisse de 20 %, quand il faut produire, surtout des armes. Certaines usines se créent de toutes pièces, comme celle d'André Citroën, quai de Javel : modernes, rationalisées, tendant vers la monoproduction d'obus de 75 mm, elles peuvent employer jusqu'à 80 % de femmes dans certains ateliers [Schweitzer, 1982]. Ailleurs, la main-d'œuvre masculine est encore largement nécessaire, comme chez Renault, où les ouvrières ne sont que 30 %, ou chez Blériot, 10 %. Et il n'y a pas que Paris. Les autres grands centres industriels sont aussi sollicités, à plus forte raison après l'occupation du Nord. À Lyon, à Saint-Étienne, dans la basse Seine, dans la vallée de la Romanche, dans le sud de la France travaillent des femmes parfois logées dans des cantonnements où « de simples cloisons de bois [sont] insuffisantes contre le froid ; châssis des lits à même le sol ; deux ou trois occupants dans le même lit, deux châssis l'un au-dessus de l'autre ; pas de meubles pour les vêtements, pas d'eau courante et des tinettes mobiles » [cité par Thébaud, 1986-a]. La situation des femmes ouvrières inquiète, surtout sur le plan moral, mais l'inspection des cantonnements n'est créée qu'en 1916.

Les femmes sont assignées aux travaux de nettoyage et de manutention, aux travaux en série qui se mécanisent grâce à l'impulsion du ministère de la Guerre : soudure, polissage, conduite des presses et des ponts roulants... Les conditions de travail sont terribles, il n'y a plus de limitation de la journée à 8 heures, d'interdiction du travail de nuit, de repos hebdomadaire : 12 heures par jour, deux jours de repos par mois, puis, en 1917, une circulaire qui demande la journée de 10 heures, l'installation de sièges, la journée du dimanche, si possible. Le turn-over est fort, les rendements parfois mauvais. Pour limiter ces contraintes, les salaires comportent des minima et des primes de productivité. Les « munitionnettes » sont les mieux payées des femmes, leurs écarts moyens de salaires d'avec les ouvriers masculins se réduisent : de 50 % en 1913 à 20 % en 1917, un thème qui alimente les conversations du café du Commerce : on y dit que les ouvrières souhaitent une guerre longue [Thébaud, 1986-a ; Omnès, 1997].

Ailleurs, les années de guerre sont une brève recomposition d'une partie de secteurs d'activité en faveur des femmes. Sur les 8 millions d'hommes mobilisés en quatre ans, la moitié se trouve dans les unités combattantes ; l'autre est mobilisée à l'arrière. Dans l'agriculture, point de nécessité d'avoir de ces paysans-mobilisés estime le ministère de la Guerre[1] : il reste dans les campagnes 1,5 million d'hommes, jeunes et vieux, exemptés, prisonniers de guerre, travailleurs étrangers et 3,2 millions de femmes. Huit cent cinquante mille femmes d'exploitants dirigent elles-mêmes la ferme, labourent, sèment, récoltent, taillent les vignes et vont au pressoir, fauchent et rentrent les foins, conduisent les rares tracteurs. Toutes ces machines qui ne leur étaient jamais confiées leur deviennent familières [Thébaud, 1986-a].

---

1. Il faut attendre 1917 pour la démobilisation des agriculteurs de plus de 46 ans et des pères de plus de cinq enfants.

Mais les hommes veillent quand même, ceux des fratries restés sur place et aussi les maris qui écrivent, parfois chaque jour : « Sème comme je te l'ai dit ; écris-moi au fur et à mesure des morceaux que tu as fait » ; ou : « C'est bien compris : d'abord les bœufs, puis le carré de luzerne, puis le jardin ; tu en as pour huit jours. Je te renverrai sur ta lettre ce qu'il faut faire l'autre semaine » [Bucafurri, 1982].

Dans les campagnes comme dans les villes, des métiers exclusivement masculins en temps de paix basculent sous la responsabilité des femmes : aidées souvent par un grand fils ou un jeune frère, elles deviennent maréchales-ferrandes, boulangères, bouchères, gardes champêtres, prennent en charge les classes de garçons dans le primaire et le secondaire. Elles décident des productions, dirigent la main-d'œuvre, commandent et vendent. Dans les services publics, les usines, les mines, des ouvriers-mobilisés aux compétences techniques spécifiques sont rapatriés du front. Mais pour les métiers peu qualifiés, vite appris, voire interdits dans le cadre des conventions collectives, les femmes sont là. Les crieuses de journaux renouvellent les mœurs de leurs confrères : « Plus de courses échevelées le long des boulevards, plus de cris indistincts et assourdissants où se complaisaient naguère les vendeurs de journaux ; elles circulent comme tout le monde et d'une voix nette et posée offrent leur marchandise ; quelques-unes font même preuve de psychologie et annoncent les bonnes nouvelles » [cité par Thébaud, 1986-a]. Aux PTT, 18 000 mobilisés sont remplacés par 11 000 trieuses, petites télégraphistes, releveuses de boîtes et même 500 factrices rurales. Des femmes encore dans les tramways, en province comme à Paris. Même si, au début des hostilités, les syndicats s'y sont fermement opposés, l'embauche a lieu, sur ordre des préfets : à Paris, ce sont 2 600 *wattwomen* et receveuses pour 8 000 hommes en 1915, puis 5 800 en 1917. Si le métro n'emploie pas de conductrices, 2 000 femmes y travaillent, qui vendent, poinçonnent et contrôlent les billets, nettoient les voitures ; mais elles gagnent un franc de moins par jour que leurs collègues masculins. Dans les entreprises de tramways, les femmes perçoivent les mêmes salaires que les hommes, mais les jours de repos ne leur sont pas payés. Dans les compagnies de chemin de fer, où il n'y avait de féminin avant la guerre que les gardes-barrière et les receveuses au guichet, 7 000 femmes suppléent 11 000 mobilisés pour nettoyer les wagons, poinçonner les billets, enregistrer et transporter les bagages, dont le poids maximum a été réduit. Sans compter la forte présence féminine dans un monde d'hommes, sur le front et à l'arrière auprès des blessés, avec les « anges blancs », ces infirmières qui soigneront trois millions de soldats blessés. On compte sans doute 100 000 femmes soignantes, dont des dizaines de milliers bénévoles de la Croix-Rouge et autres associations, et encore 10 000 sœurs congréganistes [Thébaud, 1986-a].

Des années de guerre, l'opinion publique a retenu la forte présence féminine dans les industries mécaniques et dans les bureaux, mais, en 1917, leur taux d'activité n'est pas estimé à plus de 60 % [Thébaud, 1986-a]. Leur accès à des métiers interdits frappe bien sûr les imaginations : là, le passage des femmes sera bref, il leur faudra attendre encore un demi-siècle pour y accéder à nouveau. Mais, ailleurs, les femmes gardent leur place, en particulier dans les usines au travail recomposé par l'organisation scientifique du travail et la mécanisation. Il suffit pour s'en convaincre de regarder les chiffres des recensements : entre celui de 1911 et celui de 1921, le nombre de femmes recensées sur le marché du travail ne bouge pas : 7 217 000 en 1911, 7 213 000 en 1921.

Un XXᵉ siècle contrasté

Pendant la crise des années 1930, les femmes sont bien sûr atteintes par le chômage, qui culmine en 1935 avec l'augmentation de la durée de non-emploi. Comme les hommes, elles sont touchées de manière différenciée : les plus âgées sont les plus licenciées, quand les plus jeunes, plus mobiles, trouvent à se réemployer. Certains secteurs, gros employeurs d'ouvrières, sont relativement protégés, comme les industries alimentaires et chimiques où les effectifs croissent entre 1931 et 1936 ; l'activité moyenne augmente aussi dans le travail des métaux, quand

DEUX SIÈCLES DE TRAVAIL

les secteurs les plus exposés sont la parfumerie, le papier carton, le vêtement, où les femmes sont nombreuses. Pourtant, les organisations patronales ont tenté des pressions pour limiter le travail des femmes mariées et organiser méthodiquement leur remplacement. C'est ce que le Groupement des industries mécaniques appelle supprimer le « cumul des fonctions ». L'instruction reste lettre morte, en particulier dans le secteur des industries mécaniques électriques, où les femmes occupent des emplois précis et tournent entre les différentes entreprises du secteur : soudeuses, câbleuses, monteuses, étameuses... ; les hommes ne leur sont pas substitués et continuent d'être ajusteurs, outilleurs, tourneurs... [Omnès, 1991 ; 1998].

La Seconde Guerre mondiale, le front, puis le temps de la Collaboration et de l'Occupation ne sont pas une période exactement comparable aux quatre années de la Première Guerre. D'abord, si les femmes les ont remplacés dans les usines, les commerces et les bureaux, les hommes ont été mobilisés plus brièvement, même si, en juin 1940, l'adversaire a fait 1,6 million de prisonniers dont 1 million vont vivre cinq ans de captivité. L'interdit de Vichy sur l'emploi et l'embauche des femmes mariées dans l'administration et les services publics, promulgué en octobre 1940, ne peut tenir face aux nécessités économiques : la loi est suspendue en septembre 1942, après la première mise en place du travail obligatoire (STO), en février. D'ailleurs l'État ne s'était pas fait faute de déjà y déroger dans le cadre de l'embauche d'auxiliaires dans l'enseignement, les postes et télécommunications, la SNCF ; de décembre 1941 à décembre 1943, la SNCF en a recruté 20 000 et en 1944, plus de 25 000 postes de titulaires des PTT sont tenus par des femmes auxiliaires. Entre 1942 et 1944, les différentes lois sur l'utilisation et l'orientation de la main-d'œuvre font que 600000 à 700000 hommes partent pour l'Allemagne et que probablement des femmes les remplacent[1]. D'ailleurs, elles partent aussi, la propagande s'adressant aux hommes comme aux femmes ; en juin 1944, 44 835 Françaises travaillent en Allemagne [Eck, 1992]. Pour les volontaires du Sud-

---

1. Lois des 4 septembre 1942, 26 août 1943, 1er septembre 1944.

Est, par exemple, ce sont des femmes peu qualifiées, domestiques, cuisinières, parfois infirmières [Zambon, 1999].

Les Trente Glorieuses sont globalement des années de production accrue, de plein emploi et de normalisation des formes de travail avec la progression des formes de travail en dehors du chez-soi [Prost, 1987 ; Mendras, 1988]. Pourtant, jusqu'à la fin des années 1960, c'est le nombre d'hommes actifs qui croît, largement aidé par la population immigrée : un solde positif de 65 000 immigré-e-s par an dans les années 1950 et 1970, plus du double entre 1962 et 1968. En 1954, on compte 840 000 hommes étrangers et 680 000 femmes, dont bien des actives ; en 1974, ils sont 2,1 millions et elles 1,3 million [Schor, 1996]. Pour le nombre de femmes actives sur le territoire, il est particulièrement stable, autour des 6 millions. Au milieu des années 1960, les femmes sont 68,6 % de la main-d'œuvre employée dans les services ; vient ensuite le secteur du commerce, de l'assurance et de la banque où elles sont 44,5 % des effectifs, celui de l'administration et des services publics, 37,2 %, suivi de celui des usines. Vingt ans plus tard, en 1982, les ouvrières sont définitivement minoritaires, 20 % des actives, contre 62,5 % dans le secteur tertiaire. Bien sûr, avec les fortes mutations de l'enseignement, de nouveaux emplois — et de nouvelles répartitions statistiques avec la révision des catégories socio-professionnelles en 1954 — deviennent possibles pour les femmes : on compte désormais 56 000 femmes dans les professions libérales, trois fois moins que les hommes, 16 000 dans l'armée et la police, trente-huit fois moins que les hommes, et 2 millions de femmes cadres contre 2,8 millions d'hommes [Marchand et Thélot, 1997].

Sept millions deux cent mille femmes au travail en 1921, 7,1 millions en 1968. En ces années de changements sociaux, les femmes actives entament une décisive montée quantitative — elles sont 8,1 millions en 1975, 9,6 en 1982, 12,2 en 1999 — et qualitative, dans un cadre économique lui aussi bouleversé, celui du *troisième temps de l'industrialisation*. Tout d'abord, le secteur agricole entame sa dernière et définitive mutation, regroupant 7,7 % de la population active en 1975 contre 3 % en 1996. En face, la population ouvrière reste stable : 1,7 million en 1968 (25 % des actives) comme en 1990 (mais 17 % des acti-ves). L'accroissement du nombre de femmes sur le marché du travail s'est fait en faveur d'un secteur tertiaire en pleine rénova-tion. Il y a d'abord la montée, encore, des fonctionnaires : 2,3 millions en 1972, auxquels s'ajoute alors le personnel hospita-lier, 1,1 million ; en 1991, la fonction publique regroupe 5 mil-lions de salarié-e-s. Partout dans les entreprises croît aussi la bureaucratie et ces décennies sont celles d'une part de la crois-sance de la grande distribution, qui fait chuter le nombre des patronnes de l'industrie et du commerce : toujours presque 1 mil-lion du XIXe siècle à la Seconde Guerre mondiale, elles sont 690 000 en 1968, 613 000 en 1982, 530 000 en 1996, soit 5 % des actives. Quant aux employées, elles sont 1,3 million en 1954, 2,2 en 1968, 4,7 en 1982, 5,9 en 1996, plus de la moitié des actives. Leurs travaux aussi se sont diversifiés, avec l'accroissement de secteurs qui assurent la plupart des créations nettes d'emploi : c'est l'essor de l'hôtellerie, des services liés à l'automobile, du conseil, de l'ingénierie, de la santé et de l'action sociale, des servi-ces culturels et sportifs. Ces services multipliés ont d'ailleurs été l'occasion d'une refonte des catégories socio-professionnelles par l'INSEE, où les femmes ont une place particulière : sur les 6 mil-lions d'employé-e-s en 1990, 80 % sont des femmes, aux métiers très hétéroclites, de la femme de ménage à la dactylo, en passant par la caissière, la vendeuse et la receveuse des Postes ; en même temps, les emplois qualifiés d'employé-e-s glissent vers le haut et basculent du côté des cadres [Alonzo, 1996]. Là encore, les fem-mes étrangères comptent pour une part importante de cette population, spécialement parmi les employées peu qualifiées : presque la moitié d'entre elles sont actives au recensement de 1996, un taux en constante élévation (35 % en 1968, 45 % en 1990). Ces pourcentages reflètent surtout l'activité des femmes de la CEE, en particulier portugaises, qui sont 43 % des femmes salariées étrangères, contre 10 % pour les Algériennes [Merc-kling, 1998].

LES CONDITIONS DE TRAVAIL

1800-2000 : travailler moins

Si l'on exclut la loi de 1892 qui leur interdit le travail de nuit dans une partie des entreprises et en limite la durée journalière, les femmes bénéficient des textes législatifs qui protègent les salarié-e-s des entreprises et des administrations. Rétrospectivement, c'est la baisse de la durée du temps de travail qui est la plus spectaculaire : au XIXᵉ siècle, on travaille environ 3000 heures par an en moyenne, pour 1 500 aujourd'hui. Au XIXᵉ siècle, non seulement les journées sont longues, mais les jours de congé réguliers rares. Dans les textes, jusque dans les années 1920-1936, la référence est la journée de travail. La loi dite Millerand de 1900 organise en six ans la transition vers la journée de 10 heures et en 1906 est imposé le repos dominical. En avril 1919 est votée la limitation de la journée à 8 heures sur six jours par semaine. Manque de contrôles de l'inspection du travail ? Absence de pression d'organisations syndicales bien affaiblies ? Il semble que la loi ne soit appliquée que dans les très grandes entreprises de l'automobile, de la métallurgie, du pneu, de la construction électrique. Partout ailleurs, y compris pour les femmes, la durée du travail s'échelonne entre neuf heures et dix heures et demie par jour, avec ou sans semaine anglaise. Neuf heures et demie dans une teinturerie parisienne, dix heures dans le travail du liège en 1922, dix heures et demie dans un atelier mécanique de la Villette en 1923. La durée du travail conditionne le rythme et la durée des pauses ; quand la journée est de huit heures, les ouvrières n'ont droit qu'à une courte interruption, généralement au milieu de la matinée, pour le casse-croûte ou la soupe : chez Dunlop à Montluçon en 1923, les huit heures sont coupées par une pause de dix minutes [Fourcaut, 1982]. C'est au moment du Front populaire, en 1936, que la semaine de travail est clairement nommée avec l'institution du week-end non travaillé : la durée journalière passe à huit heures pour une semaine de cinq jours. Mais, sauf pour les congés payés, deux semaines accordées à tou-te-s les salarié-e-s[1], le réarmement, puis la déclaration de guerre annulent ces accords dans bien des branches. Après la Seconde Guerre mondiale, la semaine de travail ne diminue plus guère (39 heures en 1982, 35 en 2000) et la réduction annuelle du travail s'effectue par le biais de l'allongement des congés : trois semaines en 1956, quatre en 1968, cinq en 1982.

Retraites et pensions : l'inégalité

La vie active a aussi été nettement raccourcie avec le principe des retraites. Mais le processus a été lent. Le chiffre des femmes actives après 60 ans en témoigne : elles sont 768 000 en 1896, 785 000 en 1936, 881 000 en 1962, contre à peine 283 000 en 1996. Se lit là l'absence de protection des vieilles travailleuses au XIXe siècle et jusqu'à la première moitié du XXe siècle. De plus, qu'elles soient agricultrices, salariées ou fonctionnaires, retraites et pensions s'organisent pour elles, jusqu'il y a peu, dans une série de spécificités, tant du point de vue des droits directs que de celui des droits dérivés. Or, on sait la longévité des femmes plus importante que celle des hommes, quand leur activité globale est non seulement moindre, mais encore mal reconnue.

Au XIXe siècle, les débats sur les retraites des salarié-e-s, dont le nombre croît sans cesse avec l'industrialisation, s'inscrivent dans une vive opposition des libéraux, adversaires de l'obligation et défenseurs de l'épargne individuelle. Paraissent cependant normales *les pensions versées par l'État* à ses vieux serviteurs, instituées au XVIIIe siècle pour compenser la suppression de la vénalité des offices. Mais elles ne sont que viagères, s'éteignant à la mort de leur titulaire. Une première refonte des pensions, uniformisant leur liquidation, a lieu en 1853, mais, en cas de démission, le-la fonctionnaire perd tous ses droits, ne bénéficiant

---

1. Depuis 1926, les fonctionnaires bénéficient de trois semaines de congés par an.

même pas du remboursement des retenues effectuées sur ses rétributions ; mais la notion de pension viagère disparaît et certaines veuves de fonctionnaires bénéficient de pensions de réversion, égales en moyenne à la moitié de celle du pensionné. Si, à la veille de la Première Guerre mondiale, le tiers des pensions servies par l'État l'est à des veuves, ce n'est qu'en 1924 que les réversions sont étendues à l'ensemble des veuves des fonctionnaires [Reimat, 1997 ; Feller, 1998-a, 2000]. Aux veuves, mais pas aux veufs : bien que l'État salarie alors des centaines de milliers de femmes, réversions et droits indirects ne sont pas, pour elles, inscrits dans la même logique que pour les hommes. Ainsi, les enfants des postières décédées n'y ont pas droit, quand les enfants de postiers, si. Autrement dit, c'est encore un retard des droits qu'il faut constater pour les femmes : quand le viager est supprimé pour les hommes depuis 1853, il faut attendre 120 ans, décembre 1974, une loi qui signe la totale reconnaissance du travail de ces femmes et des droits qu'il entraîne. Puisque c'est bien de cela dont il s'agit. Alors, les réversions se font plus nettes, sans être toutefois égalitaires. Ainsi, si pour les veuves de fonctionnaires, il n'y a pas d'âge pour l'ouverture des droits, pour les veufs, si, puisqu'ils doivent avoir au moins 60 ans [Andréani, 1986]. Pour le montant de ces réversions aux veufs, la fonction publique en plafonne le montant à l'indice 550, ce qui correspond à la catégorie B de la fonction publique. En 1975, les fonctions publiques territoriales et hospitalières suivent le mouvement, quand jusqu'alors les veufs, pour toucher la réversion, devaient être soit infirmes, soit atteints d'une maladie incurable[1].

Pour les salarié-e-s du secteur privé, les conditions d'accès aux régimes de retraite ont été différentes. En 1850 la Caisse nationale des retraites a été créée sous forme de caisse d'épargne-

1. Loi du 7 octobre 1984. En mai 2001, l'indice 550 de la fonction publique correspond à 157 300 francs de salaire brut annuel. D'autres régimes, comme les mines, refusent toujours la pension au veuf. Toujours du côté de la condition des épouses, on peut noter que jusqu'en 1978, dans le régime général, en cas de divorce, la pension de réversion était attribuée à la dernière épouse du retraité ; depuis, elle est partagée au prorata des années passées avec chaque conjoint-e, à condition de ne pas être remarié-e [Flambeau, 1996].

retraite, et en 1856 a été mis en place un fonds collectif d'épargne destiné à servir les retraites des sociétés de secours mutuel. Au cours des deux décennies suivantes, le nombre de retraites versées augmenta assez rapidement, mais, semble-t-il, au détriment des montants versés. Cependant les sociétés de secours mutuel étaient méfiantes à l'égard des femmes, estimées trop souvent souffrantes et donc trop coûteuses. Les rapports établissaient pourtant bien que les femmes étaient malades moins longtemps, puisqu'en 1857 la moyenne était de 18 jours pour les hommes et 14 jours pour les femmes. Lorsqu'elles étaient admises, leurs cotisations étaient plus élevées et, en cas de maladie elles n'avaient droit qu'au remboursement des honoraires du médecin et des médicaments, quand les hommes touchaient, en plus, une indemnité journalière. En 1860, sur 472 855 sociétaires, il n'y avait ainsi que 69 770 femmes [Albistur et Armogathe, 1977 ; Feller, 1998-a].

À la fin du XIXe siècle, les ouvrières et ouvriers se répartissaient entre celles et ceux qui bénéficiaient de livrets à la Caisse nationale des retraites et celles et ceux dont les employeurs avaient monté une caisse autonome ; certaines prévoyaient des limites d'âge, d'autres non et la mise à la retraite était alors accordée pour infirmités ou usure au travail [Reimat, 1997]. En général, une longue fidélité à l'entreprise, quinze ou vingt ans, était requise pour pouvoir en bénéficier, ce qui pénalisait les salarié-e-s mobiles, souvent les moins qualifié-e-s. Et les retraites étaient bien maigres. Au Grand Bazar de Lyon, après quinze ans de présence, les salarié-e-s touchaient l'équivalent de deux mois de salaire d'un-e débutant-e dans le magasin. Dans les hôpitaux parisiens, il fallait vingt-cinq ans de service aux infirmières. Les entreprises de transports en commun (chemins de fer et transports urbains), les compagnies du gaz, de l'électricité, mais encore les mines s'attachèrent aussi, grâce à ces avantages, les services de leurs personnels dès la fin du XIXe siècle. Mais dans ces secteurs, les femmes n'étaient pas forcément nombreuses et, de surcroît, souvent embauchées comme auxiliaires, sans ces droits accordés au personnel titulaire. Certaines compagnies pouvaient même nommément les exclure, comme les chemins de fer, qui ne versaient pas de retraite aux femmes gardes-barrière [Dumons et Pollet, 1985 ; Feller, 1998-a ; Beau, 2001].

Du coup, ces vieilles travailleuses n'avaient de droits que dans le cadre plus général de la lutte contre la pauvreté, qui avait fait l'objet de deux lois : celle de 1893 sur l'Assistance communale médicale gratuite aux pauvres et aux indigents, celle de 1905 sur l'Assistance aux vieillards, infirmes et incurables. Lors du vote de cette dernière, l'idée de certains libéraux était bien de pouvoir s'épargner une décision sur la généralisation des retraites : « Voici une loi d'assistance dont j'ai l'absolue conviction qu'elle nous permettra d'éviter l'obligation des retraites ouvrières » [un sénateur, cité par Reimat, 1997]. Tel ne sera pas le cas, mais cette prise en charge de la vieillesse continuera de jouer un rôle important, et surtout pour les femmes, jusque dans les années 1960 ; elle fut complétée en 1941 par l'Allocation aux vieux travailleurs, plus connue sous l'appellation « retraite des vieux », puis par l'institution, en 1956, du Fonds national de solidarité, alimenté par des ressources spéciales comme la vignette automobile [Feller, 1998-b].

En 1910 est pourtant votée la première loi sur les retraites ouvrières et paysannes, qui conçoit les retraites comme une épargne, un prélèvement proportionnel au salaire auquel cotisent les salarié-e-s, les patron-ne-s et l'État. Le faible taux des rémunérations féminines ne leur permet guère, dans ce cadre, d'obtenir de grasses retraites. Mais là n'est pas le seul désavantage des femmes. Ainsi, à l'aube de l'État-providence, les débats sont vifs quant à la place à leur accorder, tant comme cotisant-e-s que comme bénéficiaires. En effet, dans le cadre de l'assurance obligatoire, les cotisations ouvrent des droits après trente ans de versements ; pour l'assurance dite facultative, destinée aux non salarié-e-s, agricultrices et agriculteurs, artisans, commerçant-e-s, petit-e-s patron-ne-s, une cotisation plus élevée permet aussi de participer au système. D'abord fixé à 65 ans, l'âge d'entrée en jouissance est ramené à 60 ans en 1911[1]. Du côté de l'assurance

---

1. L'État cotise de manière exceptionnelle pour un régime transitoire destiné aux retraité-e-s qui atteignent l'âge limite dans les années qui suivent la loi.

obligatoire, bien des travailleuses à domicile ne peuvent fournir les certificats de travail attestant de leur labeur, ce type de travail étant juridiquement considéré comme un contrat de louage d'ouvrage ou un contrat d'entreprise, qui ne valent pas reconnaissance de la condition de salarié-e.

Du côté de l'assurance facultative et des agricultrices paraît en décembre 1912 une circulaire dissociant les femmes réputées tenir l'exploitation parce que leur mari est employé ailleurs, de celles qui, coexploitantes, ne font qu'apporter « le concours ordinaire qu'une femme doit à son mari ». Ces dernières sont exclues du bénéfice de l'inscription, à leur nom, à l'assurance. Dans la France rurale, les résistances sont fortes, des maires refusent de répondre aux contrôles, des préfets écrivent au ministre, comme celui des Basses-Alpes : « Le code civil, d'accord avec la force même des choses, réserve bien, dans les ménages, le droit de direction au mari [...]. Ici, précisément dans une loi de solidarité et de prévoyance sociale, nous verrions l'État accorder un avantage très appréciable à l'un des deux associés, du seul fait de sa prépondérance légale dans le ménage et le refuser à l'autre, souvent collaboratrice dévouée et fidèle, et en tout cas, de par sa faiblesse, présumée encore plus digne de sa sollicitude » [1912, cité par Feller, 1998-a]. Ce qui ne changea rien, le droit à l'assurance ne faisant que confirmer les codes qui traitèrent, jusque dans les années 1980, les femmes d'agriculteurs comme des inactives auxiliaires obligées de leur conjoint [Dumons et Pollet, 1994 ; Feller, 1998-a].

Parallèlement, pourtant, la loi de 1910 offrait aux épouses des possibilités d'autonomie, avec les livrets doubles, qui, en quelque sorte, cristallisaient le problème des droits dérivés. En effet, pour un salarié marié, deux livrets étaient ouverts, l'un à son nom, l'autre au nom de sa femme et les cotisations étaient réparties sur les deux. Une fois atteint l'âge de fin d'activité, la femme était titulaire des rentes de son livret, sans avoir à attendre le décès de son mari. Ce système reconnaissait donc le travail domestique effectué par l'épouse pendant la vie active de son conjoint comme une part du travail social rémunéré par le salaire. L'épargne forcée prélevée sur ce salaire sous forme de cotisation retraite, et les rentes produites, lui revenaient donc de plein droit. Même si les rentes servies étaient faibles et furent de plus laminées par l'inflation de la guerre, ce système cessa en 1920 [Feller, 1998-a]. De toute façon, la loi de 1910 fut vécue comme un échec, le principe d'obligation étant souvent bafoué du côté des salarié-e-s comme des patron-ne-s, ou encore les versements s'avérant trop bas pour pouvoir consti-tuer une retraite digne de ce nom. La loi sur les assurances sociales, votée en 1928 et appliquée en 1930, la compléta donc en organisant un système de retraites obligatoires en deçà d'un certain plafond de salaire ; malgré l'inflation quasi endémique, elle était fondée sur la capitalisation. Puis, en 1941, Vichy ins-talla le système par répartition (pour les femmes et les hommes né-e-s après 1891), confirmé en 1945, pour faire face aux verse-ments des pensions non contributives.

Même dans ce cadre, il est clair que la situation des fem-mes sur le marché du travail est bien lisible dans leurs retrai-tes : bas salaires, chômage et temps partiel, relative porosité de la présence sur le marché du travail, carrières plates, quand jusqu'en 1972 la retraite prend en compte la moyenne des dix dernières années de salaire. Si, en 1996, les salaires moyens des femmes sont à 76 % des salaires masculins, leurs retraites ne sont encore qu'à 54 %, reflétant les très longues inégalités des rémunérations : en 1993, les travailleuses nées en 1906 touchent 4 000 francs par mois, contre 6 500 francs aux hommes, celles nées en 1926, 5 300 contre 8 200 [Reimat, 1997]. Néanmoins, les systèmes de retraite font place aux spécificités liées au rôle de la famille : les femmes ont ainsi droit à la bonification de la durée d'assurance de deux années par enfant élevé, elles bénéfi-cient d'une souplesse dans l'âge d'admission pour les ouvrières mères de famille nombreuse (30 annuités) [Gauvin, 1997]. Il n'empêche que l'histoire des retraites, tout comme celle des réversions aux veufs, est comme un concentré de l'histoire de l'invisibilité des femmes au travail et de la spécificité de leur statut : les réversions difficiles sur la tête des veufs font écho à la supposée absence des femmes du marché du travail.

Des salaires d'appoint ?

Au XIXᵉ siècle, quand ils soulèvent la question de l'opportunité de la présence des femmes sur le marché du travail, les syndicats s'efforcent de distinguer entre les statuts : à proscrire, le travail de l'épouse et de la mère, dont la place est au foyer ; à admettre, celui de la femme célibataire ou veuve. La vraie crainte est bien sûr celle de la concurrence sur le marché du travail, dans un malthusianisme économique bien compris et un marxisme revendiqué, avec ses positions sur l'armée de réserve du capitalisme, qui, convoquée ou licenciée à bon escient par le patronat, ferait baisser les salaires. De fait, il n'en est rien, les travailleuses, même exposées comme les hommes au chômage, n'étant pas du tout une main-d'œuvre fluctuante ou peu nombreuse. Même parmi les ouvrières, à peine une femme sur six est vraiment interchangeable, non qualifiée et précarisée, ballottée d'un emploi à l'autre [Omnès, 1998].

En réalité, quelle que soit leur situation, les femmes ne gagnent pas les mêmes salaires que les hommes et la bien ancienne revendication d'à « travail égal, salaire égal » bute sur le fait qu'elles ne font pas les mêmes métiers qu'eux : seules les femmes sont secrétaires, dactylos, pour les cols blancs ; seules les femmes, et des immigrés, travaillent comme manœuvres ou sur les machines rapides et précises. Quand, rarement, les métiers ont été conçus identiques, comme les instituteurs et les institutrices, les professeur-e-s, l'égalité des salaires a dû être revendiquée de longues décennies durant. Ailleurs prévalent de fortes différences. Par exemple, en 1893, dans la Seine, une fabrique de chaussures paie en moyenne 6 francs par jour un coupeur et 3,25 francs une coupeuse, une fabrique d'agrafes métalliques, 5,70 francs ses découpeurs et 1,50 franc ses découpeuses. À la fin des années 1920, c'est 25 % de différence chez Panhard, 46 % à la Compagnie lorraine des charbons pour l'électricité et 50 % dans l'imprimerie bordelaise. L'usage de moins payer les femmes est tellement ancré que, dans les grands magasins où se côtoient vendeuses et vendeurs, les salaires sont d'un tiers inférieurs pour les femmes [Fourcaut, 1982 ; Beau, 2001].

Différences aussi dans le mode de rémunération, surtout quand croît la rationalisation du travail, dès l'entre-deux-guerres. Alors les salaires peuvent être soit à l'heure, c'est-à-dire sans pression du chronomètre, ou à la pièce, avec des rendements minima fixés d'avance, impliquant des retenues quand le nombre de pièces imposé n'est pas atteint et des gratifications, les « boni », quand il est dépassé. Les calculs sont incessants pour estimer sa paie de la semaine : « Salaire probable : 48 heures à 1,80 franc = 86,40 francs. Boni : pour le mardi, si on a travaillé à 4 francs de l'heure, 17,60 francs ; pour le mercredi, 1,20 franc, pour jeudi et vendredi, 0,60 × 15 (environ) = 9 francs ; pour samedi, 1,20 franc × 3,5 = 4,20 francs. Donc, 17,60 + 1,60 + 9 + 4,20 = 32,40 francs. Cela ferait : 86,40 + 32,40 + 118,65 francs ; là-dessus peut-être une retenue correspondant à la tâche où j'ai loupé 500 pièces. En fait, j'ai fait un boni à 36,75 francs (mais trois quarts d'heure déduits, soit 1,20 franc). Donc, 4,35 francs de plus que je n'aurais cru » [Weil, 1951]. Dans les ateliers, la différence entre hommes et femmes se lit aussi là : dans les usines alimentaires Casino, dans les années 1930, 80 % des femmes sont payées au rendement, contre 15 % seulement des hommes [Zancarini, 1990]. La Première Guerre mondiale est le seul moment où les différences ont été réduites, les écarts ne dépassant guère 10 à 15 %, grâce à une forte pression du ministère de l'Armement et surtout à des grèves conséquentes organisées par des femmes qui étaient souvent soutien de famille. Puis, les discriminations ont repris leur cours ordinaire et les conventions collectives de 1936 ont largement entériné ces différences, consacrant des écarts de salaires de 20 à 30 % entre hommes et femmes, dans un même secteur. Lors des négociations, aucun syndicat ne défendit le droit au travail des femmes, même si leurs salaires les plus bas furent nettement relevés. Il n'en reste pas moins que le « salaire au rendement », incontestablement plus élevé, même au prix d'une importante pression nerveuse, est un des éléments de l'attrait de l'usine pour les rurales, les employées de commerce et les domestiques.

En 1945 et 1946, les arrêtés Parodi, s'ils lissent les catégories et les rémunérations qui y sont liées, ont surtout pour but de mieux définir les postes de travail en leur donnant des qualités et des minima. Pour la définition des postes, l'âge et l'ancienneté doivent en principe faire moins de différences que les diplômes et les savoir-faire. Ainsi, une sténo-dactylographe tape et prend un courrier déjà écrit ; une sténo-dactylographe-secrétaire répond au téléphone et fait quelques lettres seule, une secrétaire organise son travail toute seule [Zancarini, 1990]. Pourtant, si le salaire n'est plus lié à l'individu, mais au poste — ce qui homogénéise les travaux entre les différentes entreprises et dans l'entreprise —, il ne s'agit bien que du salaire plancher dans une catégorie, que les employeurs peuvent faire varier à la hausse, au gré des appréciations individuelles sur les salarié-e-s. Par ailleurs, en 1950 est défini un salaire plancher, le SMIG (salaire minimum interprofessionnel garanti), transformé en SMIC en 1970 (salaire minimum interprofessionnel de croissance), indexé sur la progression des prix, mais aussi sur celle de la croissance. Restent les moyennes, qui affichent qu'un ouvrier gagne quatre fois moins qu'un cadre, et les hommes une demi-fois plus que les femmes [Rioux, 1997]. Pour la réduction de ces écarts, le cheminement est lent. Entre 1950 et 1980, les moyennes passent de 36 à 28 %. À ce rythme, un siècle serait nécessaire pour atteindre l'égalité, même si des nuances sont perceptibles : l'écart est constant pour les salaires entre ouvrières et ouvriers, fort chez les cadres supérieurs, mais réduit de moitié chez les cadres moyens. Plus une branche est féminisée, plus les salaires y sont bas et les écarts accentués, et ils se creusent avec l'âge : de 15 % en début de vie active, ils passent à 65 % à 50 ans, témoignant là de la stagnation des carrières des femmes [Kergoat, 1982 ; Maruani, 1985]. Enfin, l'extension du travail à temps partiel étend le nombre de salarié-e-s travaillant à bas salaire, c'est-à-dire pour de faibles revenus, soit 3,2 millions de salarié-e-s en 1998, dont 75 % de femmes[1] [Concialdi et Ponthieux, 1999].

1. La notion de bas salaire s'applique pour les salaires inférieurs aux deux tiers du salaire médian.

Dans la fonction publique, le statut de 1946 lisse aussi les différents lieux de travail et établit également des normes pour chaque poste, pour chaque catégorie recrutée sur concours A (niveau licence), B (niveau baccalauréat), C (niveau brevet), D (certificat d'études ou rien). Mais, jusqu'à présent, les femmes restent peu nombreuses dans les catégories supérieures, même si leur progression a été importante dans les vingt-cinq dernières années. Ainsi, en 1992, elles ne sont que 15 % des personnels de direction (contre 5 % en 1978), pour 40 % des cadres A, y compris les enseignantes au fort poids numérique. Aujourd'hui, même si la loi exige un salaire égal pour un travail égal, la répartition sexuée des emplois fait persister les inégalités : en 1993, dans le secteur privé et semi-public, 20 % des femmes gagnent plus de 10 600 francs, dont 10 % plus de 12 800 francs ; chez les hommes 30 % gagnent plus de 11 500 francs et 10 % plus de 18 400 francs.

Cet ensemble permet de continuer à raisonner sur un travail des femmes si contingent qu'il n'aurait pas besoin de rémunérations égales à celles des hommes et ne justifierait donc qu'un salaire « d'appoint ». Déjà, l'économie politique, théorisée par Adam Smith ou Jean-Baptiste Say, disait comment le salaire d'un homme servait à assurer l'existence de sa famille et celui de la femme mariée à simplement couvrir ses propres besoins. On ajoutait même que ceux-ci seraient moindres : les femmes mangeraient moins, seraient moins frileuses, n'iraient pas au café, ne fumeraient pas [Rebérioux, 1980]. Au XIXe siècle, économistes et congrès ouvriers légitimèrent donc ces rémunérations féminines plus faibles. Mais, même aujourd'hui, il reste que, peu formées, cantonnées dans des emplois souvent peu qualifiés, les femmes gagnent forcément moins. Leur apport dans l'économie familiale dit d'ailleurs ces disparités : dans les années 1990, les femmes contribuent pour 35,5 % aux revenus des ménages, dans une grande homogénéité des répartitions selon les groupes, avec 37 % pour les femmes d'employés, 35 % pour les femmes de cadres moyens, 36 % pour les femmes d'ouvriers. Et elles en ont intégré le principe, parlant spontanément de cet appoint qui, d'après elles, servirait au surplus de consommation domestique : payer la voiture, les vacances, les machines ; or il n'en est rien, la répartition des budgets entre les différents types de familles (un ou deux salaires) ne présentant aucune différence structurelle, si ce n'est pour deux postes : quand les femmes sont actives, on dépense moins en nourriture et plus en habillement. Pour finir, notons que cette idée de salaire d'appoint féminin fait tellement partie des normes sociétales que des femmes qui gagnent plus que leur conjoint se l'appliquent aussi [Maruani, 1985].

Temps partiel, temps des femmes ?

L'usage du temps partiel est le plus souvent perçu comme un phénomène récent. À dire vrai, il est quasi automatiquement associé au travail des femmes et assorti de diverses justifications : les femmes le préféreraient, car il leur permettrait de concilier vie privée et vie publique, l'éducation de leurs enfants et le gain d'un salaire d'appoint. C'est le fameux « temps partiel choisi ». Et socialement toléré. Les chiffres plaideraient, dit-on, pour cette hypothèse : sur les 12 millions de femmes au travail en 2001, presque le tiers le sont à temps partiel ou, pour dire les choses autrement, 82 % des actifs à temps partiel sont des femmes ; là sont plus spécialement représentées les moins de 25 ans, généralement étudiantes et les plus de 59 ans et non pas, contrairement à ce que l'on pense souvent, les femmes en âge d'élever de jeunes enfants. Enfin, le temps partiel touche beaucoup les femmes non diplômées, pour 39 % d'entre elles [Angeloff, 2000]. Face à ces chiffres, on en conclut que le temps complet n'est pas bon pour les femmes et les enquêtes diraient presque la même chose : quand on demande aux femmes quelle est la meilleure solution d'activité pour les mères de famille, 97 % répondent l'activité à temps partiel, quand à peine 30 % le pratiquent [en 1984, Maruani, 1985].

En réalité, l'histoire du travail des femmes plaide pour une autre hypothèse : ce ne sont pas les femmes, mais bien le marché du travail qui réclame le travail à temps partiel et la main-d'œuvre féminine en est la cible privilégiée, précisément à cause des représentations sociales au cœur desquelles elles se trouvent. Ce souci de la bonne marche de l'économie peut d'ailleurs être énoncé comme tel : « Tout en étant bien adapté aux besoins des femmes à qui il permet de concilier travail ménager et travail professionnel, le temps partiel peut être un élément de souplesse et de progrès de l'économie », souligne le rapport Rueff-Armand, en 1961, à l'aube du IVe Plan. Et le patronat chrétien d'ajouter que le mi-temps « maintient suffisamment les femmes chez elles », qu'il permet d'apporter à la famille « un complément de ressources », ensemble qui offre de « considérables avantages » [cité par Chaperon, 2000]. En face, les féministes ne sont pas dupes, qui soulignent que, réservé aux femmes, ce mode d'emploi ne pourra que se retourner contre elles.

Dans ces années 1960, les discours là encore changent : le travail féminin est bien moins souvent dénoncé, l'exclusive présence des femmes au foyer commence à paraître archaïque, voire même quelque peu nocive pour leur progéniture. Même l'État s'y attelle, et en 1965, le ministre du Travail, Gilbert Granval, crée un Comité d'études et de liaison du travail féminin, où siègent des sociologues du travail comme Madeleine Guilbert. Strictement consultatif, il organise ses travaux autour de trois thèmes principaux : l'égalité des salaires entre les hommes et les femmes, l'égalité d'accès des filles et des garçons aux enseignements techniques et professionnels, la question de l'équilibre entre mesures d'égalité et mesures de protection. Seul bémol : ses travaux restent strictement secrets. De ses conclusions s'inspirent cependant des lois, comme celles de 1971 sur la formation professionnelle continue et de 1972 sur l'égalité des rémunérations. Pour la Ligue française du droit des femmes et Andrée Lehman, les solutions aux inégalités sont pourtant d'une grande simplicité : il faut au moins que les tâches domestiques soient partagées, enseigner puériculture et travaux ménagers aux garçons, et aménager les horaires scolaires pour faciliter la tâche des mères actives [Lurol, 1999 ; Chaperon, 2000].

Ainsi, la société consent à envisager une vieille évidence : le travail des femmes. Mais elle voudrait inventer pour elles un travail réduit, mesuré. Or celui-ci existe déjà, depuis toujours travailleuses et travailleurs le subissent, quelle que soit la mesure du temps de travail adoptée. Appelé chôme ou morte-saison, le manque de travail plusieurs mois dans l'année, plusieurs semaines dans le mois, plusieurs jours dans la semaine est récurrent dans l'agriculture évidemment, pour les exploitant-e-s comme pour les salarié-e-s, mais encore dans toutes les industries, de l'automobile au jouet, en passant par le téléphone et le vêtement [Noiriel, 1986]. Si l'on excepte la fonction publique, nulle part le contrat de travail n'est garanti à temps plein, ni pour toute la vie active. Certaines flexibilités sont même partie de l'organisation générale du travail avec le travail à domicile, dit aussi travail en chambre, qui, jusque dans les années 1930, mobilise au moins le tiers de la population féminine.

D'autre part, bien des secteurs d'emploi utilisent la flexibilité, comme les grands magasins aux périodes de pointe journalière, c'est-à-dire l'après-midi, ou annuelles avec les soldes ou les fêtes de fin d'année [Beau, 2001]. Autre exemple, celui des services publics, le gaz, l'électricité, les transports en commun, tôt nantis de conventions collectives destinées à fixer une main-d'œuvre très spécialisée : là, il faut bien assurer la continuité du service à toutes les heures, y compris de pointe, tous les jours de l'année, y compris le dimanche. Des salarié-e-s à temps partiel y ont donc toujours été recruté-e-s, pour assurer la continuité des services. Ces auxiliaires à temps partiel pouvaient être aussi bien des hommes que des femmes : à Lyon, où les salariés titulaires des transports en commun ont, dès le début du XXe siècle, quatre jours de congé par mois, on embauche des auxiliaires qui les remplacent sans bénéficier d'aucun avantage social. Constituant jusqu'à 40 % des effectifs, ils sont organisés en une véritable hiérarchie entre les auxiliaires accidentel-le-s et spéciaux, qui assurent les services de l'été et des dimanches et fêtes, les auxiliaires horaires, employé-e-s quelques heures par jour, les auxiliaires du cadre permanent qui peuvent naviguer d'un service à l'autre, en fonction des besoins ; certains postes, comme les auxiliaires du week-end, sont réservés aux femmes [Montagnon, 1999].

Ce qui est recherché à partir des années 1960 est de faire du temps partiel une norme, sociale et juridique, afin de le mieux faire accepter et reconnaître, en particulier des femmes. En 1970, une loi permet aux fonctionnaires le travail à mi-temps, mais il faut attendre 1982 pour que ce mi-temps se transforme en temps partiel modulable entre 50 et 90 % de la durée hebdomadaire fixée par la loi. En 1980, on avait légiféré pour le secteur privé et opté pour un temps partiel qui pouvait être imposé. L'implication en était large, incluant tous les horaires inférieurs à 40 heures par semaine. En 1982, une ordonnance en donne les limites, le temps partiel ne pouvant être inférieur au cinquième du temps légal et, de plus, en élargit fondamentalement les implications, puisque le nombre d'heures supplémentaires annuelles réalisables par un-e salarié-e sont plafonnées : mesure contre le chômage, cette limitation peut aussi être lue comme une incitation à l'embauche de personnel à temps partiel dans les périodes de presse productive.

Parallèlement, les travailleuses et travailleurs à temps partiel ont obtenu des droits symétriques aux temps pleins et en 1984, l'État subventionne l'embauche à temps partiel à coup de primes et de déductions fiscales ; à partir de 1992, il devient financièrement plus avantageux pour les patron-ne-s de salarier deux temps partiels plutôt qu'un temps plein. Ces temps partiels sont concentrés dans certains groupes professionnels : la moitié des femmes à temps partiel sont ainsi des employées ; quant aux « ouvrières » à temps partiel, une sur deux est femme de ménage dans une entreprise de nettoyage. Plus que mesure objective d'un temps de travail, le temps partiel serait ainsi référé à un statut d'emploi féminin et pourrait tout aussi bien être décliné en parlant de chômage à temps partiel [Angeloff, 2000]. Exposant le texte de loi à l'Assemblée nationale, Monique Pelletier, en 1978 ministre déléguée à la Condition féminine chargée aussi de la Famille, expliquait : « Aujourd'hui, vous avez l'occasion d'améliorer la vie de beaucoup de familles, avec ce texte que je considère comme relevant de la politique familiale. Il met fin à certaines rigidités du travail, il propose des formules souples, il permet de mieux concilier vie professionnelle et vie familiale » [cité par Maruani, 1985]. Comment mieux dire que le temps partiel — 1,6 million de femmes en 1980 et plus de 3 millions en 2000 — est d'abord légitimé pour les femmes, parce qu'il représente, tout aussi partiellement, un retour au foyer ?

Chômer

Absence momentanée de travail, le chômage n'a pas toujours été pensé, ni surtout indemnisé comme tel. La notion se construit parallèlement à la limitation légale du temps de travail quotidien et hebdomadaire, au début du XXe siècle. À ces normes peut désormais s'opposer l'anormalité, la « chôme ». Chômage et chômeur sont des catégories construites contre les classifications de la pauvreté inscrites dans les pratiques des dispositifs d'assistance de l'Ancien Régime. Une mutation des représentations a été nécessaire pour énoncer l'identité de l'ouvrier sans ouvrage en le différenciant du pauvre traditionnel. Prend alors forme l'idée que la pauvreté ne résulterait pas toujours ou pas seulement des tares morales ou héréditaires des individus, ni même des influences néfastes de l'environnement insalubre de la grande ville : elle proviendrait bien de l'organisation de l'industrie et du marché du travail. À la fin du XIXe siècle, le chômeur n'est plus le pauvre de toujours, mais la figure d'une catégorie nouvelle, le non-travailleur privé d'emploi, victime de chômage involontaire. Apparaît ensuite un concept clef, qui oppose le chômage occasionnel au chômage systématique ; le second relèverait du registre de la maladie, quand le premier ne serait qu'une regrettable conséquence du libéralisme économique. Dès lors, les seuls que l'on considère clairement comme sans emploi sont les ouvriers qui participent du système salarial et qui, à un moment, sont sans travail. Pour eux se met alors en place une législation avec, en août 1914, la création du Fonds national de chômage [Topalov, 1994, Bean et Schweitzer, 2001].

C'est la crise des années 1930 qui sollicite le plus brutalement ce système, montrant par ailleurs et à nouveau combien le travail des femmes paraît contingent. Ainsi, les caisses syndicales de chômage prennent en compte le nombre de personnes à charge pour le calcul des indemnités. Et là, des différences s'installent entre salariées et salariés, les premières étant moins bien indemnisées. Prévaut là encore l'idée que les travailleuses sont des femmes mariées et que celles-ci sont des mineures : le décret de février 1931, qui fixe les taux de secours et leurs maxima, considère ainsi l'épouse comme une enfant de moins de 16 ans, avec une indemnité fixée à 3 francs par jour, quand les personnes de plus de 16 ans à charge du chef de famille touchent 3,50 francs. Quant aux travailleuses, elles ne peuvent bénéficier du maximum de prestation, soit 7 francs par jour, que si elles prouvent qu'elles sont cheffes de ménage, célibataires, séparées, divorcées ou veuves [Leray, 1994]. Les secours sont à la charge des mairies et s'exprime une franche hostilité ; en 1933, au congrès des maires de France, est votée une motion à l'initiative du maire SFIO de Saint-Nazaire : « Ne croyez-vous pas qu'il est démoralisant de voir un homme sans travail solliciter un secours alors que la femme d'à côté va à l'atelier ? [...] Le congrès des maires de France se prononce à l'unanimité, communistes et socialistes, pour le retour des travailleuses chez elles » [cité par Loiseau, 1996].

Si les politiques des années 1950, qui créent en particulier en 1958 un régime national interprofessionnel d'allocations, puis qui étendent en 1967 le régime conventionnel à tou-te-s les salarié-e-s du secteur privé ne sont plus sexuées, l'emploi des femmes reste cependant plus précaire. Même si la crise des années 1970 ne leur a pas fait quitter le marché du travail, les profils de leurs emplois entraînent qu'elles détiennent le record de taux et de durée de chômage. En 2000, 12 % de la population active est au chômage, mais ce sont 10 % des hommes et 14 % des femmes. L'âge aussi est discriminant, puisque parmi les moins de 25 ans, on compte 22 % de jeunes gens et 30 % de jeunes femmes, taux qui grimpe à 42 % pour les étrangères. Enfin, les ouvrières chôment cinq fois plus que les cadres. De plus, le chômage des femmes est socialement plus toléré, plus légitime que celui des hommes : on retombe évidemment dans l'épure de la contingence du travail des premières. Cette même contingence renvoie à l'idée de l'inactivité et une mère sans emploi est ainsi estimée au foyer et statistiquement décomptée comme inactive, quand un homme sans travail est compté comme un actif sans emploi. De fait, les seules politiques spécifiques d'emploi pour les femmes sont les politiques familiales, même si dans les textes, elles sont destinées aux parents et non spécifiquement aux mères. C'est ainsi le cas de l'allocation parentale d'éducation (APE), créée en 1985 pour les familles de trois enfants et plus ; à l'époque, elle ne touchait que fort peu de femmes. En 1994, quand elle est étendue aux familles de deux enfants, il faut, pour en bénéficier, justifier d'une période d'activité de deux ans au cours des cinq ans précédant la naissance du dernier enfant : un an plus tard, le taux d'activité des mères ayant un enfant âgé de six à dix-sept mois a chuté de vingt-six points, passant de 70 à 44 %. Celles qui ont quitté le marché du travail touchent l'APE et, pour un tiers, étaient au chômage et une grande partie des autres, smicardes à temps partiel, soit peu ou prou le montant de la prestation (2 900 francs par mois) [Battagliola, 1999 ; Maruani, 2000].

Incontestable, mais pensée comme contingente, voire superfétatoire, la place des femmes sur le marché du travail est marquée de nettes spécificités. Dès lors que l'on ne se contente plus d'un regard au masculin neutre, qui homogénéise les conditions et lamine les différences, les discriminations jaillissent : salaires plus bas que ceux des hommes légitimés par la philosophie du salaire d'appoint, travail à domicile non régulé par les lois, auxiliariat et temps partiel très présents depuis toujours entraînant ensuite de faibles retraites. Il faut reconnaître que, même puissantes, les organisations syndicales ont bien longtemps considéré les femmes comme des concurrentes et les ont privées de formation et d'assistance.

DÉFENDRE SA VIE DE TRAVAIL

Des syndicats discriminants

Les syndicats sont, au XIXᵉ siècle, peu intéressés par le travail des femmes et surtout pas à son éventuelle défense. Le seul congrès qui en fasse vraiment état est celui de Marseille, en 1879, où « la question de la femme » revient plusieurs fois. Mais c'est pour reléguer l'activité féminine dans des travaux qui, par coutume, ne concernent pas les hommes : une ouvrière doit ainsi exercer un emploi compatible avec sa nature, c'est-à-dire les travaux d'aiguille ou en rapport avec le tissu, cette matière molle [Perrot, 1976]. Ensuite, en 1898, plusieurs arguments sont avancés pour démontrer la nocivité du travail des femmes : le travail « démoralise » la femme et ne lui permet pas d'acquérir une morale prolétarienne ; de surcroît, et c'est sans doute le fond du problème, il dévalorise le travail masculin et favorise le chômage. On envisage alors diverses solutions qui vont de l'interdiction de certains emplois jusqu'à la grève, dans le cas où des femmes seraient embauchées à des salaires moindres ou sur des postes masculins. Au début de 1914, la CGT rompt avec cette attitude en lançant un vaste plan d'action pour l'éducation et la syndicalisation féminines [Albistur et Armogathe, 1977]. On est alors en pleine affaire Emma et Louis Couriau. Ouvrière et ouvrier typographes, ils s'installent en 1913 à Lyon, où Emma demande son admission à la chambre régionale des typographes cégétistes. C'est le refus et l'exclusion immédiate de Louis, au motif qu'un typographe ne doit pas autoriser sa femme à travailler dans un métier du livre, bien qu'en 1901 la Fédération nationale ait accepté les adhésions féminines. Quand Louis Couriau s'y réfère, la Fédération se contente de demander sa réintégration, mais pas l'admission de sa femme ; celle-ci pense alors monter un syndicat de typotes et alerte les féministes de la région lyonnaise. Au sein du syndicat, la discussion s'élargit au travail des femmes et à leur syndicalisation. Emma Couriau n'est pas réintégrée, la guerre arrive quand une fois de plus un thème divise les militant-e-s : faut-il des syndicats mixtes ? Des structures entièrement féminines qui affaibliraient la lutte des classes ? Des syndicats de femmes, même ? [Klejman et Rochefort, 1989].

De fait, la présence des femmes au sein des syndicats est faible et ne progresse que lentement : 30 000 syndiquées en 1900 (pour 588 000 hommes), 89 000 en 1914 (contre un million), 240 000 en 1920 (contre 1,3 million), après de fortes grèves depuis trois années. C'est dans les congrès de l'habillement et des tabacs, là où leur présence salariée est la plus forte, qu'elles sont les plus actives [Albistur et Armogathe, 1977]. Chez les employées, les syndicats féminins perdent leur spécificité au début du xxe siècle, au profit de syndicats mixtes. Mais une chambre syndicale, celle des sténo-dactylos, fondée en 1899, membre de la Fédération des syndicats d'employés, reste fort active, en particulier au moment de la signature des conventions collectives, où elle peut négocier directement avec l'Union syndicale patronale [Beau, 2001]. Quelques syndicats sont uniquement féminins, comme le Syndicat des femmes caissières comptables et employées aux écritures [Gardey, 1995].

Durant la Belle Époque, des grèves de fonctionnaires ont eu lieu, comme celle des demoiselles des Postes en 1909 : les 160 dames du Bureau central de Paris se mirent en grève pour l'amélioration de leur statut, la police pénétra dans les locaux et l'arrestation de deux postières fit sensation. C'était la première fois dans l'histoire de l'administration que des femmes se mettaient seules en grève. L'affaire se termina par 805 révocations et la fusion des trois principaux syndicats au sein de la Fédération CGT des PTT. Entre les deux guerres, les mouvements de revendication les plus vifs viennent toujours des dames des PTT qui dénoncent les discriminations dont elles sont l'objet. Elles fondent un syndicat exclusivement féminin et se mettent en grève en janvier 1930. Trente-sept d'entre elles sont à nouveau arrêtées, 107 sont révoquées, mais elles obtiennent quand même d'être reclassées au niveau de leurs homologues masculins [Bertho, 1981].

Dans les années 1920, la scission syndicale et la naissance de la Confédération générale du travail unitaire (CGTU), fort proche du parti communiste, permet quelques changements. Suzanne Girault est membre du Comité central en 1922, puis du Bureau politique en 1924. C'est l'encouragement à la constitution de commissions syndicales féminines et, à partir de 1922, des femmes siègent à la commission exécutive de la CGTU ; la même année commence à paraître *L'Ouvrière* [Frader, 1996]. Les commissions de la CGTU seront supprimées dans le cadre de la réunification de 1935 et ne réapparaîtront qu'après la guerre. À la CGT, en revanche, les lendemains de guerre marquent un reflux : quand au Congrès de 1919 on compte dix-sept femmes déléguées pour vingt-six hommes, elles ne sont plus que six sur trente-quatre en 1921 ; Jeanne Bouvier est la seule femme qui fasse partie de la commission administrative. Léon Jouhaux, le secrétaire général, est clairement hostile à la création de comités féminins, qu'il considère comme des ferments de division de la classe ouvrière ; il préfère des déléguées à l'organisation syndicale et la constitution d'un comité de propagande féminine, dans le cadre « d'une propagande particulière pour les femmes [...], dont nous nous servirions après avoir tracé le programme de ces militantes, [...] car nous devons leur donner les principes généraux sur lesquels elles doivent établir leur argumentation » [cité par Bouvier, 1983].

En face, dès le XIXᵉ siècle, le catholicisme est actif. Officiellement, et jusqu'aux années 1970, les catholiques sont en première ligne d'un combat qui réclame des femmes-mères et au foyer. Ce qui ne les empêche pas de tenter d'organiser les actives, peut-être plus croyantes et pratiquantes que les hommes, ne serait-ce qu'à cause de la forte présence congréganiste dans l'enseignement primaire. Dans l'Isère, dans l'entre-deux-guerres, des syndicats catholiques sont nés du refus de la grève par les ouvrières. Ils se posent comme une organisation chrétienne, délibérément régionale, non mixte et sont dirigés par deux femmes, nourries de catholicisme social. L'une, Cécile Poncet, est issue d'une famille d'avocats, l'autre, Solange Merceron-Vicat, d'une famille d'industriels. Leur mouvement va délibérément là où les femmes sont le plus difficilement organisables, dans le travail à domicile. Douze sections locales sont créées dans les années 1930, rassemblant 460 ouvrières du textile, dont à peine quelques-unes travaillent dans les usines. Ces sections sont soutenues par la hiérarchie ecclésiastique — y compris pour la logistique, comme les locaux de réunion — avec deux missions essentielles : garantir la défense des salaires et le bénéfice des assurances sociales ; on réclame un salaire horaire minimum, des primes à la production et encore des primes proportionnelles au nombre d'enfants, une revendication proche du salaire familial. En 1932, le syndicat réclame la semaine de 40 heures, afin de permettre l'équilibre entre tâches salariées et tâches domestiques. Et la moralisation est ferme : ne sont pas acceptées les femmes divorcées, ni celles vivant en union libre, sont condamnés les sports et divertissements. En 1936, au moment du Front populaire, c'est la fusion avec la Confédération française des travailleurs chrétiens : dans le secteur textile les femmes y sont largement majoritaires et gardent dans la hiérarchie une place proportionnelle à leur importance [Gauthier et Ratto, 1996].

Durant les Trente Glorieuses, les attitudes syndicales changent, avec la nouvelle place que la société consent aux femmes au travail. À gauche, deux grands camps s'affrontent. À la CGT comme à la CFDT, on tente de promouvoir des militantes à tous les niveaux des centrales. On insiste sur les contraintes que leur pose la double journée et à la CGT c'est, en 1964, la campagne « 5 millions de femmes veulent conquérir le temps de vivre ». Sa liste des revendications spécifiques s'allonge avec la demande de protection de la femme enceinte, de deux jours supplémentaires de congé annuel par enfant, d'une indemnisation de garde pour les enfants de moins de 3 ans, de la retraite à 55 ans à 60 % du salaire. La même année, la CFDT prend en compte que « les travailleuses ont des aspirations nouvelles, elles ont besoin de se sentir intégrées à part entière, à la fois dans la société, dans le monde du travail et le syndicalisme » [cité par Maruani, 1979]. À la CFTC, même si on garde un œil sur le droit au travail, l'égalité des salaires, la législation sur le travail de nuit, la représentation des femmes dans les organismes professionnels, l'extension des crèches dans les entreprises, l'objectif demeure le retour de la femme au foyer, l'augmentation de l'allocation salaire unique et des allocations familiales. Son secrétaire général n'affirme-t-il pas que « la place des femmes est non à l'usine ou au bureau, mais chez elle, à la maison » ? [cité par Chaperon, 2000]. En 1956, à la Commission des questions sociales de l'ONU, le Mouvement national des mères, appuyé par l'Union féminine civique et sociale, souhaite très clairement une organisation économique dispensant les mères de la nécessité d'une activité professionnelle. L'année suivante d'ailleurs, le cardinal Feltin analyse le travail féminin comme un facteur important de divorce [Michel et Texier, 1964 ; Chaperon, 2000].

Effet des grands espoirs nés des années 1968 ? En 1975, les femmes sont 30 % des syndiqués, pour 38 % de la population active. D'ailleurs, en 1974, les deux principales centrales se sont retrouvées pour un accord commun sur les revendications des femmes salariées, qui constate que la place des femmes dans la société est inférieure à cause de conceptions rétrogrades du rôle de la femme [Maruani, 1979]. Depuis, les choses n'évoluent guère, la place des femmes dans les instances syndicales est toujours largement inférieure à leur taux de syndicalisation, même si Nicole Notat est devenue secrétaire générale de la CFDT en 1992.

De rares mouvements revendicatifs

Mal acceptées dans les syndicats, prises dans leur double journée, les ouvrières revendiquent peu. À la fin du XIXᵉ siècle, entre 1871 et 1890, on compte à peine 5,9 % de grèves féminines et 12 % de grèves mixtes, souvent plus violentes. Le maximum de femmes grévistes est atteint en 1903, avec 21,5 % de femmes. Courtes, un jour ou deux, non relayées par l'appareil syndical, ces grèves ne s'étendent pas au-delà de l'entreprise concernée. Organisées autour des salaires et de la durée de la journée de travail, douze heures à l'époque, elles ne demandent jamais une égalité entre les femmes et les hommes ; en revanche, elles peuvent dénoncer le sexisme des contremaîtres. Souvent, maris et collègues ne les soutiennent pas et se plaisent à développer le stéréotype de la gréviste folle, coureuse et virago. Parfois, quand même, ils s'en font les représentants, comme en 1884, à Paviot, où les grévistes sont à 90 % des femmes [Perrot, 1990]. Regroupant le plus grand nombre de femmes, le secteur des textiles est le plus concerné par ces mouvements revendicatifs : rien que dans la soie, on compte au moins 300 grèves entre 1890 et 1914 [Zylberberg-Hocquart, 1981].

Certaines exceptions sont notables, comme les secteurs du tabac et des allumettes, manufactures d'État. Là, les femmes ont une forte tradition de syndicalisation, 40 % aux tabacs, bien plus chez les allumetiers et allumetières, entre 45 % et 87 % à la fin du XIXe siècle. La Fédération nationale des ouvrières et ouvriers des manufactures d'allumettes d'État a été fondée en 1892, avec pour objectif l'augmentation des salaires et la suppression du phosphore blanc, un poison contenu dans la partie inflammable des allumettes bon marché. Pour l'obtenir et en appui des campagnes natalistes et antimalthusiennes, l'accent est d'abord mis sur la fragilité féminine et les risques de stérilité que présente la manipulation du phosphore ; des femmes témoignent qu'enceintes contre leur gré, elles se font embaucher pour provoquer une fausse couche spontanée. En 1897, après une grève de six semaines, l'entreprise décide de remplacer le phosphore blanc par du rouge, peu nocif. En plein conflit, on avait présenté à la presse parisienne des femmes au visage nécrosé. Les descriptions étaient épouvantables : « L'une d'elles avait subi récemment une opération et avait encore ses mâchoires sanguinolentes couvertes de ouate iodoformée ; une autre n'avait plus de nez. » Et, à la Chambre, un député socialiste appuya : « Les vapeurs imprégnées de phosphore viennent circuler jusque dans les lobes du cerveau et cela produira quelque jour des générations anémiées, des soldats de carton, des ouvriers insuffisants pour les travaux de notre agriculture et de notre industrie. » Curieusement, les autres corporations ne mettent pas en avant ce double rôle social des femmes pour obtenir une amélioration des conditions de travail [Gordon, 1993].

Une autre grève est bien connue, celle des ovalistes lyonnaises. Les ovalistes travaillent le fil de soie pour en faire des écheveaux ; elles surveillent les moulins, garnissent et dégarnissent les bobines, nouent et dénouent les fils cassés ; c'est l'opération d'amont du tissage. Ce métier ne regroupe que des femmes, 8 000, dont 2 000 se mettent en grève en juin et juillet 1869. Payées deux fois moins que les hommes, elles réclament des augmentations de salaires : gagnant 1,40 franc par jour, elles en veulent 2, travaillant de 5 heures du matin à 7 heures du soir, elles demandent une réduction de travail d'une heure, l'autorisation de parler pendant le travail et celle de s'asseoir de temps en temps. Bien organisées, elles font parvenir une pétition de 255 signatures au préfet ; la négociation n'aboutissant pas, elles élisent une commission de grève, avec bureau et présidente, drainent des secours pour leur caisse de grève. Mais elles savent aussi débaucher celles qui restent au travail, crier dans la rue, s'en prendre aux non-grévistes menaçant de « les éventrer et leur casser la tête », « proférer des menaces de mort envers tous les mouliniers [les donneurs d'ordre soyeux] en général », briser des vitres d'ateliers à coups de pierres et mettre à feu des machines. Les observateurs sont frappés par cette présence des femmes dans le champ public, qui osent arpenter les rues de la ville, en bande, criant, riant et chantant. Après plusieurs semaines d'échappée, les ovalistes obtiennent la journée de 10 heures, soit deux heures de moins sans augmentation de salaire : elles gagnent 1,50 franc par jour, contre 3 francs aux hommes dans leurs spécialités, en particulier la teinture des fils de soie [Auzias et Houel, 1982].

Les années de la Première Guerre mondiale voient aussi de nombreuses et virulentes grèves de femmes, dans les deux secteurs où elles travaillent pour le ministère de la Guerre, les usines d'armement et l'habillement. Pourtant, le contexte n'est guère favorable à la combativité ouvrière, d'autant que les usines sont très surveillées par la police. La première grève de femmes éclate en juin 1916, à Puteaux, dans les usines du marquis de Dion, qui fait dire par le très conservateur journal *Le Temps* que « la maison n'a pas cédé aux hommes, elle cédera bien moins aux femmes » [cité par Dubesset et *alii*, 1977]. Très soutenues financièrement par la Fédération des métaux, les femmes tiennent et obtiennent des augmentations de salaires. Si la grève est probablement une expérience nouvelle pour ces ouvrières, il n'empêche qu'elles en mènent de bien nombreuses, et en 1917, représentant environ le tiers des 160 000 grévistes de la Seine. Elles se battent généralement pour des augmentations de salaires (refus de diminution des tarifs, demande d'augmentation de 20 %, demande d'indemnité de cherté de vie), déclenchant parfois l'arrêt de travail sur des motifs hiérarchiques en dénonçant le sexisme des contremaîtres. Les conflits sont courts, un jour ou deux, car les revendications salariales sont dans l'ensemble satisfaites. En 1916, elles sortent dans la rue, puis prennent de plus en plus l'habitude de rester sur place en croisant les bras. Quand elles réussissent à rallier les ouvriers, ce sont eux qui prennent la direction des négociations, mais elles peuvent aussi y parvenir seules. La marque de la combativité féminine se lit aussi dans la syndicalisation accrue ; les ouvrières peuvent adhérer à la Fédération CGT des métaux, à l'Union des syndicats de la Seine ou au Comité intersyndical d'action contre l'exploitation de la femme. Ce dernier se veut complémentaire des syndicats, éducatif surtout ; il accepte les ouvrières appartenant à des métiers mal organisés ou refusant les femmes, et celles et ceux qui luttent pour l'émancipation féminine. Quant au Syndicat des métaux, il reste bien hostile aux munitionnettes et en 1917 redit que « l'introduction systématique de la femme dans l'atelier est en contradiction flagrante avec l'incitation à la procréation » [cité par Dubesset et *alii*, 1977]. D'ailleurs, elles ne paient qu'une demi- cotisation. Mais cela n'empêche pas les munitionnettes de former le tiers de l'assistance dans les réunions et meetings, même si elles n'y parlent guère.

Ensuite, les femmes participent aux grèves des deux années de Front populaire, en 1936-1937. Mais ce sont surtout les années qui suivent 1968 qui voient progression et mutation de leur rôle dans les conflits. Il y a des grèves qu'elles mènent seules, dans des entreprises où elles sont presque l'ensemble de la main-d'œuvre, en particulier dans l'habillement. C'est par exemple le cas de l'usine de Confection du Pas-de-Calais, la CIP, où 118 femmes ouvrières mènent une longue grève de trois ans, entre juillet 1975 et décembre 1978. À l'annonce de licenciements, en juillet 1975, l'assemblée générale des ouvrières a voté l'occupation des locaux et la reprise de la production. Les hommes, ouvriers qualifiés, contremaîtres, cadres ont alors quitté l'entreprise : « Si on les a fichus dehors, c'était pour pouvoir travailler. De toute façon, les hommes ne se sont jamais bagarrés, on les a toujours eu contre nous » [cité par Maruani, 1979]. La production reprise, les chemises fabriquées ont été vendues en dehors des circuits commerciaux, à la fois, disaient les ouvrières, « pour ne pas s'embêter » ou « passer pour des fainéantes », mais aussi pour éviter la démobilisation quand, à côté, le travail domestique restait présent et pressant : c'est sans doute ce qui fait une des spécificités des conflits organisés par les femmes. D'abord utilisées pour populariser le mouvement, les ventes sauvages servent, plus tard, à compenser les allocations de chômage perdues. Par ailleurs, l'occupation des locaux a obligé ces femmes à des accommodements conjugaux, certaines réussissant alors un partage des tâches domestiques, d'autres se découvrant des capacités insoupçonnées : « On a évolué ici. Dans ma commune, je suis passée conseillère municipale. Pour mon mari, ça a été dur. Avec moi, il râle, mais aux autres, il dit qu'il est fier » [cité par Borzeix et Maruani, 1982].

Quelle que soit l'époque, on voit bien comment chacun-e croise des femmes au travail, aux champs, dans les boutiques, dans les hôpitaux et aux guichets. Pour les patrons, ils ne peuvent ignorer leur embauche dans les usines et les bureaux, même s'ils préfèrent — et bien probablement maintiennent — leurs épouses dans l'inactivité économique. Et la question est bien là, dans cette rémunération des femmes, indissolublement liée à l'industrialisation. Diverses stratégies permettent d'éviter l'identification du travail féminin tant qu'il n'est pas dûment signalé par des rétributions codifiées : soit la minoration, comme pour le travail des agricultrices qui ne serait que complément de celui des agriculteurs ; soit le déni, comme pour les femmes qui aident leur conjoint dans le commerce ou l'artisanat. Alors, l'homme peut être perçu comme le seul travailleur légitime, comme le seul soutien de sa famille et les représentations sociales l'identifient d'ailleurs bien rarement comme un célibataire. Quand le salariat s'étend, implacablement, et pour les femmes tout autant que pour les hommes, d'autres stratégies s'élaborent. D'abord, une relative mauvaise foi statistique doublée de discours assignant les femmes à leur famille permet de masquer la progression du nombre des femmes actives. Ensuite, le statut fait à ces femmes travailleuses, qui organise de fortes discriminations, tant dans les écarts de salaires d'avec les hommes que dans les modes d'emplois comme l'auxiliariat, ou encore dans l'interdit d'accéder à certaines professions : malgré leur nombre, la marginalisation des femmes est là incontestable, des lieux de travail leur sont bel et bien réservés. Ce qui fait peur, malgré le carcan juridique où elles sont enserrées, c'est l'autonomie des femmes. Les chapitres suivants montreront comment une partie des travaux des femmes peine toujours à être reconnue. Comment aussi, la société industrielle aidant, les premiers métiers à être professionnalisés et rémunérés seront ceux où les hommes ne pensent pas leur présence légitime : dans l'enseignement aux jeunes enfants, comme dans les métiers des soins, de la naissance à la mort. Comment certains feignent de s'indigner de la condition faite aux ouvrières, mais ne se soucient guère de celle faite aux femmes des bureaux, où des métiers ont été spécialement construits pour elles. Les résistances symboliques ou réelles face au travail des femmes s'organisent donc dans deux grands champs : la crainte de l'autonomie et celle de la concurrence sur le marché du travail.

Chapitre IV

DES MÉTIERS DE TOUJOURS

Les chiffres disent comment les occupations longtemps majoritaires des femmes se situent dans les métiers de l'agriculture, du commerce et du service domestique. Avant et pendant l'industrialisation, ce sont les secteurs où elles s'activent, peu ou pas recensées, puisqu'elles sont associées à leur conjoint. Il est vrai que, dans ce cas, ces métiers ne donnent pas d'autonomie financière, mais bien des revenus collectifs, familiaux. Agricultrices, travailleuses à domicile, nourrices : ces millions de femmes ont en commun de gagner leur vie en restant au foyer. Exclues, toutes autant qu'elles sont, de la législation sociale, elles font de bien plus longues journées que les femmes des usines, des bureaux ou de l'enseignement, et pour des revenus moindres. Mais, dans ces métiers de toujours, les femmes peuvent aussi être des actives autonomes : si le cas est rare dans l'agriculture et dans l'artisanat, il est fréquent dans le commerce et les services. On a dit plus haut comment, à la fin du XIXᵉ siècle, plus d'un million de femmes sont classées comme patronnes de l'industrie et du commerce ; leur nombre descend doucement tout au long du XXᵉ siècle, pour arriver aujourd'hui à 600 000 personnes, avec des conditions de travail que l'on sait rudes. Mais nulle voix ne s'élève jamais pour s'indigner contre ces longues journées-là.

AGRICULTRICES

Un travail minoré

Jusqu'au dernier quart du XXᵉ siècle, les agricultrices se sont comptées par millions. Même si les dénombrements mériteraient d'être réévalués à la hausse, on recense en 1821 trois millions de femmes dans l'agriculture, comme propriétaires ou comme salariées, soit plus de 60 % de la population active féminine. Cent ans plus tard, elles sont 2,5 millions avec une décrue qui ne s'amorce réellement qu'après la Seconde Guerre mondiale, pour se poursuivre tout au long des Trente Glorieuses : en 1974, on ne compte plus que 755 000 femmes travaillant la terre, puis, en 1996, 320 000, 3 % de la population active. Une faible partie de ces femmes est cheffe d'exploitation : après la Première Guerre, veuves et célibataires ont représenté 13 % des chef-fe-s d'exploitation ; en 1980, elles sont 116 000, minoritaires, mais présentes [Moulin, 1992 ; Duby et Wallon, 1977]. Les décomptes partiels et partiaux correspondent à un travail féminin toujours systématiquement minoré dans ses contenus. Et ce d'autant plus aisément que travail salarié et travail agricole sont de statut juridique différent : le premier est régi par un contrat, le second ne l'est pas, parce qu'il s'effectue dans le cadre familial, voire conjugal et que tout travail effectué au sein du couple ou de la famille est considéré comme désintéressé, gratuit, pur échange assimilable aux obligations que se doivent les époux. De plus, l'agriculture n'est juridiquement pas une activité économique, mais une mise en valeur d'un patrimoine privé, individuel et est régie par le droit de la famille et les contraintes des régimes matrimoniaux [Lagrave et Caniou, 1987].

134

Le Play déjà, décrivant l'année des journalières bretonnes, organisait un curieux décompte : « Le travail principal de la femme a pour objet les soins du ménage. Les travaux exécutés pour le compte d'un propriétaire voisin forment la principale catégorie des travaux secondaires et occupent à peu près le même nombre de journées que le travail principal » : travail principal pour les soins du ménage, travail secondaire pour les tâches salariées, même si l'un et l'autre occupent quantitativement des temps égaux. Et Le Play de poursuivre sur « les autres occupations [qui] sont la culture des champs loués par la famille, la récolte des combustibles et de la litière sur les landes où paissent les animaux du ménage, les soins donnés aux animaux, la préparation et l'élaboration du chanvre, et enfin la confection des bonnets, des bas et de quelques autres vêtements » [cités par Motte et Pélissier, 1992]. Pour les acteurs et les observateurs, le travail des femmes à la campagne serait complémentaire de celui des hommes, limité aux tâches domestiques et à quelques autres, légères, comme l'entretien du potager et du poulailler. Cette supposée complémentarité véhicule du coup la notion de supplément, celui dont on peut se passer sans remettre en cause l'essentiel [Lagrave, 1982]. En réalité, c'est bien la notion de différenciation et de mixité des tâches qu'il faut invoquer.

La définition des travaux des unes et des autres a servi de modèle pour les autres tâches issues de la société industrialisée : des femmes physiquement faibles et inaptes au maniement des outils. La Première Guerre mondiale, déclarée en pleine époque des moissons, avait pourtant vu les paysannes maniant la charrue à bœufs ou encore les rares tracteurs ; un tiers des exploitations avaient alors eu des femmes à leur tête, même si elles travaillaient sous le regard d'autres hommes de la famille élargie [Thébaud, 1986-a]. En 1933, *La Française* raconte aussi comment « une femme vient de triompher dans un concours agricole où elle s'est classée comme le meilleur laboureur. Tracer un sillon bien droit, en maintenant du geste et de la voix son attelage, ce n'est pas une tâche dans laquelle le premier ou la première venue peuvent exceller » [cité par Lagrave, 1982].

135

Pourtant, aujourd'hui encore, malgré la mécanisation, des agricultrices expliquent que « la force physique est un des points essentiels qui conditionne la place de la femme dans le travail de la terre ; souvent je souffre d'être évincée de certains travaux, le labour par exemple qui est un temps fort ; mais la logique est contre moi : comment tenir le volant du tracteur d'une main et régler la charrue de l'autre ? » Force physique, mais aussi connaissance des machines, dont les femmes sont écartées : « La notion de mécanique est un handicap. Comment savoir mener la moissonneuse, régler un appareil à traitement, réparer un semoir ? » Et de conclure : « La femme est tout à fait adaptée aux crayons et aux papiers. J'ai sauté sur l'occasion pour prendre la responsabilité de cette partie du travail » [Olivier, 1982], un mouvement vers les tâches des papiers qui les désigne tout autant comme secrétaires ou trieuses de dossiers dans les bureaux.

En réalité, ces femmes agricultrices préparent le travail des hommes, dans la monotonie et la fatigue physique : pour les terres, elles s'attellent au travail ingrat, piocher, épierrer avant le labour : « Jusqu'à fin mai, on allait dépierrer les champs de blé ; on ramassait les cailloux qui risquaient d'émousser le tranchant des faux ; on les mettait dans une hotte qu'on portait sur le dos et qu'on vidait dans les chemins voisins où ils empêchaient les chars à bœufs de s'enliser durant la période humide. C'était long, fatigant, monotone. Quand on arrivait en fin de champ, le chemin était loin et il fallait, en trébuchant sous le poids de la hotte, sauter les sillons et ne pas trop marcher sur les pousses tendres et vertes », raconte Mémé Santerre sur sa prime adolescence [Grafteaux, 1975]. Dans les pays de vignobles, si les propriétaires comme les journalières n'ont pas accès aux tâches nobles, celle de la taille longue ou de la vinification, elles préparent et nettoient : mise en javelle des sarments après la taille d'hiver, épierrage, désherbage au printemps, accolage en été, dès que les jeunes pousses deviennent liables en échalas ; aux vendanges, elles s'activent à cueillir les raisins. Aujourd'hui, à l'heure de la mécanisation, elles sont devenues des manutentionnaires, surveillant l'embouteillage, l'étiquetage, les expéditions [Garniche-Merit, 1992]. Occultées, ces figures de femmes peinant au labeur ont toujours choqué et *Les Glaneuses* de Millet, courbées sur l'ouvrage, ont été contestées tant on leur préférait l'image moins culpabilisante de la secrétaire ou de la midinette [Higonnet, 1991].

De surcroît, dans l'exploitation rurale, les tâches ménagères traditionnelles — s'occuper des enfants, chercher l'eau, préparer le feu, entretenir le linge, préparer les repas… — ont une extension monétarisée. Les fermières nourrissent et blanchissent les domestiques attaché-e-s à la ferme, tout comme elles le font pour les journalières et journaliers, recruté-e-s par centaines de milliers lors des vendanges, des cueillettes, des moissons. Et ce n'est pas une mince affaire, comme pour ce repas des faucheurs en Normandie : « Le matin c'étaient de larges bols de café au lait avec du pain et du fromage ; à 8 heures, ils prenaient une épaisse soupe bouillante, puis, à 10 heures, des tartines de pain et de viande arrosées de bière ; à 13 heures, leur déjeuner se composait de lard, de pommes de terre bouillies, de fromage en énorme quantité et d'un pot de café fumant ; l'après-midi vers 15 heures ils revenaient à la ferme pour l'émiettée, des pains coupés dans d'énormes saladiers de lait cru ; à 22 heures, ils dînaient avec de la viande, des œufs, du bouillon » [Grafteaux, 1975]. Les fermières ont aussi en charge les animaux de la basse-cour et de l'étable, avec la traite des vaches et la préparation du lait, la fabrication des fromages. Il en va de même pour les volailles et ce n'est que fort récemment, et rarement, que les hommes ont pu les déposséder de cette tâche dans le cadre de l'élevage valorisé des recherchées volailles de Bresse [1]. Ce sont aussi elles qui vont, tôt le matin, sur les marchés pour assurer la vente des produits.

Paysannes-ouvrières

Mais le travail des femmes dans les campagnes ne concerne pas que la terre ou les bêtes, loin de là. La plupart des exploitations sont en fait des fermes-ateliers, où la cellule familiale

---

1. *Le Monde*, 21 février 2001.

travaille, dès le XVIIIᵉ siècle, les tissus, les bois, les métaux pour le compte des marchands-fabricants des villes. Ce travail à domicile a plusieurs caractéristiques : il est payé largement en dessous des tarifs pratiqués dans les ateliers urbains, il ne nécessite aucun investissement en locaux, ni même parfois en matériel, les paysan-ne-s pouvant posséder machines à tisser et à coudre, petites forges et autres outillages. Les mouvements sociaux sont inexistants parmi cette main-d'œuvre fort disséminée et, enfin, la flexibilité du travail est totale : ces paysannes-ouvrières ont, d'un strict point de vue comptable du temps, toute latitude pour organiser leur ouvrage. Bien évidemment, un des grands avantages du système est que la famille travaille sous le contrôle du père : l'ordre juridique et social est ainsi maintenu, loin de la promiscuité de l'usine et d'une autorité extérieure, bref des lois du marché du travail. Du coup, il n'est jamais mis en cause.

Pour les femmes, c'est le cadre d'activités très variées, mais aussi fondamentalement sexuées, tout particulièrement autour des textiles. Dans la vallée du Rhône, par exemple, où les soyeux lyonnais font travailler les campagnes jusqu'à deux cents kilomètres alentour, ce sont elles qui élèvent les vers à soie. Elles les nourrissent de feuilles de mûrier, puis les asphyxient en les exposant au soleil, les empêchant d'atteindre le stade du papillon ; ensuite, elles placent les cocons dans une bassine d'eau pour, presque à ébullition, dissoudre la substance gommeuse qui assure la cohésion du cocon ; en plongeant la main dans l'eau très chaude, on saisit une extrémité du filament de soie, on l'arrache au cocon, puis on l'enroule sur une bobine tournée à la main ou au pied [Struminger, 1978]. Dans la deuxième moitié du XIXᵉ siècle, les paysannes n'élèvent souvent plus que les vers, quand se construisent à Lyon et dans les environs des filatures qui emploient des ouvrières à un travail plus mécanisé. Bien sûr, les enfants, sous l'autorité du père jusqu'à leur majorité, sont largement associés à ces travaux à domicile : les filles lavent et tissent la laine, les garçons font les arpètes dans le travail des métaux [Scott et Tilly, 1987].

Le travail du textile à domicile, c'est aussi le tissage de la laine, du coton, du chanvre. Dans un bourg près de Cambrai, au début du siècle, les petites filles ne vont guère à l'école et se tiennent de longues journées devant le métier : « Mes sœurs et moi, moi surtout avec mes petites jambes, avions beaucoup de mal à actionner les pédales qui faisaient aller et venir le chariot du métier à tisser. À 5 heures du matin, on descendait à la cave avec deux lampes à carbure [...]. Notre mère nous appelait vers 10 heures pour que nous montions boire le café [...]. De notre cave, nous remontions vers midi pour manger les pommes de terre et les tartines de fromage blanc. Mon papa nous faisait ensuite sortir dans la cour une demi-heure pour que nous prenions l'air. Vers 13 heures, nous retournions au métier jusqu'à 16 heures ; là, nous avions droit à une nouvelle bolée de chicorée, puis redescente jusqu'à 19 heures pour la soupe. Une demi-heure après, nous retournions au travail jusqu'à 22 heures » [Grafteaux, 1975]. Dans la région bonnetière de Troyes, les femmes sont bobineuses et raccoutreuses. Le bobinage consiste à mettre en bobine des fils livrés en écheveaux, tout en veillant à la régularité du travail et en faisant des nœuds aux fils cassés. Pour le raccoutrage, c'est repriser les défauts des articles tricotés, en particulier les bas, un travail minutieux, qui permet de sauver des articles de qualité, en particulier en soie. Ce métier est supprimé pour partie avec l'apparition des matières synthétiques et l'invention de machines à remonter les mailles, après la Seconde Guerre mondiale [Chenut, 1983].

Hormis le très important travail autour des tissus, longtemps premier secteur d'emploi féminin, le travail à domicile associe aussi l'établi à l'étable, sans que la place des femmes y soit encore clairement nommée : la petite mécanique pour la Manufacture de Saint-Étienne, les boîtes de fromage du haut Jura expédiées en Isère et en Normandie, le bois pour les Alpes et les Vosges, la coutellerie autour de Thiers, les pièces d'horlogerie dans le Jura [Mayaud, 1999]. Cette pluriactivité rurale trouve place aussi bien durant les temps morts du travail agricole, en particulier l'hiver, que durant les autres saisons. Parallèlement, les maris peuvent partir en ville à la recherche de ressources complémentaires : dans les zones de montagne, un tiers des hommes migre ainsi, pour exercer des métiers ouvriers, maçons, scieurs, rémouleurs, chiffonniers dans les villes. Aujourd'hui, d'ailleurs, cette pratique de la recherche d'un salaire complémentaire est tout aussi courante dans les campagnes : en 1990, les deux tiers des ménages d'agriculteurs bénéficient d'au moins un revenu d'origine extra-agricole, activités extérieures dévolues pour 87 % aux femmes, pour la plupart employées, cadres, mais aussi ouvrières pour le tiers d'entre elles [Garniche-Merit, 1992].

TRAVAILLEUSES À DOMICILE

Des passementières compétentes

Globalement, ces métiers à domicile ont longtemps été perçus comme ceux de la préindustrialisation, les usines étant censées faire disparaître ces travaux à la faible productivité, si loin de l'organisation scientifique du travail. En fait, quand fut annoncé le temps de leur disparition, ils furent profondément remodelés par le progrès technique, tout spécialement l'électricité et la machine à coudre.

Grâce au petit moteur électrique, le métier à tisser s'est rénové en marge du grand atelier, en particulier pour les tissages de tissus précieux, comme la soie. À Saint-Étienne, par exemple, où règnent les métiers à petite navette, qui tissent le passement, pièce de soie étroite pour les galons et rubans, les femmes sont présentes depuis toujours, avec de larges compétences. Ce sont elles qui sont chargées des descentes en ville pour négocier les commandes, puis les faire payer. En amont du tissage, elles sont de toutes les opérations de préparation : ourdisseuses, elles confectionnent la chaîne, un travail très minutieux, font les canettes, puis elles finissent les rubans, toutes tâches indispensables, mais considérées comme secondaires. Dans l'atelier, lors de la « mise en train », elles aident à l'installation de la trame sur le métier et surveillent leur(s) fille(s). Une fois encore, l'épisode de la Première Guerre mondiale, où les passementières s'occupent des métiers, confirme ces savoir-faire [Dubesset et Zancarini, 1993]. À partir des années 1890, l'électrification des métiers a d'ailleurs permis de se dispenser des ouvriers en leur substituant les épouses et les filles. Jusque-là, la barre du métier était actionnée manuellement, dans une forte pesée, plusieurs milliers de fois par jour ; désormais, il restait juste à surveiller le métier et à renouveler les canettes. Une partie des hommes avait alors quitté le métier pour l'usine ou la mine voisines : « Mon mari était passementier, mais il travaillait à la mine et moi je tenais la fabrique[1] » [cité par Reynaud, 1992]. Et les donneurs d'ordre avaient baissé les tarifs, malgré le mouvement de protestation des syndicats : « Il y a en ce moment 1 000 à 1 500 ménagères qui tiennent un métier depuis la venue de la machine ; si elles retournaient à leur cuisine d'où elles n'auraient jamais dû sortir, les prix de façon monteraient car on aurait du mal à trouver autant d'ouvriers pour les remplacer. Allons, ménagères, reprenez vos casseroles, car le bonheur des vôtres en dépend ! » [cité par Reynaud, 1992]. Et, effectivement, quand Saint-Étienne comptait, avant l'électrification, 12 000 compagnons, ils ne sont restés que 900 en 1902. Puis le mouvement se poursuivit et en 1925 on comptait 22 % de femmes cheffes d'ateliers contre à peine 3 % en 1906 : les passementiers qui redoutaient non pas le travail féminin, évident, mais la redistribution traditionnelle des rôles ne purent qu'entériner la mutation [Reynaud, 1992].

Des ouvrières en chambre

Mais le petit moteur électrique, c'est aussi la machine à coudre. Au milieu du XIXe siècle, la firme américaine Singer a mis au point une machine à piquer, dite « familiale », pour les coutures droites et courbes, munie d'un pied-de-biche souple pour maintenir le tissu et sur laquelle le tissu avance à l'aide

---

1. La « fabrique » est le nom donné à l'atelier familial.

d'une roue verticale tournant sous le plan de travail ; puis les machines à coudre surfilent, cousent les boutons ou les boutonnières. La productivité se trouve alors multipliée : quand une bonne couseuse faisait vingt-cinq à trente points à la minute, la machine en fait 200, puis 1 000 et jusqu'à 8 000. Mais la couture des vêtements est loin d'être exclusive pour ces « couturières en fer » qui permettent aussi l'assemblage de la ganterie, la chapellerie, la cordonnerie. Ces machines sont chères et la seule manière de les vendre est le crédit, qui permet un fulgurant essor de leur usage ; dès la fin du XIXᵉ siècle, on trouve des machines à coudre dans les régions les plus reculées, avec, dans les nombreux lieux où l'électricité n'existe pas encore, des machines à pédale. Il est tout à fait notable que, bien que l'assemblage des vêtements soit réparti entre des couturiers et des couturières, ce sont les femmes qui sont visées par les publicités [Peyrière, 1996 ; Coffin, 1996]. Ces machines permettent un accroissement considérable de la production industrielle à domicile au moment où est mise en place la vente des vêtements en grande série et bon marché, qui s'appuie sur les grands magasins et leurs catalogues. Le Bon Marché, la Belle Jardinière, la Samaritaine, le Printemps ou les Galeries Lafayette ne fonctionnent longtemps que grâce à ce travail à domicile couplé avec le travail en grands ateliers : à domicile, on monte, dans les ateliers, on coupe et on repasse [Green, 1998].

Tout de suite, ce travail a les faveurs des observateurs sociaux. Avec et grâce lui, les épouses et mères restent à la maison, peuvent concilier travail et famille. Personne ne veut voir les longues heures passées devant la machine. Et d'ailleurs, qui s'en soucie ? La loi de 1892 sur l'interdiction du travail de nuit n'inclut pas le travail à domicile. L'essentiel est bien dans la disponibilité et la flexibilité de ces ouvrières en chambre, d'autant que les mortes saisons sont très nombreuses : six mois par an dans les fleurs artificielles, quatre dans la tapisserie, autant dans la confection pour dames, trois mois pour les giletières de la confection pour hommes [Noiriel, 1986]. La seule question qui parfois affleure est dans de possibles ravages de la machine à coudre sur l'organisme féminin. Pertes blanches, aménor-rhées, stérilité, l'Académie des sciences incrimine le mouvement des jambes lié aux pédales : « Un tel outil, par un mouvement continu, excite le délire hystérique ; [dans certains ateliers, il] provoque une excitation génitale assez vive pour mettre les ouvrières dans la nécessité d'avoir recours à des lotions d'eau froide » [cité par Perrot, 1983]. D'ailleurs, en 1893 est promulgué un décret qui interdit l'usage de machines à coudre à pédales aux femmes de moins de 16 ans, ce qui accélère l'électrification des machines [Peyrière, 1992].

Mais le reste de l'arsenal juridique ne concerne pas ces ouvrières, le travail à domicile ne donnant pas la condition de salariée. Ainsi, les lois sur les assurances sociales de 1928-1930 ne sont appliquées là qu'en 1935. Si, dans le cadre des conven-tions collectives de 1936, les syndicats demandent la reconnais-sance des conditions spécifiques du travail à domicile, en demandant en particulier des clauses de majoration pour les frais professionnels (outillage, consommation d'électricité, consommation de fils, d'aiguilles...) et le droit aux congés payés, ces demandes ne seront entendues que dans le cadre des accords sur les allocations familiales de 1941, preuve supplé-mentaire, s'il en était besoin, que ces travaux sont bien des tra-vaux de femmes. De toute manière, dans les années 1950, l'Inspection du travail de la région parisienne estime qu'au moins la moitié de cette main-d'œuvre est clandestine, dans une complicité des patron-ne-s et des salariées, les un-e-s renâclant face à leurs diverses charges sociales et fiscales, les autres préfé-rant encaisser les allocations de salaire unique et se déclarant assurées sociales sur le compte de leur mari. Si une loi de 1959 — qui ne fait que réitérer une loi de guerre, promulguée en juillet 1915, quand se multipliaient les commandes pour habiller les soldats et officiers du front — accorde aux ouvrières à domi-cile le bénéfice de toutes les dispositions du droit du travail, leur isolement et leur non-syndicalisation les contraignent cependant aux faibles salaires et aux lourds horaires. À Paris, dans les années 1960, la moitié des femmes travaillant dans la confection féminine font, hors des périodes de chôme, entre quarante et cinquante-neuf heures par semaine et un bon quart plus de soixante heures. Il leur arrive de prendre livraison à 17 heures d'une robe nécessitant dix heures de travail, à rendre le lendemain matin à 9 heures [Guilbert et Isambert-Jamati, 1956].

De toute façon, ne travaillent dans ces dures conditions que des femmes et des immigré-e-s, difficiles à comptabiliser tant les usages statistiques français sont pétris de l'idée d'une production dans les stricts cadres de l'usine. Dans les recensements des XIXᵉ et XXᵉ siècles, le dénombrement des travailleuses, et des travailleurs, à domicile passe par le statut dit « isolé-e », qui peut rassembler jusqu'à 30 % de la population active : en 1896, c'est 23 % de la population active des textiles, dont 614 000 couturières, 42 % des gants et chaussures, 41 % de l'horlogerie. En 1906, on recensait 690 000 travailleuses à domicile. Mais, on le devine, le travail à domicile est aussi le lieu de la clandestinité du travail des femmes : les chiffres officieux sont bien alors d'un million de femmes ainsi employées [Fourcaut, 1982 ; Zerner, 1987 ; Désert, 1996]. Et il n'y a guère de variations spectaculaires au cours du XXᵉ siècle. Si, en 1960, l'INSEE, qui ignore le travail en chambre comme source de revenu complémentaire ou comme deuxième emploi, déclaré ou non, recense 116 000 personnes, à peine 0,3 % de la population active, au même moment, l'Organisation mondiale du travail en comptabilise entre 600 000 et 1,2 million [Lallement, 1990].

Aujourd'hui, ce sont souvent des entreprises moyennes, moins de 100 salariés, qui le pratiquent, compensant par cette flexibilité les économies d'échelle qu'elles ne peuvent réaliser. En effet, les emplois proposés sont en deçà du temps plein, soit en moyenne 30 heures par semaine. La justification avancée a toujours été celle de la tradition, mais on note un regain d'intérêt dans le cadre des flexibilités au travail et des crises. Même des syndicats patronaux, regroupant des industries *a priori* lourdes, soutiennent ce qu'ils veulent appeler un renouvellement des modes de production ; ainsi, l'Union des industries métallurgiques et minières (UIMM) appuie cette souplesse de fonctionnement des unités de production, qui succède à une concentration qui a prévalu pendant des dizaines d'années. Néanmoins sont surtout concernés les secteurs de l'habillement, de la ceinture et de la bretelle, de la chaussure, du camping, de la chapellerie et de la lunetterie, du jouet et du bijou, du caoutchouc et du bouton, majoritairement pour des travaux de montage et d'encartage. Dans les années 1980, le fabricant de voitures miniatures Majorette emploie 525 personnes à domicile, soit la moitié de sa main-d'œuvre, pour monter quotidiennement 300 000 jouets, quand les poupées Bella occupent 300 couturières en chambre. Mais le travail à domicile est aussi celui des différents « sentiers », parisien comme lyonnais, là où l'activité textile est traditionnelle. Ainsi, au début des années 1980, dans le secteur de l'habillement, une entreprise lyonnaise sur quatre emploie de la main-d'œuvre à domicile [Lallement, 1990]. La segmentation du travail y passe par le sexe, mais aussi par la maîtrise de la langue : étrangers et étrangères trouvent là un premier emploi, où les difficultés de communication avec l'extérieur sont réduites. Dans le Sentier de Paris, les femmes françaises ne sont que la moitié de la main-d'œuvre, contre 80 % sur l'ensemble du territoire ; les autres sont en général fraîchement arrivé-e-s : Turques et Turcs dans les années 1960, Chinois-e-s dans les années 1980, Serbes dans les années 1990, ayant succédé aux Allemand-e-s, Belges et Anglais-e-s du milieu du XIXe siècle, aux Polonais-e-s et Roumain-e-s ou aux Italien-ne-s de l'entre-deux-guerres [Green, 1998].

Pourtant, dans le décompte de cette économie souterraine, les ouvrières ne sont plus que 60 % des travailleuses à domicile. Les autres sont occupées à des travaux de bureau, comme la frappe de texte ou le garnissage des enveloppes des sociétés de marketing [Lallement, 1990]. Sont enfin en pleine croissance depuis les années 1980, tous les types de télétravail, auquel les hommes ne recourent que de manière sporadique et en complément de leur emploi à l'extérieur, quand les femmes l'ont comme unique activité. Ces travaux ont largement évolué avec les micro-ordinateurs, les modems et la diffusion des modes d'information virtuelle, dont les ramifications conduisent au domicile de la télétravailleuse, qui, de temps à autre, retourne dans les locaux de l'entreprise ; différents services de télégestion

145

ou de télésecrétariat sont offerts notamment aux PME-PMI, qui diminuent les coûts fixes, augmentent la productivité, limitent l'absentéisme, s'avérant particulièrement adaptés à la décentralisation de l'emploi vers les zones peu urbanisées et peu industrialisées [Singly, 1996].

Ces travaux à domicile sont de manière privilégiée ceux des épouses et mères, qui désirent provisoirement quitter l'atelier ou le bureau, pour répondre à leur autre rôle social : « J'ai travaillé seize ans dans la maroquinerie, en atelier ; après mon deuxième enfant, cela n'a plus été possible de travailler à mi-temps ; je suis devenue ouvrière à domicile dans la maroquinerie. » Et une autre ajoute : « Pour une femme, c'est beaucoup plus agréable de rester chez soi ; mais, à choisir, je préférerais travailler dehors » [citées par Lallement, 1990]. Dans leur majorité, ces femmes ont travaillé en usine, mais ne considèrent surtout pas cette salarisation à domicile comme un emploi réel. Outre les longs horaires de travail — mais elles se font, comme les paysannes d'antan, aider par leurs enfants et leur conjoint —, la contrainte majeure est l'occupation de l'espace domestique : chez une monteuse de l'usine Majorette, la salle de séjour compte une table de camping avec la machine à sertir les petites pièces, le canapé et les sièges sont encombrés de boîtes en carton contenant des milliers de pièces, de quoi travailler quatre jours avant d'aller se réapprovisionner [Lallement, 1990]. Pour les couturières des années 1950, en pleine crise des logements, c'était encore pire, certaines travaillant dans l'unique pièce de leur habitation, d'autres, concierges, sans la lumière du jour, d'autres encore cousant des robes de mariée dans leur cuisine, recouvrant de draps les fourneaux, batteries de cuisine et sols [Guilbert et Isambert-Jamati, 1956].

Archaïsme que cette organisation du travail-là ? Non, bien plutôt impérieuse nécessité d'industries qui exploitent cette face spécifique du travail féminin, bien trop largement tue. L'hypocrisie sociale est là à nu. Depuis des siècles, des ouvrières, par centaines de milliers, sont surexploitées, chez elles. Nul-le ne les voit, bien peu le savent ou le dénoncent et c'est en toute bonne conscience que les discours de dénigrement du travail féminin peuvent se tenir. Ce qui prouve, si besoin était, que ce que la société craint, pour les femmes, c'est bien d'abord le travail à l'extérieur de chez soi, ensuite le travail correctement rémunéré et enfin la concurrence sur un marché du travail ouvert.

Des nourrices aux assistantes maternelles

Plus banales et plus familières, les nourrices. La garde des enfants est au cœur de fortes contradictions sociales : les femmes travaillent, quand la collectivité refuse la prise en charge des tout jeunes enfants. Et si les politiques sociales s'efforcent de retenir les mères à la maison, on ne peut que constater que, pour celles qui les dédaignent, les solutions sont peu diversifiées : quelques rares places dans les crèches publiques ou familiales et la mise en nourrice.

Plusieurs sens sont attachés au mot « nourrice » : mère nourricière de son lait pour un enfant qui n'est pas le sien, mais aussi nourrice sèche, celle qui garde des enfants, sevrés ou non. Du XIXe au XXe siècle, avec la découverte de la stérilisation des biberons, les tâches des nourrices se sont ainsi transformées. Jusqu'au dernier quart du XIXe siècle, coexistaient plusieurs modes d'élevage des bébés : par la mère, au sein ou au biberon, ou par une nourrice, au sein ou au biberon. Pour cette dernière, elle pouvait œuvrer au domicile des parents, « sur lieu », ou chez elle, « hors lieu ». Alors, dans les traités, encyclopédies ou livres médicaux qui s'adressaient aux notables, les nourrices tenaient une grande place, car les jeunes mères voulaient s'affranchir des sujétions de l'allaitement, tout autant matérielles que sociales, puisque étaient proscrites les relations sexuelles pour ne pas gâter le lait, tout comme étaient déconseillées la lecture, la musique, voire toute activité intellectuelle ; mais, avant la découverte des principes de la pasteurisation, l'allaitement au sein était le seul vraiment sûr et sain. Comme l'écrivaient des médecins, « les femmes de la classe riche ne sont pas toutes aptes à nourrir » [cité par Faÿ-Sallois, 1980]. Les ouvrières non plus d'ailleurs, au logement étroit et humide, aux occupations salariées qui les retenaient loin de chez elles. Et il en allait de même pour toutes les autres mères au travail. En 1907, le phénomène de mise en nourrice est fort ample : sur 70 000 nourrisson-ne-s de la Seine, 20 000 sont placé-e-s hors du domicile de leurs parents [Martin-Fugier, 1978]. Ce recours aux nourrices hors lieu était ancien et réglementé : le dernier enfant devait être sevré, la nourrice avoir un certificat de bonne vie et mœurs signé du maire, un logis convenable avec berceau et pare-feu. Le plus souvent, les nourrices reprenaient l'allaitement de leur propre enfant, nourrissant l'autre au biberon, mais encore, bien évidemment, travaillaient à la boutique ou aux champs [Martin-Fugier, 1978, Faÿ-Sallois, 1980].

Quant aux nourrices dites sur lieu, elles furent surtout un phénomène du XIXᵉ siècle, quand changea le statut de l'enfant, mais aussi celui des mères, quand commença la lutte contre la mortalité infantile. Les conditions de travail en étaient différentes, puisque la nourrice devait se séparer de son propre enfant. Dans certains villages, c'était une affaire considérable, comme dans ce canton de la Nièvre où, entre 1858 et 1864, pour 2 884 accouchements, 1 897 mères émigrèrent. La loi Roussel de 1874 tenta de remédier à ces défections en interdisant aux mères de se placer avant les sept premiers mois de leur enfant, à moins qu'il ne soit pris en charge par une autre femme. Ces nourrices à domicile venaient des zones rurales de Bourgogne, du Centre, du Nord, de la Bretagne, les parents préférant les femmes de la campagne, supposées plus robustes, tout comme les femmes brunes. Si étaient récusées les primipares, estimées trop inexpérimentées, 35 ans paraissait cependant un âge maximum. À Paris dans les années 1880, près de 20 000 jeunes enfants bénéficiaient ainsi d'une nourrice à domicile, des enfants aisés bien sûr, dont les parents pouvaient rémunérer, loger, nourrir cette domestique si particulière. Elle était payée trois à quatre fois plus qu'une ouvrière et donc bien plus que les domestiques qui lui enviaient largement son sort : elle dormait dans la chambre claire et bien aérée de l'enfant, mangeait parfois à la table des maîtres et de toute façon, aux cuisines, son morceau était le meilleur. Diverses gratifications lui étaient régulièrement versées : pour les étrennes, pour la première dent, pour les pre-

148

miers pas et, à partir des années 1880, son costume ostentatoire — souliers, grandes capes, dentelles et longs rubans pour les promenades dans les jardins publics — témoignait de la richesse des employeurs [Faÿ-Sallois, 1980]. Les nourrices sur lieu disparurent peu à peu, en particulier avec les découvertes pasteuriennes, la stérilisation de la nourriture dans les biberons et les pressions faites sur les mères, y compris des groupes sociaux favorisés, pour qu'elles nourrissent elles-mêmes leurs enfants. On sait que le débat sur les mérites comparés des allaitements, artificiel et naturel, est encore d'actualité et que les défenseurs du premier mettent toujours en avant la prise en compte de l'autonomie de la nouvelle mère.

Cependant, le biberon ne supprima pas, loin de là, les nourrices. D'abord, de nombreux enfants continuèrent de quitter la ville pour la campagne y compris au XXe siècle : en 1925, ce sont encore 15 000 enfants de la Seine qui partent. Ensuite, par extension sémantique, les nourrices sont bien évidemment un mode de garde à la journée extrêmement répandu. La nourrice a été statutairement transformée en assistante maternelle par diverses réglementations qui ont tendu vers la professionnalisation. En 1964, la gardienne d'enfants doit demander un agrément à la mairie ; en 1977 est installé le statut d'assistante maternelle, qui impose, d'une part, la signature d'un contrat de travail entre les parents et la gardienne et, d'autre part, un agrément accordé par la Direction départementale des affaires sanitaires et sociales, pour les conditions matérielles d'accueil des enfants. En 1992, une formation a été imposée, de soixante heures en tout et pour tout. Pour les rémunérations, elles sont faibles : un peu plus de deux heures de SMIC pour des gardes de huit à dix heures par jour ; si les enfants sont gardés moins de huit heures par jour, le salaire est du quart du SMIC. Très curieusement, on oscille là entre deux anciens modes, le travail rémunéré à la journée et le travail rémunéré à l'heure. Par ailleurs, le nombre d'enfants accueillis est limité à trois. Faibles rémunérations, variations de la présence des enfants, la plupart des gardiennes travaillent souvent sans déclaration au fisc, en particulier en accueillant des enfants simplement pour le déjeuner et/ou le goûter et après la fermeture des écoles [Lecomte, 1999]. Il y a en France, en 1999, 2,1 millions d'enfants de moins de 3 ans, dont la moitié des mères travaillent. Pour ces derniers, 15 % sont confiés à une assistante maternelle et 25 % à une nourrice non déclarée, soit 400 000 femmes, souvent caractérisées par un faible niveau d'instruction qui limite leurs possibilités d'insertion dans une vie professionnelle extérieure, et dont une partie sont des immigrées[1].

Femmes bien rarement lisibles dans les statistiques, il est vrai qu'elles cumulent toutes les vertus que la société aime à attribuer aux métiers bons pour les femmes : femmes des soins, dispensés de plus à de tout jeunes enfants, elles sont, tout au long de la journée, des mères adjointes, qui travaillent à domicile, pour des rémunérations qui n'ont rien à voir avec celles des autres métiers salariés.

DES BONNES AUX AGENTES DE PROPRETÉ

Six cent mille domestiques recensées en 1851, 786 000 quelques années plus tard : les bonnes sont alors à leur maximum numérique et représentent 12 % de la population active féminine. Jusque dans les années 1920, elles restent le dixième des femmes au travail, généralement jeunes ou âgées, en début ou en fin de vie active. Ensuite, leur nombre ira en diminuant — elles sont 318 000 recensées en 1982 —, pour plusieurs raisons : d'abord l'extension du confort ménager et des robots domestiques qui épargnent les plus lourdes corvées, comme l'entretien du linge, ensuite l'accroissement des charges sociales pour les employeurs, enfin la faible visibilité statistique de ces femmes de ménage ; souvent non déclarées, elles travaillent seulement quelques heures par semaine pour chaque employeuse ou employeur, même si, cumulés, ces différents

---

1. *Le Monde*, 24 février 2001 et Le Corre, 1999. Les autres enfants sont aux bons soins des voisins ou des membres de la parentèle, sauf 3 % qui sont gardés par une employée de maison.

emplois peuvent représenter un travail à plein temps. Parallèlement, les services aux personnes se sont aussi transformés en service aux collectivités, tout un personnel de ménage statistiquement classé sous diverses rubriques socioprofessionnelles et dit « agent de propreté ».

Sept cent mille Bécassine

Au XIXe, on dit des bonnes qu'elles sont « placées ». Et les parents se séparent ainsi d'enfants fort jeunes, dès 10-12 ans. Si l'école obligatoire de Ferry reporte peu à peu le placement à l'âge de fin de scolarisation obligatoire, soit 13 ans, les bonnes font alors généralement là non seulement l'apprentissage du travail, mais aussi de la ville. Une des figures majeures en est bien sûr Bécassine, la petite Bretonne désemparée mais dévouée, qui apparaît en 1905 dans *La Semaine de Suzette*. À l'époque, à Paris, à peine 8 % des domestiques y sont nées. Elles ont trouvé leur emploi soit par des contacts avec des bourgeois-e-s en villégiature dans leur pays d'origine, soit par des pays-es ayant déjà migré, soit encore par des bureaux de placement, publics comme privés. Efficaces, souvent situés près des gares, ces derniers font rémunérer leurs services, soit 3 % du salaire annuel et ce jusqu'en 1904, où la charge du placement passe aux patron-ne-s ; quelle que soit la durée du placement, le pourcentage est exigible dès le neuvième jour de travail et si la domestique change de place plusieurs fois dans l'année, elle verse les droits à chaque fois [Martin-Fugier, 1979].

Abondamment décrite par la littérature, en particulier naturaliste, la condition des bonnes peut être exécrable [Fraisse, 1979]. D'abord, leur emploi du temps est fort lourd, la journée commençant à 6 heures du matin pour se terminer vers 10 heures du soir. La législation du travail ne s'applique pas aux domestiques, ni pour la limitation journalière du travail, ni pour le repos hebdomadaire : la domesticité relève du domaine privé. Les patron-ne-s accordent ou non le dimanche après-midi, pendant leurs vacances, le contrat de louage est automatiquement suspendu et on ne peut exiger ses gages. De même, c'est seulement en 1933 que la loi de 1898, qui implique la responsabilité de l'employeur dans les accidents du travail, est étendue à la domesticité. En revanche, la loi Engerand de 1909, qui protège les femmes en couches du licenciement durant quatre semaines, leur est appliquée instantanément ; mais il leur faut être mariées, la législation ne s'appliquant pas aux domestiques célibataires. Pour les bonnes, l'issue est souvent l'accouchement à l'hôpital ; en 1890, dans les hôpitaux de la Ville de Paris, sur 4 624 accouchements de célibataires, la moitié sont des domestiques ; à Baudeloque en 1900, sur 637 domestiques, 509 ne sont pas mariées [Thébaud, 1986-b].

Longues journées, donc, aux ordres de maîtresses de maison qui peuvent se montrer très autoritaires et qui se plaignent fort de services qu'elles estiment généralement insatisfaisants. Pour les plus riches d'entre elles, elles disposent d'une véritable équipe spécialisée — femme de chambre, cuisinière, bonne d'enfants, complétée par des domestiques masculins — quand la bonne à tout faire cumule de fait ces rôles. Longtemps, y compris dans les appartements bourgeois, les tâches sont alourdies par le manque de confort, avec l'absence d'eau courante et de tout-à-l'égout. Par ailleurs, les cuisines sont petites, mal aérées et guère fonctionnelles, quand les autres pièces sont surchargées de tentures, de tapis et de meubles à entretenir. Les gages incluent la nourriture, le blanchissage, voire les vêtements démodés de la patronne, et le logement dans des chambres sous les toits dont le manque de confort affole les hygiénistes du XIXᵉ siècle. Cependant, certaines de ces bonnes seraient mieux payées que les ouvrières et cet emploi serait pour elles une voie de passage en attendant une mobilité sociale aidée par des économies [Mac Bride, 1976 ; Martin-Fugier, 1979]. Sans doute cette population n'est pas homogène, mais les carrières et les témoignages disent aussi une faible mobilité sociale. Germaine, fille de fermier breton, n'a ainsi été, en tout et pour tout, que vingt mois à l'école ; placée comme bonne dans sa région natale à 12 ans, elle vient à Paris cinq ans plus tard, après avoir emprunté de l'argent à sa voisine pour se payer le train : « Je connaissais rien, j'avais jamais sorti. J'avais un p'tit baluchon, une chemise, parce qu'à ce moment-là on mettait des chemises. J'avais une paire de bas, pis c'est tout ce que j'avais... J'ai suivi des gens qui étaient dans le même compartiment que moi » ; ils la mènent jusqu'à Issy-les-Moulineaux, où elle entre dans un bistrot pour voir si l'on a besoin d'une bonne ; on l'envoie alors dans un hôtel voisin qui l'embauche ; après, sa vie est celle d'une OS parisienne. Ce passage par la condition de domestique, à un moment de leur vie active et pour huit ans en moyenne, est ainsi le cas de 40 % des ouvrières de la Seine au XXe siècle [Omnès, 1998].

Car ces domestiques ne sont pas seulement au service des classes aisées. Elles travaillent aussi — et c'est ce qui explique leur grand nombre — dans les campagnes, aidant aux travaux de la ferme et de la maison, mais encore dans les cafés, les hôtels, tout comme dans les familles de commerçant-e-s et d'artisans. Là, leurs tâches sont multiples, elles secondent aussi bien l'épouse pour les boutiques qui associent les conjoints, qu'elles aident la patronne à son compte. « Une cousine me trouva une place chez des maraîchers. Je devais servir de bonne d'enfants, de gardeuse de vaches, de maraîchère, enfin faire tout ce que l'on voudrait. Ils habitaient une maison isolée et lorsqu'ils étaient partis à la ville vendre les légumes et le lait, je restais seule avec les enfants. Je fus prise d'un ennui comme jamais je n'en ai ressenti. Je pleurais toute la journée. J'avais treize ans et demi » [Bouvier, 1983]. Ces femmes sont jeunes, dans certains bourgs la moitié n'a pas 19 ans, ou âgées, plus de 60 ans. Pour les servantes des cafés et cabarets, le turn-over est fort, rares sont les recensements qui indiquent deux fois de suite un même nom. Et il peut en aller de même dans les boutiques, comme pour cette bouchère qui, mère d'un très jeune enfant, a embauché une domestique, qui n'est plus là cinq ans plus tard [Hugot, 1997]. Voilà pourquoi, sans doute, dans les grandes villes où l'activité féminine a toujours été haute, le nombre de domestiques est si élevé : quand, dans l'entre-deux-guerres, elles ne représentent que 9 % de la population active féminine totale, elles restent néanmoins 20 % des actives parisiennes [Rhein, 1977].

Faire le ménage au XXᵉ siècle

Aujourd'hui, les campagnes désertées ont cessé de pourvoir les villes en domestiques et les travailleuses immigrées ont pris le relais : elles sont, en 1990, 54 % des domestiques et, par exemple, 42 % de Portugaises. Si les conventions collectives ont remplacé le contrat de louage, les patron-ne-s refusent toujours l'accès de leur domicile aux inspectrices et inspecteurs du travail, y compris pour vérifier la longueur de la semaine de travail, fixée dans les années 1970 à 48 heures, avec une tolérance à 54 heures. Du coup, une grande partie des domestiques travaille plus de 60 heures par semaine, dont un quart des Françaises mineures employées là, mais 55 % des Espagnoles et 65 % des Portugaises. De fait, les charges sociales exigibles sur ces salariées font qu'elles ont très largement été remplacées par des femmes de ménage, qui cumulent plusieurs employeur-se-s pour quelques heures par semaine. Dans ce cadre, elles reproduisent la condition juridique des bonnes d'antan : intérimaires du ménage non assujetties aux conventions collectives, elles n'ont pas droit aux jours de congé, ni de garantie de salaire en cas de maladie [Angeloff, 2000].

Si l'on recense à la fin du XXᵉ siècle environ 200 000 femmes de ménage, leur travail s'est transformé, avec leur extension aux collectivités. Leurs classements socioprofessionnels disent les difficultés à les identifier : dans la nomenclature de l'INSEE, les femmes de ménage sont classées personnels de service quand elles travaillent pour des particuliers, manœuvres quand elles le font pour une entreprise privée, employées de bureau quand elles nettoient des locaux de l'administration [Chenu, 1990]. Depuis les années 1970, le secteur du nettoyage est de plus en plus externalisé par les entreprises privées comme publiques et emploie aujourd'hui plus de 260 000 personnes. Il est notable que, comme pour les femmes de ménage, les femmes étrangères y sont très nombreuses, réparties en groupes ethniques ou nationaux, avec une prédominance des Nord-Africaines et des Portugaises. Pour ces agentes de propreté, la dépendance vis-à-vis des patronnes tyranniques a disparu, tout comme les interminables journées, mais la condition reste rude. Les horaires sont flexibles, tôt le matin, avant 9 heures, et tard le soir, après 19 ou 20 heures, et les contrats précaires. Les conditions sont bien diverses et des enquêtes montrent qu'un tiers de ces salariées travaillent largement plus de 40 heures par semaine et un dixième moins des 15 heures qui donnent droit à une couverture sociale [Angeloff, 2000]. Ce sont généralement des femmes d'âge mature, parfois en rupture d'avec la cellule conjugale, qui travaillaient avec leur conjoint ou n'avaient jamais eu d'activité à l'extérieur de chez elles. Sans qualification reconnue, peu alphabétisées, elles cherchent ce travail de manière informelle, par leurs réseaux de connaissances [Alonzo, 1996].

N'exigeant guère de connaissances particulières de la langue, si ce n'est pour comprendre des ordres de toute façon répétitifs et monotones, ces tâches du service des personnes ont donc toujours été des voies d'acculturation, pour les rurales dans un premier temps, pour les étrangères dans un second. Regroupant majoritairement des femmes jeunes ou âgées, elles ont toujours employé un nombre significatif des actives, tout comme l'ensemble des services liés à la vente des biens matériels.

BOUTIQUIÈRES ET VENDEUSES

Agricultrices et travailleuses à domicile peuvent, pense-t-on, associer et assumer leur triple fonction d'épouse, de mère et de travailleuse. Le cas de figure et les discours sont identiques pour d'autres femmes qui aident leur conjoint, les femmes d'artisans et de commerçants. Très curieusement, elles sont rarement identifiées comme actives, quand on se fait fort de souligner leur apport financier dans la constitution de ces commerces. Au XIXe comme au XXe siècle, commerçant-e-s et artisan-e-s se comptent en grand nombre, dans les campagnes comme dans les villes, dans tous les commerces de l'alimentation, de la boulangerie à l'épicerie et aux marchand-e-s d'eau, de vin, de fleurs, de tabac, mais aussi l'artisanat du bois et de l'ameublement, de la plomberie, de l'habillement, de la cordonnerie ou encore des services comme la coiffure.

Femmes de...

Les métiers de l'artisanat ont une forte caractéristique : les femmes n'y sont pas formées, quand leur présence est indispensable à la vie de ces commerces. On a dit l'immense difficulté pour ces femmes à faire tardivement reconnaître leur rôle économique, pourtant évident, ou encore leurs droits aux prestations sociales. C'est ès qualités que les femmes ont été écartées de l'artisanat, les formations qui y sont requises leur étant interdites, qu'il s'agisse des apprentissages du bois, du métal, de la boulange ou de la boucherie, par exemple, mais aussi, longtemps, de la coiffure. Dans les boutiques, elles travaillent pourtant, mais comme incontournables auxiliaires de leur conjoint, surtout quand le métier de celui-ci le conduit à se déplacer pour exercer ou à travailler la nuit.

La boulangerie est un des lieux de la totale partition du travail entre les sexes. Jamais les femmes ne sont au fournil, activité nocturne de surcroît. Veuves et patronnes, les femmes doivent ainsi embaucher un garçon boulanger pour faire le pain. En revanche, les femmes sont toujours présentes dans le magasin, elles vendent les produits, tiennent la caisse et les ardoises des clients, comptables qu'elles sont de l'activité. Très souvent, pour répondre aux longues heures d'ouverture du magasin, les lieux de travail et de résidence ne sont d'ailleurs pas séparés, logement et boutique sont contigus, ce qui permet aussi la mobilisation des enfants : tout jeunes, les garçons livrent et les filles servent au magasin [Angleraud, 1998]. Partage des activités et différenciation des usages du temps, il en va exactement de même dans tous les lieux de l'artisanat, où l'activité masculine éloigne de la boutique, comme pour les électriciens, plombiers et autres maçons.

Des coiffeuses tard reconnues

Pour la coiffure, la donne pour les femmes n'a changé que dans les années 1930. Longtemps, l'apprentissage du métier a été réservé aux femmes et filles des coiffeurs, à la rigueur à leurs parentes. Pourtant, la poussée numérique a été forte dès la fin du XIXe siècle, conséquence d'importantes mutations culturelles, comme les soins corporels dans les couches moyennes et populaires, l'augmentation du niveau de vie et des consommations liées à l'apparence. En ville, les femmes ont remplacé le fichu paysan ou le chapeau par des coupes courtes et des permanentes et sont 90 % de la clientèle des salons de l'entre-deux-guerres. Quand en 1896 on comptait 46 600 emplois dans la coiffure, dont à peine 4 800 femmes, les chiffres ont grimpé à 86 000 en 1946, dont 50 000 femmes, ouvrières comme patronnes. Elles sont pour un dixième étrangères, Italiennes et Espagnoles surtout, généralement naturalisées [Zarca, 1987 ; Gerbod, 1995 ; Gavend, 1999]. Les causes de cette féminisation du métier sont doubles : d'une part les mutations techniques, d'autre part celles de l'enseignement.

À partir des années 1920, la diffusion de procédés chimiques permet teinture et frisure des cheveux. Aux femmes sont d'ailleurs tout de suite dévolues ces tâches de manipulation de produits éminemment caustiques. Elles y sont le plus souvent confinées, manquant dès lors d'expérience de coupe ou de coup de peigne, ce qui limite leur accès à l'indépendance. Les mutations dans l'enseignement se font aussi dans l'après-guerre, avec l'installation de CAP qui transforment les modalités de formation : on passe d'un savoir-faire transmis par l'apprentissage à celui acquis dans une scolarisation. Les écoles privées comme publiques se multiplient et les femmes y ont désormais accès sans discrimination. Alors elles peuvent presque aussi souvent que les hommes devenir propriétaires de leur salon : à Lyon, durant les Trente Glorieuses, sur 527 patron-ne-s, on compte 239 femmes. En revanche, la division du travail se retrouve dans le type de salon tenu : les femmes dirigent majoritairement des salons pour dames et très peu de salons mixtes (35/239). Parallèlement, les salariées se répartissent pour 85 % dans les salons pour femmes [Gavend, 1999]. La taille des salons a aussi augmenté et les salarié-e-s, qui n'étaient qu'un tiers de cette population après la Seconde Guerre mondiale, sont désormais largement plus de la moitié. Leurs conditions de travail sont marquées de plusieurs caractéristiques : la longueur de la semaine de travail, 40 % dépassant le temps légal, la clause de non-concurrence qui fait qu'un-e salarié-e qui quitte son patron ou sa patronne pour s'installer à son compte ne peut le faire à moins de deux kilomètres dans une grande ville et 500 mètres dans une petite [Chenu, 1990].

Commerçantes : du bistrot à la boutique

Si les femmes sont rarement artisanes, elles ont en revanche toujours été commerçantes, soit associées à leur mari, recevant les clients, servant et tenant la comptabilité, soit travaillant de manière autonome. Si ces travaux sont souvent tus, on verra que c'est bien à elles que, prioritairement, on destine les formations comptables. Ces commerces qui n'exigent, autrement, guère de savoirs particuliers, sont nombreux. Certains sont exclusivement féminins, comme la mercerie longtemps associée à la vente des vêtements, ou très féminisés, comme le commerce des fleurs ou la vente des tabacs ; d'autres sont tenus indifféremment par des hommes ou des femmes, comme l'épicerie, longtemps associée à la droguerie, mais aussi au bistrot. Si leur histoire est encore fort mal connue, on souligne toujours combien leur tenue nécessite la formation d'un couple, aussi bien pour en rassembler le capital que pour tenir la boutique aux longues heures d'ouverture. Néanmoins, les femmes sont nombreuses à tenir seules ces commerces sans l'aide d'un conjoint, qu'elles soient mariées, divorcées, veuves ou célibataires, même si elles y sont aidées par un-e domestique. Les recensements disent que pour 2 millions de patrons de l'industrie et du commerce en 1866, on compte un million de patronnes, tout comme en 1911, 880 000 femmes, et, plus près de nous en 1992,

600 000 [Marchand et Thélot, 1996]. Dans le Paris des années 1930, travaillent ainsi 252 000 commerçantes, soit 30 % des actives ; pour la moitié d'entre elles, elles tiennent des boutiques d'habillement et de tissus, mais aussi des hôtels, des restaurants, des débits de boissons, quand 40 000 vendent de l'alimentation [Rhein, 1977].

Parfois acheté avec un héritage ou une dot, rarement transmis entre les générations, le commerce est le lieu d'investissement de classes populaires peu dotées scolairement : en 1970, dans le département du Nord, 90 % des indépendant-e-s ont une formation inférieure ou égale au certificat d'études, ce qui, bien sûr, établit ce secteur comme une niche favorable aux femmes longtemps écartées du capital scolaire. Parmi les anciennes salariées, 70 % ont été OS ou OP, les autres ont été employées. On les rencontre le plus fréquemment dans l'alimentation générale, les transports, la vente de combustibles, l'hôtellerie [Gresle, 1981]. La tenue d'une boutique peut représenter une promotion, laissant derrière elle l'appartenance au monde ouvrier, mais aussi un passage entre deux emplois salariés, un moment où peuvent être réinvesties certaines compétences : une ancienne peintre sur cycles tient ainsi une teinturerie, une cartonnière prend une librairie, une couturière une blanchisserie [Omnès, 1998].

Épicières et épiciers ne sont guère dans l'aisance : une affaire sur cinq change de main chaque année au XIXᵉ siècle. Si le travail de la cellule familiale est en principe requis, si les lieux de vente sont associés au lieu d'habitation, une moitié des femmes exerce cependant sans son conjoint. Jusqu'au milieu du XXᵉ siècle, moment de l'extension simultanée de l'automobile, des grandes surfaces et de la réfrigération, les épiceries sont de surcroît très nombreuses, souvent petites et associant plusieurs activités complémentaires, comme la vente de charbon pour les célèbres bougnat-e-s, la tenue d'un café, voire d'une petite pension avec quelques lits. Les usages de vente en épicerie sont ancrés dans des habitudes aujourd'hui oubliées : les tarifs ne sont longtemps pas affichés, les client-e-s devant dès lors non seulement surveiller les balances, mais aussi les cours pratiqués.

Avant les innovations de la diffusion des marchandises que sont les préempaquetages, vulgarisés par Casino ou Félix Potin à la fin du XIXᵉ siècle, les épiciers vendent les produits anonymes de fabricants anonymes. Les boutiques sont ainsi des lieux de transformation, pour la pesée, l'emballage, l'étiquetage, mais aussi la fabrication de certains produits, confitures ou café torréfié, manipulations qui nécessitent la collaboration des membres de la cellule familiale, comme des éventuels domestiques, apprenti-e-s ou commis. Dans ce règne du vrac, les achats sont d'ailleurs parfois infimes et fractionnés au jour le jour : deux doses de café, quelques clous de girofle, du lait et du beurre au détail, et correspondent à des horaires d'ouverture larges, en général de 6 à 22 heures. Enfin, les prix, relativement élevés, correspondent à l'intérêt de créances obligées : le crédit est une pratique systématique, avec paiement de l'ardoise en fin de semaine ou de quinzaine, quand tombent les payes des différents membres de la cellule familiale [Faure, 1979].

Les débits de boisson sont aussi légion au XIXᵉ comme au XXᵉ siècle, puisque ce n'est qu'après la Seconde Guerre mondiale que le parc immobilier voit une amélioration sensible de la surface et du confort des appartements, doublée, dans les années 1970, de l'extension des loisirs à domicile, comme la télévision. Jusque-là, les espaces de vie urbains, en particulier populaires, sont largement les espaces collectifs : pour dire vite, la rue et les cours pour les enfants, la rue, le lavoir et les commerces pour les femmes, le jardin et le café pour les hommes. Les débits de boisson sont ainsi très nombreux, environ 350 000 en 1880, 480 000 à la veille de la Première Guerre, soit un pour quatre-vingts habitants, voire même un pour trente-six habitants, si l'on exclut des moyennes les enfants et les femmes. On note naturellement de fortes disparités entre les villes et les campagnes, moins pourvues. Il y a les cafés où l'on boit, ceux où l'on peut aussi manger et enfin ceux qui offrent le coucher. Pratiquement partout, aussi, on joue aux boules, aux cartes, au billard. Dans les campagnes, l'installation du débit de boisson peut être sommaire et son entretien léger : quelques plateaux montés sur des tréteaux, entourés de bancs avec un ou deux tonneaux pour tout mobilier ; l'été, l'ensemble est installé en plein air. Dans les cabarets urbains, une grande table centrale, entourée de tables plus petites, avec des bancs et des chaises ; le comptoir en bois est au fond de la salle, avec verres et bouteilles. Dans le cas d'un établissement plus important, il peut aussi y avoir partage des tâches, l'homme servant au comptoir, quand l'épouse sert aux tables et fait la cuisine. Globalement, les femmes tenancières se tiennent dans les moyennes de la population active féminine, environ 30 à 40 % de l'ensemble ; pour d'autres, la pluriactivité est de rigueur et au café est associé l'atelier du forgeron, du menuisier, du charron [Nourrisson, 1990 ; Pavy, 1993 ; Hugot, 1997].

Cafetier-e, cabaretier-e, aubergiste peuvent aussi louer des lits. Les villes industrielles sont en effet celles du passage d'une main-d'œuvre fort mobile et souvent étrangère. Avant les politiques volontaristes de l'État de type SONACOTRA à partir des années 1960, le logement des ouvriers est pour partie le fait de marchand-e-s de sommeil, qui louent des chambres dites « garnis », où plusieurs locataires peuvent se succéder au gré du travail en équipes et qui ressemblent fort à des dortoirs. Mais bien des femmes prennent aussi des pensionnaires, tenant parallèlement un débit de boisson, une épicerie ou un autre commerce. Veuves, elles le tiennent en leur nom propre, mariées, il est, pour satisfaire aux rigueurs des codes civil et du commerce, au nom du mari. Le mari peut conserver parallèlement un emploi salarié et ouvrier et aider sa femme en rentrant du travail, comme dans les autres commerces à très longues heures d'ouverture. Dans un quartier ouvrier comme celui du Soleil à Saint-Étienne, entre 1840 et 1940, 30 à 40 % des commerces sont des débits de boissons et 40 à 45 % des épiceries, les femmes tenant, pour le reste, des merceries-bimbeloteries [Burdy, 1989]. Ce commerce prend ainsi le sens d'un quasi-travail à domicile, tenant éloignée de l'atelier tout en assurant des revenus à la cellule familiale : telle ouvrière, bien payée dans le cycle stéphanois, se reconvertit sous la pression maritale qui argue : « Tu as assez travaillé ! Tu serais mieux tranquille ! [...] Je l'ai maudit je ne sais combien de fois. Laisser ce métier pour prendre ce café... Ce que je l'ai maudit ! Je pleurais tous les jours [...] et, au début, je gagnais moins » [cité par Burdy, 1989]. D'autres femmes ne sont là que de passage entre d'autres métiers non qualifiés, comme celle-ci, qui a eu en gérance un café, avant et après avoir été successivement OS dans une fabrique de rasoirs, finisseuse dans le tricot, conditionneuse dans les parfums, ouvrière dans une distillerie puis à la Manufacture des tabacs, confectionneuse dans une usine de bonbons, OS dans une usine de machines à écrire, monteuse dans une fabrique de vaporisateurs, manutentionnaire dans une savonnerie, OS dans une entreprise de peinture et, enfin, conditionneuse dans le cycle [Omnès, 1998].

Commerçantes aussi, *les débitantes d'eaux minérales*, si importantes dans les villes du XIXe siècle, où les eaux puisées et distribuées sont loin d'être consommables. À mi-chemin entre le commerce de bouche et le monde de la santé, elles peuvent être aussi bien herboristes qu'épicières ou bistrotières et sont sous surveillance administrative et préfectorale. À Lyon, à la charnière des deux siècles, 40 % d'entre elles tiennent aussi une épicerie, un quart ne vendent que des eaux minérales. Là encore, la proportion de femmes qui tiennent le commerce correspond à la moyenne des actives, soit, pour une ville comme Lyon, presque un millier de femmes au début du XXe siècle. Par ailleurs, il est tout à fait notable que les agents recenseurs, contre toute évidence si l'on se réfère au prénom de la débitante, mentionnent à tort le sexe masculin pour un quart d'entre elles [Mallet, 2000].

Femmes toujours, *les débitantes de tabac*, même si ce n'est pas tout à fait un commerce comme un autre, puisque la législation napoléonienne en a réservé l'attribution aux anciens soldats et fonctionnaires, à leurs veuves et enfants. Il s'agit de vendre, mais aussi de drainer des taxes indirectes pour l'État, ce qui est sans problème majeur confié à des femmes, veuves il est vrai, en principe. Les débits sont de différentes classes, selon leur situation et la taille de leur clientèle et ils peuvent être donnés en gérance ; la marge bénéficiaire accordée par l'État étant de 8 %, 3 % vont alors aux titulaires et 5 % aux gérant-e-s. Si,

dans les campagnes, titularisation et gérance, de faible rendement, sont confondues et de surcroît assorties de pluriactivité
— comme par exemple les débits de boissons pour les femmes,
l'artisanat pour les hommes —, tel n'est pas le cas en ville. À
Lyon, par exemple, où l'on recense à la charnière des deux siècles 220 débits de tabac, les titulaires reçoivent en moyenne
l'équivalent d'un salaire d'institutrice et donc les gérantes, le
double. Et parfois beaucoup plus, comme cette femme qui, en
1900, gagne près de 10 000 francs par an, quand un préfet en
touche 12 000. Dans cette grande ville, la population des gérantes et titulaires est très féminisée : à 86 % pour les titulaires, qui
sont pour 84 % des veuves, et pas forcément de soldats ou d'officiers, mais d'enseignants, d'adjoint au maire ou de conseiller
général. Les gérantes, pour les trois quarts des femmes aussi,
sont parfois assistées d'un époux à la retraite, mais surtout
veuves à 83 %, d'autant que l'après-Première Guerre mondiale
leur en a réservé l'exclusivité d'attribution[1]. Généralement aidées
par un-e membre de leur parentèle, ces femmes sont issues du
monde de la boutique, mais aussi anciennes couturières, lingères,
cuisinières, domestiques [Robier, 1999].

Aujourd'hui, les choses n'ont guère changé, les femmes
tiennent toujours boutique, même si certains de ces commerces
ont disparu au profit d'autres où la gérance est de plus en plus
courante, comme dans le cadre des boutiques franchisées.

Des vendeuses à la carte

Si la majorité des commerçantes le sont dans l'épicerie ou
le bistrot, d'autres boutiques se développent avec l'urbanisation :
boutiques d'objets comme la vaisselle, la ganterie, la bijouterie,
mais aussi commerces liés aux étoffes, aux tissus et à la mode,
dits de nouveautés. D'abord vendues par les mercières et les
marchandes de frivolités et de mode pour les articles neufs,
mais encore par les fripières et les marchandes « à la toilette »

---

1. Un décret du 16 janvier 1915 donne priorité aux veuves de guerre et
une circulaire de 1920 leur en réserve l'exclusivité.

pour les articles de seconde main, les nouveautés sont, à partir du milieu du XIXᵉ siècle, au centre de l'invention des grands magasins. Leur essor est concomitant de la restructuration des villes et ils s'installent en particulier sur les nouveaux boule-vards et avenues, avec l'idée majeure de la baguenaude et du shopping, de la libre circulation des client-e-s entre les rayons ; on est là à l'opposé de la boutique, qui reçoit derrière le comp-toir. Le Bon Marché, qui a inspiré *Au Bonheur des dames* d'Émile Zola, ouvre en 1869, puis c'est le tour de la Belle Jardinière, des Galeries Lafayette et d'autres encore en pro-vince. Les rayons s'y multiplient au fil des ans : en 1906, le Bon Marché en compte cinquante-deux, qui drainent entre 10 000 et 20 000 client-e-s par jour, voire 70 000 lors des ventes spéciales [Miller, 1987].

Évidemment, ces grands magasins sont de gros employeurs : plus de 3 000 salarié-e-s au Bon Marché en 1887 et 4 500 en 1906 ; dans les années 1930, les Galeries Lafayette en comptent 8 000. Parmi elles et eux, le personnel de bureau, celui affecté à la vente par correspondance, des garçons livreurs, des ouvriers d'entretien, et aussi des vendeuses et vendeurs, qui représentent plus ou moins la moitié des salarié-e-s. Dans un premier temps, et au moins jusqu'à la Première Guerre mondiale, le personnel est souvent recruté parmi les ancien-ne-s de la boutique. Les vendeuses viennent de l'épicerie, de la mercerie, mais aussi des boutiques de nouveautés. Le débauchage se fait surtout par le niveau des salaires, les grands magasins assortissant le salaire fixe, assez bas, d'un pourcentage sur les articles vendus, la guelte. La sexuation des tâches est lisible dans l'attribution des rayons. Aux vendeuses, les rayons d'habillement pour femmes et enfants, les tissus et l'entretien de la maison ; aux vendeurs les rayons pour hommes, mais aussi ceux, plus techniques, de l'équipement de la maison, électricité, chauffage, quincaillerie, peinture [Miller, 1987 ; Beau, 2001].

Les mortes-saisons sont fréquentes, qui font cycliquement débaucher le personnel, quitte à le reprendre plus tard. Et le turn-over est fort : dans les années 1880, au Bon Marché, 40 % de la main-d'œuvre est congédiée avant cinq ans et la même proportion part d'elle-même [Miller, 1987]. Au Grand Bazar de Lyon, qui compte plusieurs centaines de salarié-e-s, il en va de même. Pour les plus stables, les employé-e-s fidèles, la promotion devient possible, dans une stricte organisation hiérarchique qui va des vendeuses et vendeurs simples, aux second-e-s, puis premier-e-s de rayon, puis à chef-fe de rayon. Là, les hommes sont bien plus nombreux que les femmes, d'autant que les rémunérations, qui cumulent salaire et pourcentage sur le chiffre d'affaires des rayons, sont élevées : au Grand Bazar de Lyon, sur seize chef-fe-s de rayon dans les années 1920, trois seulement sont des femmes, quand dix ans plus tard, il n'en reste plus qu'une. La division du travail est claire, qui peut ne se faire qu'au niveau des sous-rayons, les comptoirs : aux jouets, au gros chiffre d'affaires, une femme est simplement sous-cheffe et vend les articles destinés aux filles ; le partage des tâches est probablement identique dans des rayons en apparence mixtes, comme la bonneterie, les chaussures ou la maroquinerie. Quant aux caisses, on confie seulement aux femmes celles dont le chiffre est le plus faible [Beau, 2001].

Comme ailleurs, les journées de travail sont longues, soit 11 heures par jour, y compris les fêtes et les dimanches. Ce sont les lois sociales qui bousculent la répartition des hommes et des femmes, entraînant l'accroissement de la main-d'œuvre féminine. La première loi, celle du repos dominical de 1906, est résolue, bien malgré les patrons, dans la fermeture des magasins, jusque-là ouverts sept jours sur sept. Au Grand Bazar de Lyon, elle entraîne le licenciement de celles et ceux qui « faisaient le roulement », c'est-à-dire qui remplaçaient les salarié-e-s durant leurs deux jours de congé mensuels. Mais le moment le plus marquant pour la féminisation de la vente des grands magasins est celui des conventions collectives de 1936, réitérées en 1950 : en effet, elles imposent non seulement deux semaines de congés payés, mais deux jours de repos hebdomadaires successifs incluant le dimanche, quand les magasins ne ferment qu'un seul jour. Le samedi étant traditionnellement un jour d'affluence, se mettent alors en place des politiques d'embauche pour des postes de vendeuses à temps partiel. En même temps,

la direction du grand magasin lyonnais — mais il en va sûrement de même ailleurs — imagine le même type d'embauche
pour des emplois qui correspondent à la fréquentation maximale du magasin, c'est-à-dire l'après-midi : le temps partiel
concerne dès lors la moitié des vendeuses et même, dans les
années 1930, une partie du personnel des bureaux. C'est donc
par l'intermédiaire des types de contrats de travail que s'est éla-
borée la féminisation des métiers de la vente [Beau 2001].

Agricultrices, commerçantes à leur compte ou non, nourrices et domestiques, vendeuses. Pour une partie des ces femmes-
là, l'invisibilité du travail est clairement organisée, quand elles
ont longtemps constitué la majeure partie de la population
active. On peut même imaginer que dans le cadre d'une économie qui n'avait pas encore développé ateliers et bureaux, hommes et femmes étaient aussi nombreux les uns que les autres
dans le cadre des activités économiques qui n'épargnaient que
les nanti-e-s, ces rentières et rentiers, par ailleurs relativement
nombreuses et nombreux. Pourtant, dans ces métiers anciens,
les gestes au travail des hommes et des femmes, qui se côtoient,
ne sont pas identiques. Les uns fabriquent et surtout s'occupent
exclusivement des machines et outils de travail, comme dans
l'agriculture ou l'artisanat, quand les autres servent les client-e-
s et s'occupent de la comptabilité et des papiers. La division du
travail entre les hommes et les femmes est partout présente et
jalousement préservée par les premiers pour éviter toute situation de concurrence. Parallèlement, d'autres métiers ne sont
exercés que par des femmes.

Chapitre V

DU BÉNÉVOLAT À LA PROFESSIONNALISATION

Renvoyées à leur nature, les femmes ne sont pas seulement enfermées dans la maternité, la famille et les travaux domestiques, mais encore assignées aux soins du corps, des corps de tous les âges de la vie : nourrisson-ne-s, très jeunes enfants, malades et veillard-e-s. Et l'idée semblait même incongrue de rémunérer la plupart de ces tâches, comprises qu'elles étaient comme relevant du devoir féminin d'assistance à autrui et donc incommensurables. Infirmières, sages-femmes, assistantes sociales, maîtresses des écoles maternelles : longtemps ces femmes-là ont été soit des religieuses, soit des bénévoles. Il a fallu le temps du développement de l'hygiénisme, de la laïcisation de l'État et des bouleversements de la Première Guerre mondiale pour que la société réfléchisse à les former et les payer, à leur accorder un statut.

INFIRMIÈRES ET ASSISTANTES SOCIALES

Le temps des congrégations religieuses

Le développement de l'action des religieuses s'enracine dans la Réforme catholique et le renouveau des œuvres caritatives : les pauvres malades deviennent figure du Christ, les communautés font leur la parole « ce que vous aurez fait au plus petit d'entre les miens, c'est à moi que vous l'aurez fait ». C'est la réforme de nombreuses communautés augustines et surtout l'apparition de formes communautaires nouvelles, les congrégations. Femmes d'une foi apostolique, elles ne prononcent pas de vœux définitifs, peuvent quitter quand bon leur semble l'autorité spirituelle et renoncent à la clôture, conciliant vie religieuse et vie active. Dès le milieu du XVIIᵉ siècle, les filles de la Charité, congrégation fondée par Vincent de Paul, s'installent sur tout le territoire, puis ce sont les filles de la Sagesse, les filles de Nevers, un nombre notablement multiplié lors de la création des hôpitaux généraux pour y enfermer vagabonds, mendiants et enfants abandonnés. Troubles révolutionnaires, disettes, guerres d'Empire ont mis les congréganistes dans des situations continuellement imprévues. Puis, les municipalités les ont appelées dans les hôpitaux lors des épidémies de choléra des années 1830. Ensuite, la montée de la paupérisation ouvrière, la loi de 1893 sur l'assistance médicale gratuite aux pauvres confirment leur rôle [Langlois, 1984 ; Bueltzingsloewen, 1996].

Ces fondations ont pour mission de lutter contre la déchristianisation en recueillant l'âme des mourants et de démocratiser la vie religieuse en recrutant des filles des classes populaires. En 1861, les congrégations féminines comptent 90 000 membres, répartis dans 12 000 établissements ; quarante ans plus tard, ce sont 130 000 congréganistes et religieuses, où les filles de paysans, d'artisans et des diverses professions salariées comptent pour le tiers ; en 1969, on recense encore 115 000 congréganistes. Dans les régions de tradition protestante, ce sont les femmes de pasteurs qui assurent ces fonctions, visitant, soignant, enseignant. Les diaconesses protestantes, réponse tardive aux congrégations catholiques, sont rares en France et surtout situées en Alsace [Baubérot, 1991].

Les congréganistes desservent les hôpitaux, mais assurent aussi des soins à domicile, spécialement dans les régions peu médicalisées. En appliquant les principes élaborés dans le système éducatif — la taxation des riches permet la gratuité pour les pauvres — et en un temps où la guérison des maladies n'a encore été marquée ni par la pasteurisation, ni par la vaccination, ni par les médications chimiques, elles visitent et secourent avec des remèdes gratuits ou à bas prix, provenant de leur confection propre ou des pharmacies des hôpitaux. Vingt congrégations de gardes-malades sont ainsi créées entre 1820 et 1880, 3 500 sœurs installées dans quatre cents maisons, dont les plus importantes sont les sœurs du Bon Secours et les sœurs de l'Espérance, mais aussi les sœurs de Sainte-Marie-des-Anges, de l'Assomption, de la Providence, de Saint-Louis, du Cœur Agonisant de Jésus…

À ces gardes-malades, qui peuvent tout aussi bien être laïques et formées dans des écoles à partir de la fin du XIXe siècle, la société contemporaine — confrontée à un spectaculaire allongement de l'espérance de vie assorti de bien des incapacités physiques — a récemment conféré de nouveaux rôles et un statut, celui d'assistante de vie. Les tâches assignées sont à la fois de soins aux personnes manquant d'autonomie et de travaux domestiques banals comme les courses, l'entretien de la maison, le lavage et le repassage, mêlant donc à la fois le travail ménager, toujours dévolu aux femmes, et des soins, y compris psychologiques, tout autant féminisés. Les caractéristiques professionnelles sont donc sans surprise : sont requises, comme dans l'emploi du temps de la mère au foyer, une grande disponibilité, dans un travail flexible et jamais à temps complet chez une même personne, une disparité des contrats et des employeurs pour une même salariée et, surtout, un mode de rémunération qui rend compte de la double origine des tâches accomplies : sont

distinguées heures de travail effectif et heures de présence responsable, c'est-à-dire de compagnie, rémunérées moitié moins.
Pour une amplitude de journée de travail de douze heures, bien
proche de celle des domestiques, ces auxiliaires de vie sont, pour
leurs heures dites effectives, payées au SMIC [Angeloff, 2000].
Elles sont bien les héritières des bonnes sœurs d'antan.

Hormis la nourriture et le logement, la main-d'œuvre
congréganiste soignante est gratuite, les sœurs sont entretenues
par leurs communautés, qui vivent de leurs dots et des dons
charitables spontanés ou mobilisés par voie de presse. Gratuite
et formée. Si les critères d'admission varient selon les communautés, les novices doivent savoir lire, écrire, compter et apprennent de leurs aînées les gestes médicaux essentiels, poser un
bandage et des sangsues, appliquer des ventouses, préparer les
drogues et remèdes. Dans les hôpitaux, ce sont elles qui, dans
un premier temps, introduisent ordre, propreté, économie. Plus
tard, avec le développement de l'asepsie, le manque d'hygiène,
dû en particulier à l'habit et à la cornette, rarement lavés, nids à
poussière et à microbes, leur sera particulièrement reproché.
Par ailleurs, elles tiennent aussi souvent l'économat et une partie de la gestion des hôpitaux. Là, la signature d'un contrat avec
la maison mère permet de gérer les effectifs, de les remplacer,
de les compléter. S'ils déplorent un fort turn-over des sœurs, les
médecins ont aussi d'autres griefs : certes obéissantes par vocation, elles appliquent cependant mal les prescriptions, dévouées
au possible, elles font aussi écran à l'autorité médicale, sans
compter leur indocilité lisible dans le refus de prendre en
charge les femmes en couche, les porteurs et porteuses de maladies vénériennes, ou encore l'application de mesures épidémio-
logiques comme les vaccinations, défi à la volonté de leur Dieu
[Knibiehler, 1984 ; Bueltzingsloewen, 1996].

Mais, dans les hôpitaux, les congréganistes ne se chargent
pas de tous les travaux. L'entretien matériel des locaux est en
particulier assuré par des filles et des garçons de salles, le plus
souvent des ruraux, peu alphabétisé-e-s et misérablement
payé-e-s ; recrutées à la porte des hôpitaux, les femmes, dont c'est
souvent le premier emploi à l'extérieur du domicile parental,

s'occupent surtout des travaux ménagers [Leroux-Hugon, 1987 et 1992]. C'est d'abord à elles que s'adresse la laïcisation républicaine, dans un mouvement de professionnalisation mû par le mouvement pasteurien. La révolution pasteurienne et la maîtrise des hémorragies par la suture des vaisseaux ont stimulé les ambitions des médecins : ils peuvent désormais, bien plus souvent et efficacement, guérir. Par ailleurs, leurs lieux de formation se font plus nombreux avec la création, par le ministère Ferry, de nouvelles facultés qui multiplient les spécialisations : chirurgie rénovée et anoblie, mais aussi obstétrique ou pédiatrie. Pour seconder ces médecins et appliquer les grands et nouveaux principes, on demande des auxiliaires dociles et point trop ignorantes.

La laïcisation

Sous la Troisième République, la laïcisation gagne donc, soutenue par la notion de solidarité qui empiète sur celle d'une charité par essence bénévole. Mais soins riment toujours avec féminin. Pour pouvoir former les remplaçantes des sœurs, l'Assistance publique de Paris pousse à l'ouverture des premières écoles d'infirmières. Sous responsabilité municipale, elles s'installent dans des locaux hospitaliers, la Salpêtrière et Bicêtre en 1878, la Pitié en 1880, Lariboisière en 1895. Ce sont d'abord des cours du soir quotidiens, en deux niveaux. Dans le premier sont revus les savoirs de l'école primaire, le calcul, le français, pour l'obtention du certificat d'études : en 1906, 893 impétrantes l'auraient déjà obtenu. Dans le second niveau, médecins et internes donnent des cours d'anatomie, de physiologie, des pansements, d'hygiène, de soins aux femmes en couches, trois leçons de petite pharmacie et d'administration. À la fin du cursus est délivré un diplôme : 43 admises en 1884, 279 en 1901, 6 504 en 1908. Cependant Paris et quelques grandes villes restent l'exception, la sécularisation des hôpitaux étant surtout le fait de municipalités radicales-socialistes [Knibiehler, 1984].

Mais ce ne sont là qu'essais, améliorés lors de la réforme Combes de 1903, qui juge la formation des infirmières « tout aussi exigible que la salubrité des locaux », définissant leurs fonctions par le bas — elles ne sont pas assimilables aux servantes employées aux gros ouvrages — et par le haut — elles sont les collaboratrices disciplinées des médecins. Les tâches des unes et des autres sont strictement définies et l'infirmière ne peut en aucun cas se substituer au médecin, ni empiéter sur ses savoirs. Au fur et à mesure des progrès techniques, des instruments et des savoir-faire leur ont été concédés, comme les bandages et les saignées, les seringues et les injections ; mais, dans le cadre de la chirurgie, si elles ont le droit de toucher les instruments, de les reconnaître, de les nommer, ce n'est pas pour en faire usage, mais pour les préparer et les stériliser. La minutie de l'asepsie la fait délaisser et déléguer par le corps médical, qui désormais se contente de poser le diagnostic et d'exécuter l'acte. De même, bien sûr, les nouvelles infirmières comme les anciennes religieuses continuent d'assurer les soins les plus difficiles et les plus répugnants, d'assumer l'expression des souffrances et des angoisses de l'agonie [Knibiehler, 1984].

Ainsi prend corps l'idée d'une formation réservée aux femmes, qui seraient naturellement plus aptes à soigner : on est à nouveau là dans le registre d'aptitudes féminines socialement construites. Pour le brevet d'infirmière, durant deux ans d'études, la formation mêle théorie et pratique, avec des stages dans les services. Les cours, anatomie, physiologie, hygiène, pharmacie, mais aussi électrothérapie et radiologie, ces disciplines récentes, sont complétés par des données sur l'administration et encore des cours de cuisine et de service domestique : s'agissant des femmes, on ne peut donc imaginer quelque formation que ce soit qui évite le rappel des fonctions nommées comme premières par la société. D'ailleurs, la laïcisation trouve ses limites dans un certain enfermement, puisque les infirmières de l'Assistance publique sont, jusqu'en 1904, internes dans l'hôpital, comme au couvent. Ce n'est que peu à peu que les indemnités de logement remplacent ces usages. Et bien sûr, pour rappeler la robe, il y a l'uniforme, qui se démarque cependant du costume peu hygiénique des sœurs par son impeccable blancheur. Signe, avec le bonnet, d'appartenance à la grande famille de l'Assistance publique, il est objet de nombreuses circulaires pour sa forme, sa confection, son coût [Leroux-Hugon, 1987].

Cette volonté de former au métier d'infirmière les filles des nouvelles classes moyennes n'a rien d'une évidence. Parallèlement se montent des écoles privées qui, s'inspirant du modèle anglais des *nurses*, affirment l'impossibilité pour les filles originaires des milieux non lettrés de devenir de bonnes infirmières : Hamilton, une femme médecin, pense ainsi réserver les formations à de jeunes bourgeoises alliant les qualités des religieuses (en particulier le célibat, seul garant du dévouement), la bonne éducation et les compétences professionnelles. Trois écoles s'ouvrent à Paris, pour « faire du soignage le patrimoine d'une classe qui jusque-là en avait été éloignée, classe qui seule peut donner de bonnes infirmières, grâce à son niveau intellectuel et moral » [1905, cité par Leroux-Hugon, 1987].

De toute façon, si le salaire des infirmières de l'Assistance publique équivaut à celui des institutrices, cette rémunération donne lieu à débat. Les soins peuvent-ils être mercenaires, tout en conservant des qualités humaines ? Et d'ailleurs, ces compétences, si féminines, méritent-elles réellement salaire ? Entre la vocation et la mission, la société peine à reconnaître comme un travail les tâches de l'infirmière. Ces discours sont tenus en particulier par des adversaires de la laïcisation qui ont d'autant meilleur jeu que, justement, les prestations assurées par les congréganistes ne se font pas dans un échange salarial : « Les infirmières réclament une place dans les hôpitaux comme elles chercheraient une place dans un magasin de nouveautés » [1891, cité par Leroux-Hugon, 1987]. Mais les oppositions émanent aussi de ceux qui sont hostiles au travail rémunéré des femmes. Enfin, le travail des infirmières mêle trop les services proches des tâches domestiques — tout ce qui touche à la vie quotidienne des malades — et des savoirs techniques et spécifiques, y compris administratifs, que la société peut consentir à rémunérer.

Parallèlement, la Croix-Rouge donne des formations plus sommaires, qui s'adressent aux femmes bénévoles des milieux aisés. En France, elle regroupe trois sociétés concurrentes. La Société de secours aux blessés militaires, créée en 1866 par le duc de Fezensac, veut réserver un recrutement aristocratique à cette nouvelle forme de bienfaisance ; en 1899, elle ouvre un dispensaire, l'école de Plaisance, qui reçoit 200 élèves, puis, en 1908, l'hôpital-école des Peupliers ; un enseignement court pour les auxiliaires, huit mois pour le titre d'ambulancière, deux ans pour obtenir le titre d'infirmière major. Parallèlement, le docteur Duchaussoy a fondé en 1879 l'Association des dames de France, qui ouvre l'École d'ambulancières et de gardes-malades, avec un diplôme à la sortie de cours gratuits. De sa scission et sous l'impulsion de Koechlin-Schwartz, une protestante, est née en 1881 l'Union des femmes de France. Celle-ci propose tout de suite ses premiers cours et ouvre en 1906 un hôpital rue de la Jonquière, à Paris ; une formation courte permet d'être infirmière adjointe, deux ans d'obtenir le diplôme d'ambulancière. En l'absence de prise en charge plus ferme par l'État, comme pour toutes les formations non classiques d'ailleurs, se créent des écoles privées, souvent payantes : en 1900, l'école de la rue Amyot et celle de la rue de la Glacière, en 1904, celle de la rue Vercingétorix [Knibiehler, 1984].

Mérite, compétence du côté de la République, tenue morale et dévouement proches de l'ancienne Charité, de l'autre : le recrutement des infirmières garde longtemps trace de cette hétérogénéité qui, de surcroît, n'élimine pas la présence des congréganistes, y compris dans les hôpitaux, où elles sont encore fort nombreuses jusque dans les années 1950.

La guerre et la professionnalisation

Quatre ans d'un long et dangereux conflit. Alors, le temps des fausses pudeurs n'est pas, car si l'on s'étonne des femmes conduisant tracteurs et tramways, si l'on s'inquiète de la santé et de la moralité des munitionnettes, si l'on craint globalement l'émancipation des femmes, nul ne s'émeut de ces infirmières, œuvrant au front dans un monde exclusivement masculin, un monde d'une folle violence et d'intolérables souffrances. Les infirmières qui se sont présentées les premières en août 1914 sont des bénévoles, puisque l'adhésion à une des trois sociétés de la Croix-Rouge impliquait la mobilisation immédiate dans 754 hôpitaux. En 1914, les infirmières de l'Assistance publique, celles de la Croix-Rouge renforcées des congréganistes, quelques rares infirmières militaires arrivent au front comme héritières des diverses structures publiques, privées, congréganistes. On estime que 6 000 professionnelles auront encadré les dizaines de milliers de bénévoles. En 1916, on compte 1 400 hôpitaux auxiliaires regroupant 120 000 lits, dont le personnel est exclusivement féminin, à l'exception du médecin et des brancardiers ; la direction administrative et du personnel est assurée par les infirmières majors, les services sont dirigés par les infirmières chefs [Knibiehler, 1984, Thébaud, 1986-a].

Dès 1915, nonobstant des accords qui impliquaient qu'elles soient chargées uniquement de l'arrière, les infirmières de la Croix-Rouge sont parties au front, sanglées dans leur uniforme : voile bleu bordé de blanc et longue cape de drap bleu foncé, avec à gauche une croix rouge et un groupe de lettres indiquant à quelle association elles appartiennent. Au front, se trouvent aussi des infirmières militaires. Elles n'étaient que quatre-vingt-seize en 1914, mais le recrutement a été rapidement organisé, qui touche des étudiantes, des Croix-Rouge, des sages-femmes, des gardes-malades. Elles s'engagent pour toute la durée du conflit, se plient au règlement des permissions, douze jours tous les six mois, sont nourries, logées, rémunérées avec des salaires comparables à ceux de l'Assistance publique et portent l'uniforme des Croix-Rouge nanti d'insignes hiérarchiques. Malgré les urgences, les principes du temps civil ne sont pas transgressés : aux médecins la blessure, aux infirmières le blessé. Une seule femme, Tissot-Monod, dirige un hôpital militaire, à Lyon [Thébaud, 1986-a].

La paix signée, la diversité des formations et donc celle des statuts ne peut plus tenir. En juin 1922 est créé *le diplôme d'infirmière*. Trois brevets de capacité permettant de porter le titre d'infirmière d'État lui sont associés : infirmière hospitalière, infirmière visiteuse de la tuberculose, infirmière visiteuse de l'enfance. Ils sont préparés tant dans des écoles privées que publiques aux programmes uniformisés. Les infirmières hospitalières

175

ont vingt-deux mois pour parcourir un cursus composé de cours théoriques et de stages pratiques, comme avant la guerre. Les études des visiteuses de la tuberculose ou celles de l'hygiène sociale de l'enfance ont une première année commune avec les hospitalières ; ensuite stages et enseignements se différencient. Ces formations sont cumulables : un supplément de quatre mois permet de passer d'un diplôme à l'autre. Ce n'est qu'en 1938 que le diplôme d'infirmière est exigé pour l'exercice dans les établissements publics et les établissements privés agréés ; jusque-là, aux infirmières en place, et en particulier les congréganistes, avaient été accordées des équivalences. Mais quand, en 1928, la loi sur les assurances sociales avait imposé que les feuilles de soins soient signées par des diplômé-e-s, les congréganistes avaient commencé à prendre le titre au sérieux : un examen dit de récupération donnant l'équivalence du diplôme d'État avait compté 4 000 religieuses sur les 5 545 reçues, ce qui inquiéta fort les évêques : « Que vont devenir nos religieuses, sorties de leurs maisons, si elles entrent en contact avec des jeunes filles du monde, [...] si elles vont subir un examen devant un jury d'État ? N'est-ce pas le chemin de la perdition que nous ouvrons devant elles ? » [cité par Knibiehler, 1984].

Le salaire relativement correct attire-t-il des hommes, trop d'hommes susceptibles de diluer les représentations d'un « métier de femmes » ? Toujours est-il que dès 1926 certaines spécialités sont interdites aux infirmiers : la médecine des femmes, celle des enfants et la chirurgie. Curieux amalgame : si les soins aux femmes et aux enfants peuvent éventuellement se justifier par la supposée essence des tâches maternantes, la chirurgie est bien une éprouvante discipline. Cette fermeture se double de la création d'un examen spécifique pour les futurs infirmiers, qui n'est supprimé qu'en 1974, dans le cadre de la mixité des concours de la fonction publique. Le terrain privilégié des infirmiers est la psychiatrie, là où, avant l'invention des neuroleptiques, les agité-e-s sont maîtrisé-e-s par la camisole de force. Ne représentant jamais plus de 10 à 12 % du corps, ils s'installent aussi aux urgences, en réanimation, en salle de plâtres, des services de fort activisme, laissant aux femmes les services de médecine générale, de gériatrie, de pédiatrie, ceux que le vocabulaire hospitalier qualifie de lents. De manière tout à fait notable, leur présence dans ces services est légitimée dans les discours par leurs qualités « naturelles », en particulier la force physique [Arborio, 2001]. Aujourd'hui, sur les 250 000 diplômé-e-s d'État, on compte 90 % de femmes, pour 85 % d'entre elles dans les services hospitaliers, privés comme publics et pour 10 % dans les écoles, les crèches, la protection maternelle et infantile, les maisons de retraite, les services sociaux et l'exercice libéral. Chaque année, 257 écoles publiques et 59 écoles privées accueillent 40 000 élèves pour un cursus de trois ans [Ouvry-Vial, 1993].

Longtemps, comme pour d'autres métiers de femmes, aucune promotion, ni vraie échelle hiérarchique n'étaient associées au métier d'infirmière, quel qu'en soit le lieu d'exercice. À l'ancienneté, on pouvait juste devenir surveillante, c'est-à-dire encadrer un certain nombre d'infirmier-ère-s et d'aides-soignant-e-s. En 1949, le personnel des hôpitaux avait été scindé entre les agents de service et les aides-soignant-e-s et en 1956 avait été créé le CAP d'aide-soignant-e. Ces aides servent les repas, effectuent la toilette des malades impotents, assurent le ménage des chambres et des si longs couloirs. Pour les aides-soignants, on constate, sans surprise, qu'ils sont de préférence affectés là où leurs rôles sociaux les assignent le plus facilement : comme brancardiers, aux urgences ou pour faire des courses à l'extérieur du service [Arborio, 2001]. La plupart sont d'ancien-ne-s agent-e-s de service. En fait, la formation reste médiocre, les conditions de travail pénibles et mal rémunérées, le prestige nul. Ce qui fait hésiter à classer ces emplois parmi la domesticité a seulement trait au statut de ces salariées rattachées à la fonction publique ; du coup, ils sont occupés de manière privilégiée par des immigrées de nationalité française, en particulier les Antillaises et, avant 1962, les Algériennes.

Pour la promotion supérieure, les années 1970, encore une fois, voient quelque changement, avec la création du grade d'infirmier général, qui ouvre des perspectives de meilleure rémunération et de mobilité. Assimilé-e-s au cadre A de la fonction publique, responsables de la gestion et de l'organisation des soins pour l'ensemble d'un établissement, membres de sa direction, les infirmières et infirmiers généraux sont, en 1990, pour 18 % des hommes. Partant, les qualificatifs associés aux métiers soignants continuent aujourd'hui encore de nommer l'ascèse plutôt que la reconnaissance d'une profession : vocation, idéal, enthousiasme, bonté, dévouement, oubli de soi, courage, énergie, sang-froid, méthode, obéissance, discipline, respect de la hiérarchie, politesse, tact, bonne humeur [Knibiehler, 1984]. Les années récentes montrent pourtant quelque changement, lisible dans l'augmentation du travail à temps partiel : en 1986, 11 % du personnel infirmier travaillait à temps partiel, contre 25 % en 1999. C'est une césure dans les représentations professionnelles élaborées par le groupe ; elle rompt avec une efficacité supposée dépendante de la très bonne connaissance des malades, avec la disponibilité dans les rapports entre soignant-e-s et soigné-e-s, faisant dès lors évoluer le rapport au travail : on passe de la vocation au salariat [Picot, 1986].

Des infirmières visiteuses aux assistantes sociales

La loi de 1922 a aussi donné statut aux infirmières visiteuses, dont l'action sanitaire s'est imposée durant la Première Guerre mondiale, en particulier avec l'extension de la tuberculose dans les tranchées comme dans les familles. Ces visiteuses étaient les héritières des dames patronnesses, femmes des classes aisées pratiquant la charité. Franchissant les bornes assignées de l'activité domestique, ces dernières exerçaient ce que la société, et souvent leur religion, estimait être un devoir à l'égard des démuni-e-s. Fort nombreuses, elles étaient souvent regroupées en associations nationales comptant plusieurs dizaines, voire centaines de milliers d'adhérentes [Dumons, 2001]. Bien sûr, ces œuvres étaient bénévoles, les femmes privées de droits civils devant de surcroît faire appel aux hommes pour présider leurs associations. Depuis 1893, les communes étaient de plus officiellement tenues au secours de leurs indigent-e-s : tout-e Français-e privé-e de ressources recevait gratuitement, à son domicile ou à l'hôpital, les soins médicaux et pharmaceutiques. Cette loi fut renforcée par celle sur l'hygiène publique de 1902, qui obligeait les communes de plus de 20 000 habitants à créer un bureau d'hygiène gérant toutes les affaires sanitaires : déclaration des maladies contagieuses, opérations de désinfection, surveillance de l'habitat insalubre, adduction d'eau et gestion des eaux usées. La clause sur la déclaration des maladies contagieuses heurtait particulièrement les médecins, qui se disaient tenus par le serment d'Hippocrate, et les infirmières visiteuses furent attachées pour partie à combler ces absences de déclarations [Faure, 1994]. Enfin, la Première Guerre mondiale s'était révélée comme un moment privilégié pour l'expression charitable et l'organisation d'œuvres de secours. Si l'on comptait déjà 500 œuvres philanthropiques dans la capitale à la fin du XIXᵉ siècle, il s'en créa au moins trente-sept autres, comme le Secours national qui distribuait 80 000 repas par jour, le Conseil national des femmes françaises qui mit sur pied des Foyers du soldat et encore l'Office de renseignements aux familles dispersées [Thébaud, 1986-a].

S'entremêlent donc charité privée et secours publics, et les nouvelles infirmières visiteuses vont incarner le rassemblement de ces tâches. Elles sont chargées d'enquêtes pour surveiller l'état sanitaire de la population et poursuivent le travail commencé, pendant la guerre, pour le contrôle des militaires tuberculeux et de leurs familles. De plus, en avril 1916, les dispensaires avaient été chargés de faire l'éducation antituberculeuse et avaient dû s'adjoindre des enquêteurs, moniteurs ou monitrices d'hygiène. Les infirmières visiteuses font ainsi 800 000 visites à domicile en 1928, même si leur nombre est insuffisant : à Lyon, pour neuf dispensaires, on compte trente visiteuses en 1933, puis seulement vingt et une en 1934 ; dans l'Isère, à la même époque, elles sont treize pour l'ensemble du département [Dessertine et Faure, 1988]. Elles sont rémunérées par des services municipaux, départementaux, des dispensaires, des bureaux d'hygiène, des services scolaires, mais encore des services privés, comme les caisses de compensation familiales. En 1937, 2 400 visiteuses sont issues de soixante-sept écoles, où l'enseignement de la législation sociale tient de plus en plus de place : assurances sociales obligatoires avec les lois de 1928 et 1930, allocations familiales, puis Sécurité sociale en 1945. Les assistantes sociales peuvent alors s'attaquer aux autres marques de la misère : le logement insalubre, l'alcoolisme, la délinquance [Knibiehler, 1980, 1984].

L'extension et la diversification des tâches a rendu nécessaire l'élargissement des formations. En 1932 a donc été créé un diplôme d'*assistante sociale*, fort proche de celui de la visiteuse, mais qui ne nécessite plus de passage, même bref, par le cursus des infirmières. En 1938, les formations d'assistantes sociales, d'infirmières visiteuses, soit douze écoles spécifiques[1], ont été fusionnées avec celle des *surintendantes d'usine*, qui délivre un diplôme de service social. À examiner formation et métier des surintendantes, on comprend pourquoi elles ont été versées dans le nouveau corps des assistantes sociales. L'initiative de leur formation avait été impulsée durant la Première Guerre mondiale par le sous-secrétariat à l'Artillerie d'Albert Thomas. Dans le souci de la condition des ouvrières, il avait formé un Comité du travail féminin soutenu par des associations féminines et féministes, comme l'Association pour l'aide aux mères de famille et surtout par Cécile Brunschvicg, présidente de la section du travail du Conseil national des femmes françaises. Le modèle de la surintendante était anglais : là-bas existait la *lady welfare supervisor*, veillant sur la main-d'œuvre féminine dans les usines. L'École des surintendantes créée, les élèves en avaient été sévèrement sélectionnées : pour 2 000 candidatures déposées entre 1917 et 1927, 150 diplômes seulement avaient été délivrés. Fondamentalement, c'était cependant une extension du métier d'infirmière, puisqu'il fallait être titulaire de ce diplôme pour intégrer l'école, et même probablement avoir déjà exercé, puisque l'âge de 24 ans était requis. La formation durait un an (puis

---

1. À côté des formations publiques, il y a des écoles privées : École pratique de service social, fondée par le pasteur Doumergue ; trois autres écoles catholiques : École normale sociale, École de Levallois, École d'action sociale du Moulin-Vert, ouverte par l'abbé Violet [Knibiehler, 1980].

passa à deux en 1928) et fut tout de suite orientée vers la vie des entreprises : droit civil et du travail, économie politique, histoire du travail et du syndicalisme, psychologie, hygiène profession-nelle, médecine. Sans oublier les cours de morale : valeurs fami-liales, exaltation de la souffrance et du sacrifice, et le savoir pratique, avec des stages en entreprises, comme ouvrières. À la fin de la guerre, une cinquantaine de surintendantes avaient été formées, qui avaient en particulier pris en charge les infirmeries, les chambres d'allaitement et les crèches des grandes usines. À la veille de leur fusion avec les assistantes sociales, en 1937, on en comptait 218 [Fourcaut, 1982].

Peu nombreuses, les surintendantes étaient recrutées dans les grandes entreprises comme Peugeot, Michelin, Thomson, mais aussi dans les chemins de fer, les usines textiles et d'ali-mentation. Avec pour mission de s'occuper des femmes, elles pouvaient prendre des responsabilités, en particulier à l'embau-che, épaulant contremaîtres et contremaîtresses : elles sélection-naient des ouvrières qu'elles considéraient comme physiquement et moralement aptes au travail, elles assignaient les postes selon les capacités de chacune et contrôlaient éventuellement les per-formances, sanctionnant les ouvrières lentes ou insuffisamment productives. Elles étaient en fait engagées pour surveiller et résoudre ce que les patrons pensaient comme les besoins spéci-fiques de leur salariées, cette main-d'œuvre souvent nouvelle et indisciplinée, à la santé de laquelle il fallait veiller, spécialement pour les mères. Dans un de ses rapports de stage, une future surintendante notait en 1922 : « L'installation des trieuses est des plus rudimentaires : elle consiste en une table sur laquelle la provision de bouchons est sans cesse renouvelée ; quelques femmes, privilégiées, possèdent des tabourets, d'autres se contentent de caisses plus ou moins confortables. C'est un détail sur lequel une surintendante d'usine fixerait son attention : une ouvrière confortablement installée se fatigue moins et fournit, en conséquence, un rendement plus élevé. […] J'ai vu une jeune femme enceinte rester debout toute la journée. Une surinten-dante d'usine pourrait-elle, dans ce cas, exercer son influence au profit de la future mère ? » [cité par Fourcaut, 1982].

Dans certaines entreprises, qui découvraient, souvent sous la contrainte légale, les services médicaux et sociaux, les surintendantes pouvaient améliorer l'état des ateliers avec l'aération, la ventilation, le chauffage et l'éclairage, la propreté des ateliers et vestiaires. La prévention des accidents du travail complétait cette action : les surintendantes avaient appris les statistiques qui permettaient de déceler les causes des accidents et préconisaient la prévention en poussant à l'installation de dispositifs de sécurité, à la pose d'affiches et à la mobilisation des contremaître-sse-s. Ce domaine était souvent peu exploré, comme le soulignait leur *Bulletin*, en 1924 : « Nombreux sont les patrons qui n'hésitent pas à engager des dépenses importantes pour assurer le bon fonctionnement de leurs machines et qui ne songent pas à surveiller l'état sanitaire de leur personnel » [Omnès, 1998]. Quelle place tenaient-elles dans ces entreprises ? Celle de femmes des groupes sociaux favorisés, hostiles aux revendications ouvrières et au travail des mères, comme le montraient souvent leurs rapports de stage ? Celle des « marraines élues de la paix sociale », comme on le soulignait à l'Académie française, lors de l'attribution du prix de la Vertu à leur association ? Celle de médiatrices lors des conflits, comme en 1936 ? Ont-elles pensé Vichy comme « une divine surprise » ? Les comportements sûrement furent variables : l'une d'entre elles, Berty Albrecht, fit de son ancienne école un des lieux de ralliement des résistant-e-s de la zone nord et le mouvement Combat fut d'ailleurs le premier à posséder un service social [Fourcaut, 1982, Downs, 1993].

Après la Seconde Guerre mondiale, le rôle des assistantes sociales s'inscrit de manière institutionnelle dans le cadre des nouveaux comités d'entreprise, qui comprennent les institutions de prévoyance et d'entraide, les cantines, coopératives, logements, colonies de vacances, et encore les services médicaux et sociaux. Aux usines Berliet, dix assistantes sociales, aidées par du personnel administratif, sont présentes dans ces trois champs ; dans une entreprise qui compte plus de 14 000 salarié-e-s à la fin des années 1950, elles travaillent avec le service médical et le service d'hygiène de l'entreprise, et plusieurs organismes extérieur : les hôpitaux, la Sécurité sociale, les allocations familiales, les services administratifs des préfectures et des mairies, les commissariats de police. Elles assument un certain nombre de tâches récurrentes en matière de consultation des nourrissons-ne-, de visites médicales et participent, avec le comité d'entreprise, aux distributions diverses, comme les layettes, les colis de Noël, les envois aux jeunes appelés ou encore les distributions de charbon aux retraités de l'usine. Leur soutien aux familles est très diversifié, avec par exemple l'aide au logement, en collaboration avec la Sécurité sociale et les caisses d'allocations familiales. Enquêtrices, gestionnaires, médiatrices, elles assument également, aux dires du patron de l'entreprise, un rôle de protection des femmes salariées oubliées ou rejetées par les syndicats [Gallice, 1996]. Les assistantes sociales travaillent aussi dans les administrations et encore dans les centres d'assistance, les mutualités, les œuvres pour l'enfance, ce qui atteste de leurs fonctions sociales générales. Pour des femmes, elles gagnent relativement bien leur vie : en 1930, entre 10 000 et 15 000 francs en début de carrière, de 18 000 à 30 000 francs en fin de carrière pour une surintendante, ce qui correspond aux salaires des inspectrices du travail ; dans les années 1950-1960, chez Berliet, le salaire d'une assistante sociale est de trois fois le SMIC.

Le décret de 1938 avait donc dissocié le diplôme d'État d'infirmière et celui d'assistante du service social, regroupant les anciennes infirmières visiteuses et les surintendantes. Ensuite, la loi du 8 août 1946 a donné un statut officiel au service social et a défini les conditions d'accès au métier. C'est une définitive professionnalisation, des sanctions sont prévues pour punir l'usurpation du titre et l'exercice illégal de la profession. Pour les nombreuses auxiliaires recrutées durant la guerre est prévu un système de « récupération » ouvert à celles qui exercent depuis au moins cinq ans : 10 000 personnes demandent à s'y présenter et l'examen injecte au total 3 300 nouvelles assistantes sociales dans les services. C'est la troisième époque du service social : à l'émergence où le service social s'est détaché du pouvoir religieux (1890-1920) a succédé une phase d'émancipation du pouvoir médical (1920-1950), qui débouche sur la spécificité et la reconnaissance de tâches sociales à part entière [Knibiehler, 1980]. Mais le métier reste féminin. En 1954, on comptait 14 000 assistantes sociales, aujourd'hui 38 000, dont 5 % d'hommes[1].

SAGES-FEMMES

Jusqu'il y a peu, l'accouchement était strictement une affaire de femmes. Dans les campagnes d'Ancien Régime exerçaient les matrones, mais aussi, dans les villes, les premières sages-femmes. Tout comme pour les infirmières, mais longtemps auparavant, le métier avait été défini en creux face à celui du médecin. La loi de 1802 sur l'exercice de la médecine les y intégrait, en définissant leurs pratiques, les limitant aux accouchements simples et interdisant l'usage des instruments (comme les forceps) laissés aux seuls médecins. La loi codifiait aussi la formation obligatoire des sages-femmes, composée d'un cours d'accouchement dans l'hospice le plus fréquenté de chaque département, de deux autres cours au choix et d'un stage. Pour le diplôme, les impétrantes passaient un examen oral sur la théorie et la pratique des accouchements, sur les accidents pouvant les précéder ou les suivre et sur les moyens d'y remédier. Ainsi, à Lyon où les cours étaient donnés depuis 1770, des femmes de 18 ans au moins, sachant lire et écrire, suivaient quatre mois par an et trois ans durant des enseignements dispensés par des sœurs à l'hôpital de la Charité ; les élèves étaient logées chez une sage-femme pour suivre sa pratique ; l'enseignement était gratuit si les élèves s'engageaient à exercer pendant dix ans dans une commune dépourvue de sage-femme [Faure, 1993]. Si, entre 1800 et 1850, 30 000 sages-femmes ont probablement été recrutées, leur installation s'est globalement calquée sur le réseau urbain et les grands axes de circulation ; par la suite, leur implantation a complété celle des médecins,

---

1. L'accès à ce métier ne semble pas avoir jamais été interdit aux hommes.

dont elles remplissaient probablement une partie des rôles : leur formation a d'ailleurs compris l'art de la saignée, de la vaccine et des pansements. Jusqu'au milieu du XIXᵉ siècle, elles sont rares dans les campagnes, où officient toujours des congréganistes et des matrones, souvent dites bonnes-mères. Tenues en grande considération par la communauté, rémunérées par des dons en nature, ces dernières sont des femmes du village, plus expertes que d'autres pour les mises au monde ; elles font probablement encore 50 000 accouchements par an dans un entre-deux-guerres où 500 cantons sur 2 200 n'ont pas de professionnelle. « Femmes qui aident » aux grands moments de la vie sociale, comme les couturières et les cuisinières, elles étaient encore présentes dans les campagnes des années 1960, au grand dam des sages-femmes qui leur reprochaient d'être à demi sorcières, incapables et fort sales [Thébaud, 1986-b ; Faure, 1993 ; Verdier, 1980].

C'est la guerre, à nouveau, qui a modernisé le métier de sage-femme, en le professionnalisant : en 1916, les élèves sages-femmes doivent posséder le certificat ou le brevet, avoir au moins 19 ans, ce qui signifie qu'elles ont eu une activité depuis leur sortie de l'enseignement primaire. Dans des écoles, situées dans chaque faculté de médecine, elles suivent durant deux ans des cours de clinique, de dépistage des états pathologiques, d'obstétrique et de puériculture, de soins des suites de couches, de surveillance des nourrissons, de droit (secret professionnel, déclaration des naissances, des maladies contagieuses). En général, les cours d'accouchement ont lieu sur des mannequins en chiffons, avec une poupée qui simule l'enfant et un coussin pour le placenta. À la faculté, les élèves peuvent aussi suivre des autopsies et des opérations pratiquées par le chirurgien chef [Tucat, 1984]. Les médecins enseignants ont à leur égard des discours bien peu valorisants : « Il est essentiel qu'un homme savant et expérimenté féconde l'urne encore vide de vos cerveaux de ses préceptes puissants », énonce un obstétricien [cité par Thébaud, 1986-b]. « Par tolérance », et aussi par nécessité, les futures sages-femmes ont été initiées aux sutures des épisiotomies, mais n'ont pas le droit d'utiliser des instruments, ni de faire des prescriptions médicamenteuses. Néanmoins, durant les stages dans les maternités et hôpitaux, elles apprennent quand même à appliquer les forceps. À Paris, les formations sont inégales selon les lieux, puisqu'à la faculté de médecine, les élèves ne pratiquent les accouchements que la nuit, quand, le jour, ce sont les jeunes médecins obstétriciens qui s'initient ; l'idée prédomine en effet qu'hommes et femmes ne peuvent se côtoyer dans un lieu où sont examinés les organes génitaux des femmes. Le jeune interne, réputé coureur de jupons, est par ailleurs la hantise du personnel qui encadre les apprenties sages-femmes, dont la moralité est traditionnellement soupçon-née ; le personnel médical ne se fait d'ailleurs pas faute de les nommer les « sages putes » [Tucat, 1984].

Longtemps donc, l'appel au médecin pour les accouche-ments se joue dans des situations spécifiques. Soit dans les familles très aisées, où il est là en renfort d'une sage-femme, éventuellement installée plusieurs semaines durant, et où il intervient pour des forceps ou une césarienne. Soit dans les hôpitaux, où n'accouchent alors que les pauvres et certaines mères célibataires qui ne peuvent rémunérer une sage-femme. Si la première chaire d'obstétrique est créée en 1806, il faut attendre 1882 pour que l'Assistance publique mette en place un corps de médecins accoucheurs. À l'hôpital, l'emprise des médecins s'accroît alors, dans un mouvement de médicalisa-tion sur le long terme qui fait abandonner l'accouchement à domicile ; en 1930, 80 % des femmes accouchent encore chez elles, quand elles ne sont plus que 47 % en 1952 et 5 % en 1968, une proportion qui ne bougera plus guère [Thébaud, 1986-b]. Longtemps parente pauvre de la médecine, en particu-lier à cause de la forte mortalité périnatale et infantile[1], l'obsté-trique acquiert parallèlement ses lettres de noblesse. En 1876, on comptait 10 700 médecins accoucheurs pour 12 800 sages-femmes ; en 1906, ils étaient devenus majoritaires : 18 200 pour 13 000 sages-femmes, et les proportions n'ont fait que croître : 26 000 médecins en 1936, pour 11 200 sages-femmes,

---

1. 140 ‰ en 1919, 20 ‰ en 1960, 5 ‰ aujourd'hui.

à un moment où les lois sur les assurances sociales vont réserver aux premiers les consultations des femmes enceintes. Mais les sages-femmes exercent alors encore nombreuses dans le cadre libéral, soit appelées au domicile des mères, soit les recevant chez elles, où elles ont deux ou trois lits, voire plus [Tucat, 1985, Thébaud, 1986-b].

Dans ce métier, comme pour les infirmières, aucune mobilité professionnelle n'est prévue. Ce n'est que depuis 1982 qu'après huit ans d'exercice dans des services, les sages-femmes peuvent devenir chefs d'unité, c'est-à-dire encadrer d'autres sages-femmes, puis surveillantes après trois ans d'exercice de cet encadrement ; cette réforme leur donne aussi le statut de « profession médicale à compétence limitée » et donc le droit de faire des prescriptions, ordonnances ou arrêts de travail [Chevandier, 1997]. En mars 2001, les 15 000 sages-femmes de France — dont 71 hommes, dits maïeuticiens, admis à concourir depuis 1982 — organisent leur tout premier mouvement collectif, une grève nationale. Outre une revendication sur la revalorisation de leurs rémunérations, elles s'attaquent aux anciennes définitions de leur métier, celles du XIXᵉ siècle, qui les distinguent des médecins, tout en reconnaissant leur « art médical ». Pour parfaire cette reconnaissance, elles demandent et obtiennent une première année d'études commune avec les futur-e-s médecins et dentistes et la reconnaissance de leurs années d'études : bien que leur formation dure quatre ans après le baccalauréat, leur niveau de diplôme n'est classé qu'à bac + 2[1].

Reste que le métier a toujours été décrit par ces femmes comme celui d'une autonomie chargée de responsabilités. L'une d'entre elles dit comment « elle avait décidé de se faire une situation ; j'étais jeune, je me voyais déjà en blouse blanche, un peu médecin » [cité par Dubesset et Zancarini, 1993]. Si l'accouchement est présenté comme un acte naturel, le risque reste omniprésent, même si le savoir-faire est synthétisé dans l'expression « c'est une affaire de main ». Savoir-faire, mais

---

1. *Le Monde*, 21 mars 2001. Pour les salaires : 9 000 francs en début de carrière et 14 500 à l'heure de la retraite. Douze pour cent des sages-femmes seulement exercent de manière libérale.

aussi patience : « Je mettais mon tablier et je me lavais les mains, puis j'examinais la femme ; je lui parlais, il le fallait, ça la rassurait ; et puis j'attendais ; l'accouchement, c'est une question de patience ; c'est pour cela que les médecins ont besoin de nous ; les hommes n'auront jamais assez de patience » [cité par Tucat, 1985]. Tant que la majorité des accouchements se faisait à domicile, la sage-femme emportait dans sa trousse un stéthoscope, deux pinces pour le cordon ombilical, une paire de ciseaux, du désinfectant, de quoi stopper les hémorragies, et, quand même, un forceps dit simple. Naturellement dérangées de jour comme de nuit, ces femmes se déplaçaient au domicile des parturientes, parfois accompagnées d'un gendarme quand les lieux paraissaient peu sûrs ; l'une d'entre elles raconte avoir été, en 1926, la première femme de son quartier à passer son permis de conduire. À la manière de l'instituteur ou du curé, les sages-femmes étaient des personnalités publiques, invitées aux mariages, aux enterrements et parfois à porter les enfants sur les fonts baptismaux. Elles firent aussi longtemps office d'herboristes, de gardes-malades, d'assistantes sociales, d'infirmières, de masseuses et, bien qu'elles le nient avec force, d'avorteuses, toutes fonctions qui leur permettaient de compléter leurs revenus [Tucat, 1981, 1985 ; Dubesset et Zancarini, 1993].

Les enfants mis au monde, d'autres femmes prennent le relais des mères qui le désirent ou qui y sont contraintes, les nourrices, mais aussi les enseignantes des classes maternelles.

MAÎTRESSES DES JEUNES ENFANTS

La question de la garde des jeunes enfants n'est naturellement pas nouvelle et le XIXe siècle déjà connaissait cette question des mères travailleuses, soutenues par des institutions diverses, relevant de la charité privée ou des communes, garderies, crèches, salles d'asile ou jardins d'enfants rebaptisés écoles maternelles sous la Troisième République.

Encore mal connues, les *garderies* sont partout. Dans les années 1850, on en dénombre 34 sur l'île de Ré où les mères sont accaparées par les occupations dérivées de la pêche, 45 à Boulogne-sur-Mer, mais 167, bien plus, à Lille. Les gardiennes sont souvent des femmes âgées, qui complètent ainsi leurs revenus ; à Boulogne, une inspectrice déplore que « l'on garde les enfants en vendant de la morue et des pommes de terre » [cité par Luc, 1996]. Elles reçoivent les enfants à toute heure et toute l'année, sans formalité. Peu coûteuses pour les parents, elles sont subventionnées par les associations caritatives et les mairies [Luc, 1996 ; 1997]. À Lille, dans les années 1860, Wallaert-Descamps fonde ainsi une garderie pour une douzaine d'enfants, près de l'usine de son mari, à Wazemmes. Elle décide ensuite de créer un réseau de crèches dans la ville, recueille des fonds pour la construction des locaux, sollicite l'attribution d'un terrain par le conseil municipal et organise un comité de femmes pour l'assister : en 1879, ses quatre crèches sont dirigées par des religieuses [Smith, 1989].

Plusieurs dizaines de lieux de garde par ville : c'est bien plus que dans la seconde moitié du xxᵉ siècle. Ainsi, aux lendemains de la Seconde Guerre mondiale, quand plus de 800 000 femmes travaillent, on compte à peine 102 crèches accueillant 3 150 enfants. À certain-e-s cela paraît largement suffisant et l'hebdomadaire *Marie-France*, pourtant assez vindicatif sur la défense de la condition féminine, fait surgir l'épouvantail soviétique en assurant que « les vraies mamans de chez nous s'étonneront toujours de cette façon qu'on a, là-bas, de confier ou d'abandonner des millions d'enfants aux crèches de l'État » [cité par Chaperon, 2000]. Ce n'est bien sûr pas la crainte du collectivisme, mais bien une manière de bloquer les jeunes mères chez elles qui fait que, par exemple dans le Nord très industrialisé, le IVᵉ Plan ne prévoyait que la construction d'une seule crèche, de vingt-cinq places. En 1980, il y avait en tout et pour tout 64 000 places de crèche pour l'ensemble du territoire, soit 6,3 places pour cent enfants, avec de très fortes disparités régionales : 18,9 places en Île-de-France, 3,4 dans le Nord-Pas-de-Calais, décidément parent pauvre [Le Corre, 1999]. Le personnel y est

par contre professionnalisé : en 1947 avaient été créés les diplômes d'infirmières puéricultrices et d'auxiliaires puéricultrices,
ces dernières étant confinées le plus souvent dans les tâches
d'entretien des enfants et des locaux ; entre les deux, la jardinière d'enfants a été sémantiquement remplacée, en 1973, par
l'éducateur du jeune enfant, un diplôme mixte à bac + 2,
d'ailleurs directement décliné au masculin, pour un personnel à
99,7 % féminin. Si c'est seulement en 1969 qu'avait été menée la
première enquête sur la garde des enfants des femmes au travail, en dehors des périodes d'élections municipales qui réacti-
vent la question, les désirs des parents sur les modes de garde
sont fort mal connus, tout comme manque une réflexion de
fond sur le taux d'activité des mères, carence qui autorise toutes
les manœuvres dilatoires.

Au XIXe siècle, la distinction n'était pas toujours nette entre
ces garderies et *les salles d'asile*, futures écoles maternelles, dont
la première fut créée à Paris en 1826. Cinq ans plus tard, la circulaire d'application de la loi Guizot sur l'enseignement primaire demandait aux préfets de propager ces écoles, « les plus
élémentaires de toutes », et, dès 1836, elles furent financées par
les municipalités et placées sous la tutelle de l'État, qui en nom-
mait les inspecteurs et les inspectrices. Elles n'avaient pourtant
rien d'obligatoire et restaient très liées au bon vouloir des
communes. Des dames patronnesses contrôlaient l'état des
enfants et des locaux, distribuaient vêtements et nourriture,
offraient meubles, fourneaux et lavabos, passaient en moyenne
cinq fois par mois dans les établissements et s'autorisaient visites aux familles et avertissements quand les enfants n'étaient
pas dans un état qui leur convenait. Les maîtresses de ces salles
d'asile étaient des congréganistes, mais aussi des femmes laïques
et, un temps, des hommes : en 1836, une circulaire demandait
de veiller sur les enfants avec « une paternelle sollicitude » et
des maîtres d'école ou des militaires démobilisés encadraient
les enfants, prenant même la tête des établissements [Luc,
1997]. Mais cela ne dura pas. L'année suivante, une circulaire
obligea à la présence d'une femme dans l'établissement et en
1855 un décret interdit la présence d'hommes dans les salles

d'asile. Certes, ils n'étaient guère nombreux, 2 % des effectifs. Mais là n'est pas la question. En ce milieu de XIXe siècle, juste au moment où les femmes d'industriels quittent leurs entreprises, la société est bien en pleine élaboration des rôles sociaux et professionnels sexués, créant, y compris par la loi, des métiers strictement dévolus aux femmes.

Le statut de ces maîtresses le dit d'ailleurs clairement. D'abord, contrairement aux enseignant-e-s des écoles primaires, elles doivent assumer de très larges horaires d'ouverture, dix heures en hiver, douze en été, lorsque les journées des parents se font plus longues. Ensuite, elles ont moins de congés, leurs grandes vacances sont de six semaines au lieu de huit. Sans compter l'ingratitude des conditions d'exercice, les enfants pouvant être de quatre-vingts à cent par classe. Elles sont logées, mais leurs salaires sont prélevés sur le prix de la journée et plus bas que dans le primaire : 250 francs par an contre 400. Il est vrai que leur certificat d'aptitude passe pour moins difficile que celui des institutrices et est préparé jusqu'en 1882 dans une école spéciale, l'École maternelle normale créée à Paris en 1848 ; les élèves peuvent aussi y obtenir le certificat d'aptitude qui permet d'accéder aux fonctions de directrice.

Par ailleurs, les congrégations se font là de plus en plus nombreuses et quatre communautés — Filles de la Charité, Filles de la Sagesse, Filles de la Charité de Nevers, Filles de la Providence de Portieux — tiennent à elles seules le cinquième des établissements. Pour ce métier réservé aux femmes parce qu'il est jugé proche de la maternité, certains récuseraient bien les sœurs, comme Cochin qui en appelle comme toujours au biologique : « Je préférerais des mères pour l'enfance et non des sœurs ; je ne crois pas que la virginité soit une bonne condition pour exercer les devoirs de la maternité » [cité par Luc, 1997]. Pourtant, de 50 % en 1850, les religieuses passent à 70 % en 1881, soit 5 200 contre 2 300 laïques. Alors, les 5 000 salles d'asile du territoire regroupent 560 000 enfants, soit le cinquième des 2-4 ans. Mais la carte de leur répartition ne correspond pas à une préscolarisation : la moitié des enfants sont rassemblés dans 10 % des communes, avec une concentration maximale dans les grandes villes industrieuses ; interrogées lors d'une enquête partielle en 1889, 60 % des mères déclarent une activité professionnelle [Luc, 1996, 1997]. Conçus en principe pour l'éducation physique, morale et intellectuelle des enfants des classes populaires, ces établissements sont bien sûr aussi liés au travail des mères, par exemple aux champs ; à Clermont-Ferrand, celles-ci demandent que les préaux soient ouverts pendant les vacances quand la cueillette des fruits et les vendanges les retiennent au loin, et dans une commune voisine un service de promenades est organisé le dimanche. Quant à la localisation, toutes les salles d'asile de Clermont-Ferrand sont dans les quartiers ouvriers [Hannequin, 1995].

L'école de Jules Ferry introduit des changements. Sémantique d'abord, en transformant la salle d'asile, vocabulaire qui connote pauvreté et charité, en *école maternelle*, sûre référence à la maternité. Quantitatif ensuite, car, dès 1880, une circulaire demande, là où les salles d'asile n'existent pas, d'adjoindre au primaire élémentaire une classe enfantine pour les enfants de 3 à 6 ans ; il est notable qu'en général cette classe est créée dans les locaux des écoles de filles. Qualitatif enfin, puisque dans le train de lois de 1881-1882, les nouvelles écoles maternelles sont limitées à 150 élèves répartis en deux sections d'âge, éventuellement partagées en sous-groupes. À partir de 1887, l'enseignante y est aidée par une femme de service. Ces écoles maternelles, comme les salles d'asile, sont ouvertes de 7 à 19 heures pendant la belle saison et de 8 à 18 heures en hiver ; il faut attendre 1921 pour que les horaires s'alignent sur ceux du primaire et que les mairies prennent en charge un service facultatif de garderie, le matin et le soir. Pour les maîtresses, elles deviennent institutrices, obtiennent un mois de congé annuel, un traitement minimum garanti par le département, qui n'égale toujours pas le salaire des institutrices du primaire, sur lequel elles ne seront alignées qu'en 1914. Elles sont pourtant formées dans les mêmes lieux, les écoles normales d'institutrices [Luc, 1997]. Dépense obligée pour les communes de plus de 2 000 habitants, ces classes sont gratuites, mais non obligatoires. Il n'empêche que les municipalités les soutiennent d'autant mieux qu'elles voient là un sûr moyen de concurrencer non seulement les écoles maternelles privées, surtout religieuses, mais encore de conforter les écoles primaires, en créant tôt des habitudes de fréquentation [Thivend, 1999]. Cependant, pour les petites communes, les classes enfantines publiques ne s'adressent qu'aux 4-6 ans, ce qui marque une nette distorsion. S'enracine donc alors, il y a largement plus de cent ans, le fait que l'État pourvoie obligatoirement à l'enseignement des enfants à partir de 4 ans et pas avant, avec l'idée que jusque-là, sans doute, leur mère doit soit s'en charger et ne pas travailler, soit les confier à une nourrice ou à une crèche, payantes.

Alourdi par les représentations sociales et par ce passé, l'enseignement en écoles maternelles reste aujourd'hui très majoritairement le fait des femmes, les hommes n'y sont que 4,3 %. Par ailleurs, son élargissement tout au long du XXe siècle, par l'ouverture de classes de maternelle qui augmente donc le nombre d'enseignantes, biaise bien des statistiques, en particulier celles qui concernent la féminisation de l'enseignement primaire : en 1880, ce taux est de 55 %, puis de 59 % en 1914 ; en 1932, il grimpe à 66 % pour rester stable durant vingt ans ; il monte ensuite lentement pour atteindre 76 % en 1975 et n'en plus guère bouger. Or, bien plus que d'une désertion des hommes de ce secteur d'emploi, ces chiffres ont deux autres causes : d'une part l'extension du préélémentaire, uniquement féminin donc, et d'autre part la suppression des classes de fin d'études quand la réforme Haby de 1975 installe le collège unique ; classes valorisantes pour les enseignant-e-s, elles étaient majoritairement détenues par des hommes qui iront poursuivre leur carrière dans le premier cycle du secondaire avec le statut de professeurs d'enseignement général des collèges (PEGC).

Ces divers métiers des soins présentent des traits qui en font comme une quintessence de l'histoire du travail féminin. D'abord, leurs caractéristiques sont soigneusement élaborées dans l'application exemplaire des vertus décrétées féminines et innées : douceur, patience, sympathie pour la souffrance ou la maladie d'autrui. Ensuite, ces travaux délégués aux religieuses ou aux dames d'œuvres sont longtemps exemptés de toute rémunération, exactement comme le travail domestique, duquel, d'ailleurs, ils se rapprochent fort. Professionnalisés, ils sont sévèrement réglementés et tout spécialement dans leur assujettissement à l'égard des métiers masculins, en particulier les médecins. Enfin, ces métiers féminins et inscrits dans la dépendance sont de faible attrait pour les hommes : 10 % d'infirmiers, 5 % de maîtres du préélémentaire, 0,7 % de maïeuticiens. Faudra-t-il attendre la parité dans les autres métiers, en particulier ceux de responsabilité élevée, attendre que les femmes aient fait leurs preuves professionnelles dans tous les registres pour que les hommes consentent à investir ces métiers-là ?

Chapitre VI

SERVIR LES MACHINES

Puisque nulle voix ne s'élève pour renvoyer à leurs enfants les paysannes, les commerçantes, ce n'est donc pas le travail des femmes, ni même celui des mères qui organise les résistances de la société. Le fond du problème est bien dans l'extension du travail salarié à l'extérieur de chez soi et contre un salaire, qui émancipe potentiellement du conjoint. Plus que toutes les autres, les ouvrières des usines ont cristallisé ces craintes. Puis, peu à peu, les femmes ont été installées, attelées aux machines, aux travaux imposés par la mécanisation et l'organisation scientifique du travail. Et pas seulement ceux de l'usine, mais aussi ceux induits par l'évolution technique et industrielle, comme les machines à écrire, les standards téléphoniques et télégraphiques, les caisses enregistreuses... Des femmes et des machines ? Certainement, à condition que le travail y soit monotone, mais précis, peu qualifié et peu payé. L'assignation est ici encore évidente, quoi que, dès que la maîtrise de la langue n'est plus en cause, les femmes partagent ces métiers avec les travailleurs immigrés. Ce sont les hommes natifs qui en sont dispensés,

195

nichés qu'ils sont dans d'autres métiers des machines, qualifiés, interdits aux femmes, qui n'en peuvent suivre les formations : tourneurs, outilleurs, régleurs, ajusteurs, mécaniciens, conducteurs de trains… Si les lieux de travail apparaissent mixtes, les métiers, en revanche, ne le sont pas.

LES MACHINES DE L'USINE

Fileuses, couturières, ouvrières des usines de tabac ou des brasseries : les femmes n'ont pas attendu le temps de l'industrialisation galopante pour travailler contre des salaires. Mais l'extension des usines, leur accroissement en taille, leurs salaires strictement calculés, à la pièce, à l'heure ou à la journée, tout comme leurs horaires ponctués par les sifflets ou les sirènes vont enclencher les questionnements sur la légitimité de ce travail féminin. Ainsi, désormais, les femmes devraient, en nombre, sortir de chez elles pour accomplir des travaux dans des lieux mixtes et sans la surveillance de leurs maris, accomplir des tâches de jour comme de nuit, comme les hommes et pour des rémunérations normées ? On commence alors à discuter de l'opportunité de leur présence, dénonçant tout ce que ces métiers sont supposés véhiculer de promiscuité, de difficultés pour les femmes et, surtout, pour leur foyer : comment donc pouvoir cumuler activité lisiblement productive et activité reproductrice ? Comment donc protéger la vertu de femmes sûrement incapables de se défendre seules ? On se demande quelles sortes de travaux sont convenables pour une femme, quelle influence aura sur ses capacités de mère de famille le fait de travailler contre de l'argent, toutes interrogations restées invisibles dans les métiers organisés dans le salaire familial [Scott, 1991]. Dans ces questions s'organisent les pôles qui aujourd'hui encore fondent les débats sur la légitimité du travail des femmes — foyer/travail, maternité/salariat, féminité/productivité — avec les dérives connues, comme celle de Michelet, « ouvrière, mot impie », ou de Jules Simon, « une femme qui se met à travailler n'est plus une femme ». Pourtant, le début du XIXe siècle avait entrevu l'inévitable contribution des femmes, tout en nommant une future division du travail : « Par des instructions sagement combinées, on peut répandre chez le sexe faible des connaissances et des talents qui créeront la concurrence la plus avantageuse entre le travail de l'homme et celui de la femme » [1827, cité par Rebérioux, 1980].

La grande usine

Les ouvrières sont partout, mais dans les métiers peu ou pas qualifiés. Leur assignation s'y réalise en particulier aux moments de modernisation des différentes branches industrielles, comme les industries textiles qui intègrent la vapeur dès le XVIIIe siècle, puis toutes les autres qui, avec l'extension de l'électricité et la maîtrise des métaux composés autorisant de grandes vitesses de travail pour les machines, se mécanisent et se rationalisent à partir de la fin du XIXe siècle [Caron, 1997]. Les femmes deviennent alors les servantes interchangeables des machines, dans des tâches décomposées et simplifiées, répétitives et monotones. Au début du XXe siècle, 38 % des femmes actives recensées sont ouvrières dans des usines, grandes comme petites, ces dernières étant dominantes dans l'alimentation, la confection et les cuirs et peaux, secteurs d'emploi très féminisés. Alors, le quart des femmes salariées travaillent dans le textile, quand elles y étaient encore plus nombreuses au siècle précédent.

Les premières grandes entreprises sont celles des filatures de laine comme de coton. À la navette, lancée manuellement sur son métier par le travailleur ou la travailleuse à domicile, se substituent les métiers mécaniques mus par de nouvelles énergies, la machine à vapeur, puis l'électricité dans le troisième quart du XIXe siècle. Ces nouvelles forces motrices permettent, et même obligent, l'installation de nombreuses machines sous un toit unique : le grand atelier est né, qui demande les compétences des unes et des autres. Aux hommes, la préparation, l'entretien, la réparation des métiers, aux femmes — et, un

197

temps, aux enfants souples et agiles — la place devant les métiers, le rattachement, par mille contorsions, des fils qui cassent, la surveillance des bruyantes navettes et le pliage des tissus. Dans le peignage des laines, à Roubaix, la mécanisation entraîne ainsi la grande usine, peuplée d'une main-d'œuvre peu qualifiée. Autrefois affaire des peigneurs, ouvriers formés, le peignage se mécanise au milieu du XIXe siècle et s'organise dans de très grandes unités qui regroupent entre 1 200 et 1 800 salarié-e-s, le plus souvent des ouvrières, qui lavent la laine reçue brute, la trient, la travaillent et la filent. Le triage est le seul métier qualifié. L'atmosphère des ateliers est évidemment délétère et la tuberculose particulièrement fréquente [Marty, 1982].

Dans l'indiennage, l'impression des tissus de coton, les femmes peuvent bien avoir des postes — pinceleuses ou pinceauteuses, picoteuses — nommés pour la commodité des embauches et l'établissement des salaires, leurs rémunérations ne peuvent se comparer qu'avec celles des hommes simples manœuvres. Le pinceautage est une des phases manuelles du processus d'impression des tissus pour certaines couleurs, comme le bleu indigo ; celui-ci, appliqué au pinceau, contient du sulfure d'arsenic et beaucoup de chaux. Le travail ne requiert pas de qualification particulière, il est juste long, minutieux, toxique et n'est effectué que par des femmes. Il mobilise entre 25 et 40 % de la main-d'œuvre et certains établissements regroupent plusieurs centaines de pinceauteuses. L'invention du rouleau à imprimer et surtout la découverte de nouvelles formules pour les couleurs suppriment les pinceauteuses. Quand le rouleau se substitue à la planche, les femmes n'y sont pas initiées, au motif que leur force physique ne les y autorise pas. Mais au rentrage, si : les rentreuses passent après les imprimeurs, lors de l'impression du tissu ; eux passent sur la toile la première planche d'impression, elles, les suivantes. Le métier nécessite trois ans d'apprentissage, mais elles ne gagnent pas les mêmes salaires que les imprimeurs [Gaspard, 1976, 1986]. Le début du XIXe siècle avait, un moment, conservé trace de femmes très qualifiées, « imprimeurs » et « graveurs », à Rouen, Mulhouse ou Puteaux. Filles de graveurs, elles avaient probablement été formées par leurs pères et étaient assez nombreuses : sur environ 300 imprimeurs recensés alors en France, elles étaient une soixantaine ; à Claye, dans les années 1850, un patron semblait même les préférer, puisque sur les neuf graveurs qu'il employait, elles étaient six [Chassagne, 2001].

La mécanisation de la fabrication des tissus, doublée de la peur de révoltes ouvrières urbaines illustrées par celles des ouvrières et ouvriers lyonnais-e-s des années 1830, et renforcée par la crainte des promiscuités des grands ateliers mixtes, conduisent d'ailleurs à un mode de production fort apparenté à l'enfermement, les usines-couvents. La plus ancienne, créée en 1835, l'est à Jujurieux, dans l'Ain, peu après, justement, les révoltes des canut-e-s ; c'est le plus gros internat de France, il perdure jusqu'en 1914, employant 1 800 jeunes filles de 10 à 21 ans. Recrutées dans les campagnes environnantes, elles sont internes à la semaine ou au mois ; l'encadrement est assuré par des religieuses et certaines congrégations naissent même de ce besoin, comme le Saint-Cœur de Jésus et Marie, dont la règle est conçue pour s'adapter aux exigences des ateliers. À leur arrivée, les jeunes ouvrières ne reçoivent même pas de salaire, leurs familles se contentant du logement et de la nourriture le temps de leur apprentissage. Pour éviter le turn-over, les contrats spécifient que le départ volontaire ou par renvoi fait perdre tous les gages de l'année. Et le règlement précise que, toute la semaine de travail, il est interdit de parler à l'atelier, au réfectoire et au dortoir. Restent les récréations, où l'on ne peut cependant ni courir, ni crier. Elles ne sont d'ailleurs pas longues : lever 5 heures, prière, café. Travail : 6 heures à 8 heures 30. Repos et soupe : 8 heures 30 à 9 heures. Travail : 9 à 12 heures. Déjeuner : 12 heures à 12 heures 30. Récréation : 12 heures 30 à 13 heures. Travail : 13 à 16 heures. Repos, goûter : 16 heures à 16 heures 30. Travail : 16 heures 30 à 19 heures 30. Souper : 19 heures à 19 heures 30. Récréation : 19 heures 30 à 19 heures 45. Enfin, prières et coucher. Voilà l'emploi du temps à Jujurieux [Vanoli, 1976]. Ailleurs, ce n'est guère mieux, avec les lourds horaires et les mauvaises conditions de logement : « La journée allait de cinq heures du matin à huit heures du soir avec deux repos d'une heure chacun pour les repas. […] On servait la soupe matin et soir, mais quelle soupe ! Les chiens refusaient de la manger tant elle était mauvaise. Les lits étaient faits de quatre planches clouées ensemble, un sac de copeaux comme matelas, à peine de couverture, des draps presque jamais lavés. Le dortoir : un grenier non plafonné » [Bouvier, 1983]. En 1906, le nombre de filles ainsi enfermées s'élèverait à 100 000.

Spécialement nombreux dans le Rhône, la Drôme, l'Isère, l'Ardèche et la Loire, ces internats existent encore dans l'entre-deux-guerres, dans une cinquantaine d'établissements regroupant chacun entre dix et cent ouvrières. Pour celles qui habitent dans un rayon de moins de quinze kilomètres, elles repartent le samedi soir dans leurs familles, les autres restent là le dimanche : « Les ouvrières ont généralement une cour et une salle pour se reposer le soir et quelquefois des livres, un phonographe, voire même un cinéma. La discipline est assez large, l'heure du lever facultative : il suffit que l'ouvrière soit exacte à l'usine ; le soir, l'heure de rentrée est à 9 heures et l'extinction des feux à 10 heures au plus tard. Tantôt le dortoir commun a été divisé en boxes, tantôt il a fait place à des chambres à deux ou quatre lits ; il y a des chauffages à vapeur, le morne réfectoire s'égaie avec des carreaux de faïence du plus riant effet », note une inspectrice du travail en 1925[1]. Dans Lyon même, à l'internat de la Croix-Rousse, 240 pensionnaires s'entassent dans des dortoirs de soixante-quinze lits, surveillées par une religieuse qui a une cellule « avec guichet » et qui les encadre le dimanche pour la promenade. De fait, ces internats disparaissent avec l'extension des ramassages en autocar, qui drainent la main-d'œuvre à plusieurs dizaines de kilomètres à la ronde, tout comme dans les autres secteurs industriels.

---

1. Marguerite Borrély, inspectrice du travail, note du 28 janvier 1925 sur les internats industriels dans la vallée du Rhône. L'inspectrice demande la publication de son enquête au *Bulletin du ministère du Travail* : en marge, rajoutée au crayon, une mention : « M. Piquemard demande de ne pas publier » (Archives nationales, F22 558).

La rationalisation du travail

Souvent utilisé pour écarter les femmes de certains travaux qualifiés, l'argument de leur moindre vigueur physique est une des clefs de la mécanisation des usines durant la Première Guerre mondiale. Articulée dans la rénovation de l'appareil productif, cette modernisation entraîne une meilleure productivité du travail. Quand la mobilisation a disloqué le marché du travail et que les besoins d'armement ont crû, l'État a légiféré, imposant l'emploi de femmes dans des industries mécaniques jusque-là très masculines. Il est alors devenu interdit d'employer des hommes à certains postes, comme la conduite des presses hydrauliques et des ponts roulants électriques, le noyautage et moulage des petites pièces, l'emboutissage, le contrôle... [Omnès, 1997]. Ce faisant, l'État encourageait la modernisation de la production, consentant des avances financières sur les contrats pour l'accélérer. Les industriels ont eu pour consigne d'alléger les tâches des femmes et, si possible, à partir de 1916, de rémunérer un travail égal par un salaire égal. Il n'empêche qu'une circulaire du socialiste Albert Thomas ajoutait qu'il était normal de « déduire du salaire [des ouvrières] le coût de revient de toutes les nouvelles modifications de l'outillage, de l'organisation du travail, de la surveillance, et, de façon générale, la part des frais supplémentaires entraînée par la substitution de la main-d'œuvre féminine à la main-d'œuvre masculine » [cité par Thébaud, 1986].

La Première Guerre mondiale a ainsi accéléré un mouvement déjà amorcé et permis aux entrepreneurs de penser la division du travail, y compris dans ces industries mécaniques, traditionnel secteur d'emploi d'une main-d'œuvre masculine et formée. Le trouble suscité par l'emploi des femmes dans les usines est donc à la fois celui de la préoccupation nataliste face aux très difficiles conditions de travail de ces mères — et futures mères —, mais aussi le reflet du malaise suscité par les modifications de la division sexuelle du travail [Downs, 1999]. La guerre achevée, la mécanisation et la rationalisation du travail

201

s'étendent à de nombreuses branches industrielles, par souci d'augmenter la productivité mais aussi pour faire face aux ravages de la guerre : « Nous sommes maintenant obligés, et nous le serons de plus en plus, de faire appel à la main-d'œuvre féminine. Nous manquons de bras », se justifie un directeur [1922, cité par Downs, 1993]. Alors se renforce la connexion rationalisation/travail féminin, le lien entre ouvrière et travail à la tâche. On s'appuie sur des spécificités désormais associées au travail féminin : dextérité, minutie, rapidité, patience, toutes qualités expressément énoncées comme caractéristiques du sexe, pour ainsi dire innées. Or, il ne s'agit bien là que d'acquis, en particulier dans les apprentissages de la couture, imposés aux filles dès leur plus jeune âge. Les références au travail domestique — « il reste de la ménagère dans la tourneuse d'obus, les femmes font de la métallurgie comme elles font du tricot » [cité par Downs, 1993] —, la naturalisation des qualités jouent donc un grand rôle pour redessiner les frontières du travail rationalisé. Plus encore, des caractéristiques induites par la condition sociale des femmes sont mises en avant : moralement dépendantes, les femmes ont besoin d'être techniquement guidées et commandées, elles n'ont ni initiative, ni autorité.

Ces spécificités féminines identifiées, la répartition des tâches entre les sexes se construit de manière structurellement inégale. Contrairement aux ouvriers, les ouvrières ne sont pas définies par leur production, mais par leurs gestes : soin, régularité, vigilance, acuité visuelle, rapidité et délicatesse des doigts, c'est à elles, et elles seules, que doivent revenir les tâches répétitives générées par le machinisme et l'organisation scientifique du travail. Les femmes prennent globalement la place dépendante autrefois attribuée aux adolescents apprentis. Dans les trois grands domaines de l'atelier — travail déqualifié, semi qualifié, qualifié — les ouvrières sont alors associées au premier, et exclues du troisième. Pour le travail semi qualifié, intermédiaire, qui regroupe les travaux de confection des pièces sur les machines-outils et ceux d'assemblage des pièces sur la chaîne, le métier appris n'est plus, avec la mécanisation, la base du travail. Comme les femmes y étaient nombreuses pendant la guerre et y réussissaient bien, l'arbitrage patronal en exclut les hommes, qui se répartissent dans les autres emplois — conception et réparation des machines, fabrication des outils, chronométrage des tâches... — et l'encadrement, des chefs d'équipe aux contremaîtres. On a désormais d'un côté l'ouvrière décervelée aussi précise qu'une machine — « nous mettons un cerveau dans la machine avant que les femmes commencent » — et de l'autre l'ouvrier plein d'initiatives, trop créatif pour supporter des mouvements uniquement répétitifs [Downs, 1999].

Bien sûr, les travaux qualifiés sont les mieux payés et, dans un premier temps, il n'est guère facile d'en écarter ces femmes qui en ont acquis les compétences durant le conflit, initiées qu'elles ont été, par la force des choses, aux travaux d'outillage sur les fraises, les machines à affûter ou à rectifier. Les conventions collectives de 1917 en avaient d'ailleurs pris acte : décolleteuses, polisseuses, soudeuses, vernisseuses, tapissières, bobineuses, ces ouvrières furent alors classées dans la catégorie des professionnelles, puisque, disait la convention, « elles ont subi avec succès les mêmes essais que les ouvriers professionnels des mêmes spécialités ». Cette promotion a une première limite, celle du nombre : pour six rubriques professionnelles féminines, on en compte cinquante masculines. Deuxième limite, la formation : la qualification ne peut s'acquérir que sur le tas, aucune formation professionnelle n'est envisagée pour ces femmes. Troisième limite, la durée : dès 1926, la référence aux professionnelles disparaît des classifications, elles sont toutes ravalées au rang de manœuvres spécialisées [Omnès, 1991, 1997]. Lors des conventions collectives signées dans les Industries métallurgiques et minières en 1936, les salaires les plus revalorisés sont ceux des femmes : 30 % d'augmentation pour les manœuvres sur machines, désormais dénommée-s ouvrier-ère-s spécialisé-e-s, OS. Entre hommes et femmes OS, les différences moyennes des rémunérations ne sont plus que de 15 %. Alors, les discours changent : dans l'automobile et l'aviation, les patrons déclarent qu'ils n'ont pas intérêt à employer des femmes, tant elles manquent de régularité et d'habileté dans le travail [Omnès, 1997].

Les industries mécaniques sont sans doute celles qui se recomposent le plus rapidement d'une guerre à l'autre : armement, mais aussi automobile, optique, constructions électriques, avec le développement des téléphones, radios, aspirateurs ou fers à repasser, dont la croissance sera exponentielle à partir des années 1960. De 10 000 en 1906, les femmes y passent à 40 000 en 1921, 54 000 en 1936, soit 17 % de la main-d'œuvre. Mais ce n'est que la partie émergée, la plus visible parce que la plus lisible, du travail déqualifié des femmes. Ailleurs, leur place est acquise dans des tâches tout aussi simples et simplifiées. Dans l'industrie chimique, 29 % de la main-d'œuvre en 1906, elles sont 32 % en 1954. Les produits en sont variés : textiles synthétiques, produits pharmaceutiques, produits cinématographiques, pneus et autres. Chez Gillet, où on fabrique des textiles synthétiques dans d'éprouvantes conditions, en 1931, sur 1 100 salarié-e-s, il y a 407 femmes : 368 sont ouvrières, dont 313 étrangères, Italiennes, Espagnoles, Russes, Hongroises, Polonaises pour des travaux difficiles et dangereux de manipulation de produits chimiques toxiques[1].

Dans les produits pharmaceutiques, en 1906, les femmes représentent 20 % de la main-d'œuvre ouvrière et leur effectif s'accroît ensuite de façon importante, avec 58 % en 1926, 63 % en 1936. Ces chiffres révèlent le faible niveau de qualification requis pour les opérations de fabrication, corollaire ici du faible degré de mécanisation et de la petite taille des entreprises. Beaucoup d'opérations restent manuelles, comme les mélanges et le passage au tamis, et surtout le conditionnement : remplissage des ampoules, des flacons, pliage et remplissage des boîtes en carton, opérations qui restent encore telles quelles dans certaines entreprises au début des années 1970 [Chauveau, 1999].

Au fil des décennies, mais bien lentement dans les petites entreprises, l'équipement en appareils de levage, en ponts roulants puis en robots supprime cependant quantité de métiers dévolus aux femmes, comme c'était le cas dans cette sucrerie

---

1. Chiffres d'après le recensement des rues de la cité Gillet, ce qui ne présume pas forcément de la répartition de l'ensemble de la main-d'œuvre de l'entreprise.

des années 1930, où « comme approvisionneuse, il s'agissait d'un travail extrêmement pénible, avec manutention de hauts et très lourds chariots, remplis de plaques de sucre, qu'il fallait acheminer vers des machines à scier, sur des rails tout empoissés de sucre ; comme scieuse et casseuse, la manutention des plaques de sucre vers les scies et le couteau-casseur se faisait avec les mains, les doigts étendus au maximum, chaque plaque pesant entre 600 et 700 grammes ; le soir nos mains étaient enflées et raidies au point que je ne pouvais plus ni écrire, ni coudre » [cité par Knibiehler, 1980].

Malgré des taxinomies variées, les femmes sont bel et bien cantonnées, pour au moins 70 % d'entre elles, dans des métiers non qualifiés. En réchappent pour partie les femmes qui ont pu suivre des formations dans les métiers autorisés, en particulier ceux, bien connus et toujours brandis, de la couture. Pour une petite moitié des ouvrières de la Seine du XXᵉ siècle qui ont suivi un apprentissage, plus de 60 % l'ont fait dans les professions du vêtement, 8,5 % dans la teinturerie ; quelques-unes parmi elles gravissent tous les échelons des maisons de mode : apprêteuse, première apprêteuse, deuxième d'atelier, directrice d'apprêt, première d'atelier et, éventuellement, cadre. Il en va de même pour des métiers du cuir [Omnès, 1998].

Les gestes du travail

Des gestes du travail accomplis par les femmes, nous avons généralement des images statiques, des vues d'ateliers, parfois des films, qui restent rares tant la propension est forte d'associer aux machines non pas les femmes, mais les hommes. En tout état de cause, les montages cinématographiques sont de brèves séquences, qui ne restituent ni l'environnement, en particulier le bruit ou les odeurs, ni le temps, l'extrême dilution du temps sur la journée, l'année, la vie. Une future surintendante, ouvrière chez Renault, le note avec effroi : « On reste saisie quand l'on songe que, durant des années, des vies entières, elles vont faire les mêmes gestes […]. C'est une des plus pénibles impressions de la vie d'usine : être vissée à une place sans pouvoir en bouger durant huit heures, faisant des gestes absolument dénués d'intérêt, mais sur lesquels cependant il faut concentrer son attention pour qu'ils ne soient pas mal faits » [1920, cité par Fourcaut, 1982]. Simone Weil, normalienne et professeur de philosophie, militante proche des syndicalistes révolutionnaires, établie en 1934 dans des usines mécaniques de la région parisienne, dit comment « la révolte est impossible, sauf par éclairs (je veux dire même à titre de sentiment). D'abord, contre quoi ? On est seul avec son travail, on ne pourrait se révolter que contre lui — or travailler avec irritation, ce serait mal travailler, donc crever de faim. On est comme les chevaux qui se blessent eux-mêmes dès qu'ils tirent le mors — et on se courbe. On perd même conscience de cette situation, on la subit, c'est tout » [Weil, 1951].

Les industries textiles sont un gros secteur d'emploi, dont les statistiques rendent mal la complexité, avec tout à la fois les machines qui tissent les textiles naturels et artificiels, mais aussi les fabriquent, les machines qui cousent, les machines qui emballent. Dans le secteur de la soie, au XIXe siècle, la production se regroupe dans des usines de 50 à 100 personnes, qui travaillent jusqu'à 14 et 16 heures par jour. Les cocons à soie élevés par des femmes dans les campagnes sont, durant trois mois de l'année, asphyxiés dans des fours à vapeur par des ouvrières qui les retirent, un par un, pour les sécher dans des pièces ventilées, les retournant un par un pour accélérer l'évaporation. Ailleurs, dans des pièces hermétiquement closes, travaillent les bourretaires, qui préparent la soie récupérée sur les cocons défectueux, qui réparent le fil cassé ou noué au cours du dévidage, du moulinage ou du tissage. Dans tous ces ateliers, l'air est humide et circule constamment une poussière chargée de particules de soie, cause de dermatoses qui ne guérissent que lors des longues périodes de chôme. La liste est longue des tâches qui mènent jusqu'au fil, de soie ou de coton. Tout à fait à l'autre bout de la chaîne de travail, pour le tissage, les femmes sont aux machines pour les tissus unis, satin ou velours, et les hommes pour les tissus de fantaisie [Strumingher, 1978].

Dans l'entre-deux-guerres, les surintendantes en stage ouvrier notent la brièveté de la formation des nouvelles venues, sur le tas, par accompagnement d'une ouvrière plus expérimentée. Rapidité, attention, habitude suffisent. Et endurance, car la pénibilité est une des caractéristiques de ces travaux : station debout, dans le bruit assourdissant des métiers, claquement des bancs de broche dans les filatures et des navettes dans les tissages, et, toujours, la chaleur et l'humidité, différentes selon les matières, omniprésentes dans les ateliers de teinture. Dans une usine de teinture de bas, composée de trois ateliers et d'un garage, cent ouvrières travaillent, sous l'œil d'un contremaître. On est en 1928, toutes les opérations se font avec des bâtons : « Au milieu de la pièce, il y avait un chariot plein de bas, d'une teinte blanc sale, attachés par paquets d'une douzaine ; tout autour, des tréteaux supportaient des bâtons longs et légers ; je fus vite au courant du travail très simple : les bas, attachés par six au moyen d'un long fil, devaient être séparés en deux parties, trois bas dans chacune, et enfilés ainsi sur les bâtons. » Et ce, neuf heures par jour [Fourcaut, 1982]. Chez Renault en 1919, la trempe des pièces est tout aussi élémentaire : « On m'envoie à la trempe. Il faut, à l'aide d'une grande pince, tremper dans le plomb fondu de petites pièces d'acier ; il faut se hâter, car on attend les pièces ; ce travail est pénible ; on est assourdie par le bruit du chalumeau qui fond le plomb ; surtout, on a la gorge brûlée par la chaleur de ce chalumeau, ainsi que par un four voisin où un ouvrier sort de temps à autre des pièces d'acier rougies qu'il pose près de nous » [cité par Fourcaut, 1982].

Chez Citroën, quelques années plus tard, un ingénieur mécanise le travail de la sellerie, l'atelier qui garnit les sièges. Quand il arrive en 1926, travaillent là des hommes qualifiés, monteurs de carcasse et monteurs de coussins, qui disposent les tissus sur une grande table, les découpent avec des couteaux métalliques, les fixent sur les sièges. Il imagine alors une chaîne à plateaux, alimentée par des groupes de machines transversales : machines à couper les draps, machines à coudre pour assembler les coussins. Alors, les monteurs qualifiés sont remplacés par des femmes, classées manœuvres, qui n'effectuent que des opérations simplifiées [Schweitzer, 1982]. Chez Renault, les ouvrières peuvent changer de machines au cours de la journée, selon les nécessités de la production : « Mercredi : 7 h-1 h 30, cambrage à la machine à boulons. L'outil grippait — huiler chaque pièce — long ; 2 h-3 h 30, trous percés à la presse ; la butée était d'abord mal mise ; 3 h 45-5 h 15 : rivetage avec Léon : capots d'acier enveloppés dans papier. Facile : faire seulement bien attention à mettre les rondelles fraisure en haut » [Weil, 1951]. Dans le cycle stéphanois, les ouvrières sont nombreuses dans les fabriques de pièces détachées de boulons, de rayons, de plateaux de dérailleurs, mais aussi dans les ateliers de polissage-nickelage, postes salissants et surtout malsains, où l'on décape les cadres à la toile émeri et dans des bains d'acide ; en fin de processus de fabrication, elles travaillent sur de longues séries, répétitives, payées à la pièce, montant freins, éclairage, roues [Burdy, 1989].

C'est dans les manufactures de tabac que le travail a été le plus tôt mécanisé. Lieu de fabrication clos, car instrument de la collecte des impôts, ces usines sont de surcroît dirigées par des polytechniciens, toujours d'accord sur la modernisation et sur l'État modèle, qui livre des produits parfaits, élaborés dans le souci du rendement et de la qualité. Dans les vingt et une manufactures réparties sur le territoire au début du XXe siècle, sont employées entre 15 000 et 20 000 femmes, 91 % de la main-d'œuvre. Comme ailleurs, elles apprennent sur le tas. Les seules qui soient qualifiées, après deux ans d'apprentissage, sont les cigarières, les ingénieurs n'ayant pas trouvé à mécaniser leur travail ; ce sera chose faite lors de la guerre, sauf pour les robeuses qui enroulent le tabac du cigare dans une feuille et qui se comptent un millier. Les autres ouvrières, sur les machines, sont cigaretières, paqueteuses de scaferlati ou de cigares ou tout simplement manœuvres. Les paqueteuses sont réparties en trois tâches différentes : la peseuse, qui pèse les paquets de tabac, la vigneteuse, qui plie les paquets sur une forme et y colle la vignette, la paqueteuse qui verse le tabac dans les sachets et les comprime avec une presse hydraulique [Zylberberg-Hocquart, 1978].

Entre les femmes existent bien sûr des écarts de salaire, comme dans cette usine, où le travail consiste à calibrer les rondelles de liège qui garnissent l'intérieur des bouchons des bouteilles. Les trieuses sont devant une grande table, avec ou sans tabouret, et « le travail, sans être pénible, est fastidieux au possible et la monotonie de ces mouvements répétés sans répit pendant dix heures consécutives provoquent à la longue un endolorissement des muscles et un engourdissement du cerveau » et gagnent 8,50 francs par jour ; les mécaniciennes, qui sont devant une machine-outil qui débite les bouchons, « sans guère leur laisser le temps de s'asseoir », en gagnent 14 [Fourcaut, 1982]. Les premières enquêtes de sociologie du travail dans l'industrie mécanique montraient que le tiers des femmes avait des cycles de travail inférieurs à trois secondes [Guilbert, 1966]. Dans les années 1980, neuf dixièmes des femmes manœuvres déclarent faire des efforts physiques importants, le tiers travaillent dans des bruits forts ou aigus et la moitié font état d'au moins un inconvénient du type saleté, humidité, courants d'air, mauvaises odeurs [Molinié et Volkoff, 1980].

Aujourd'hui, une partie de ces postes a été dissoute dans la modernisation et la robotisation, qui remplacent en moyenne 100 postes d'OS féminins par vingt autres masculins et qualifiés pour la conduite et le dépannage des nouvelles installations. Dans les années 1930 comme aujourd'hui, ce qui caractérise l'emploi des ouvrières est la brièveté des séquences de travail tout comme les cadences toujours élevées : travail de huit secondes par bobine dans le petit électroménager, pose, à la main, de 16 000 boutons par jour dans les usines de confection ou surveillance de quatre machines simultanées. Les gestes sont étriqués, rétrécis dans l'espace, les femmes sont assises derrière leur poste de travail, sans possibilité de déplacements dans l'usine. Même pour les ouvrières qualifiées, près de la moitié répètent toujours la même série de gestes ou d'opérations. De plus, entre hommes et femmes, un travail dénommé de la même manière, pontonnier/pontonnière par exemple, donne d'un côté un classement dans les conventions collectives comme ouvrier professionnel et, de l'autre, comme OS [Kergoat, 1982].

Et point n'est besoin de construire quelque argumentaire que ce soit pour organiser ces discriminations, au moins jusqu'à des applications plus rigoureuses de la loi sur « à travail égal, salaire égal ». Ce qui, pour les ouvriers, est considéré comme des savoir-faire à reconnaître est, pour les femmes, donné comme des qualités naturelles qu'il n'est pas nécessaire de qualifier et donc de rémunérer.

Bruit, saleté, dangerosité, monotonie, fatigue, bas salaires. Des conditions de travail épouvantables, pour un nombre considérable de femmes : 1,3 million en 1851, 1,8 million en 1891, 2,1 en 1936, encore 2 millions en 1974 et 1,4 en 1996. Et encore est-on là bien loin des chiffres qui recenseraient le nombre des femmes travaillant sur les machines : à ces cols bleus, il faut adjoindre un certain nombre de cols blancs recensées parmi les travailleuses du tertiaire, « employées » pour la statistique, mais pourtant bien, elles aussi, femmes des machines.

LES MACHINES DU BUREAU

Les vingt dernières années du XIXᵉ siècle sont le théâtre de grandes mutations technologiques : extension du télégraphe et du téléphone, diffusion des machines à écrire et à calculer, toutes tâches et métiers où les femmes sont à nouveau assignées, tant dans le secteur privé que public.

« Demoiselles » des ministères

Du côté de l'État, la toile de fond est le développement des services, comme les communications. Tant que la division du travail y est restée faible, on a recruté des employés par voie de concours. Quand en 1889 est formé un grand ministère des Postes et Télécommunications, qu'une baisse des tarifs entraîne une forte augmentation du trafic, des femmes vont être recrutées dans des emplois très spécifiques, pour ne pas dire réservés. Mais pas réservés immédiatement. En 1886, elles étaient

464 au télégraphe, elles sont 750 en 1899, réparties dans les centraux des grandes villes ou dans des lieux plus spécialisés, comme la Bourse de Paris.

Accroissement du trafic, augmentation de la charge de travail pour des postes de pure exécution, extension des gros centres où les tâches deviennent répétitives : le nombre des femmes croît vite dans les centraux télégraphiques, quand on a longtemps objecté que leur présence y était impossible, le maniement des appareils étant trop technique pour elles [Bertho, 1981]. Quelques centaines à la fin du XIXᵉ siècle, elles sont ensuite des milliers « à taper sur le clavier. Une bande perforée se déroule sur le côté de l'appareil, chaque lettre a une perforation différente [...]. Nous apprenons à taper en cadence. À la façon d'un métronome, l'instructeur frappe son pupitre à chaque lettre, à l'aide d'une règle. Au bout de trois mois, c'est impeccable. Puis, on travaille dans une grande salle, sur deux rangées avec un tapis roulant au milieu[1]. »

L'extension du téléphone, longtemps manuel, crée aussi des emplois encore tout aussi monotones et fatigants. Sous prétexte de pénurie budgétaire, l'État n'embauche que des femmes, les « demoiselles » du téléphone. Elles assurent la mise en relation des abonnés entre eux par l'intermédiaire de fiches, les postes de travail sont statiques, les employées sont alignées sur des tabourets en longues rangées ; en 1900, elles sont jusqu'à 1 000 au central parisien de la rue Gutenberg. Derrière elles, la surveillante, une pour douze téléphonistes, établit les équipes, surveille les conversations et prend les réclamations [Bertho, 1981]. Dans les années 1960, les rythmes sont très importants : « Instantanément, le bras gauche se détend et va chercher dans cette multitude de trous celui qui est demandé. Sans hésiter... C'est un entremêlement de fils, une sorte de ballet frénétique de bras sans cesse agités et distendus dans leur quête rythmée par l'appel des lumières qui s'allument sans arrêt dans le tumulte des voix : "Laon 118, j'écoute..." [...] Quelques surveillantes

---

1. Mémoires de Nicole T., « Une vie aux PTT », 2000, archives du Comité d'histoire de la Poste.

sont assises à leur bureau. D'autres marchent derrière notre dos en répétant inlassablement : "Les appels, mesdames, les appels !", croyant sans doute nous exhorter à aller plus vite. Mais ce n'est qu'un bruit de plus dans cette clameur ! [...] Les évanouissements, les crises de nerf sont choses courantes. Il y a toujours, cachée derrière un meuble, une civière prête à évacuer celle qui s'écroule[1]. » L'équipement, « lourd et douloureux pour le cuir chevelu », se compose d'un casque avec deux écouteurs reliés par une branche métallique et d'un micro attaché autour du cou. Pour assurer la continuité du service, les journées sont fractionnées en brigades : 7 heures-12 heures et 19 heures-21 heures, mais aussi parfois plus tôt ou plus tard. Les salaires sont bas. Exclusivement féminins, ces postes de travail ne disparaîtront qu'avec l'automatisation tardive du téléphone, à partir de 1969. Ces employées seront pour la plupart reconverties dans le service des renseignements (8 000 femmes en 1984) et des réclamations, ou passeront au tri postal et aux chèques, devenant « femmes des papiers ». Mais que les dames du téléphone existent toujours dans d'autres secteurs, il suffit pour s'en convaincre d'appeler le standard de n'importe quelle entreprise ou administration.

Jusqu'à l'entre-deux-guerres, la caractéristique de ces emplois est qu'ils sont classés dans l'auxiliariat, base d'une pyramide hiérarchique qui va du commis au commis principal, puis au rédacteur et au chef de bureau. Traditionnellement, dans le secteur le plus ancien, la Poste, qui donne le ton, les commis sont des hommes. Lors de l'embauche des femmes, ils ont organisé des vagues de protestation très bien suivies entre 1887 et 1893. La réponse donnée a été claire : titularisation des commis masculins et création d'un corps spécial, celui des dames employées, sans possibilité de promotion : « Elles ont les mêmes attributions que les commis ordinaires, mais ne peuvent prétendre aux emplois de commis principaux », explique le ministère, qui ajoute : « La féminisation est un moyen

---

1. Mémoires d'Élisabeth L., « Une vie aux PTT », 2000, archives du Comité d'histoire de la Poste.

commode de donner aux commis de plus grandes chances
d'avancement, car le nombre des emplois supérieurs tendant à
augmenter, il est clair qu'ils pourront plus facilement accéder
aux emplois de commis principaux » [cité par Bachrach, 1987].
Un cloisonnement étanche entre les hommes et les femmes est
dès lors institué, les femmes sont confrontées à une hiérarchisation des postes qui ne prévoit pour elles que le grade de surveillante. Quant aux salaires, une loi de 1906 les fixe aux deux
tiers des traitements des commis, élaborant bien là, légalement,
les discriminations sexuelles. C'est dans ce contexte qu'apparaît
le mot de « féminisation » avec son corollaire péjoratif, « émas-
culation ». Ce n'est qu'en 1928 qu'une partie des dames-
employées est intégrée dans le cadre des commis principaux et
qu' après la Seconde Guerre, le statut des fonctionnaires assure
d'autres gestions des carrières.

Femmes des claviers

Dans les ministères comme dans les bureaux de l'industrie
et du commerce, la fin du XIXᵉ siècle voit aussi la naissance
d'une nouvelle profession, bien vite féminine, celle de dactylographe. Alors d'invention récente, 1874 pour la première
Remington, la machine à écrire bouleverse les habitudes d'écriture dans une double accélération : l'écriture mécanique est
plus rapide que celle des traditionnels copistes et le papier-
carbone permet la production instantanée d'un document en
plusieurs exemplaires. À ce nouveau métier est souvent associée
la sténographie, longtemps métier d'hommes « fiers de cette
science un peu mystérieuse, se croyant dépositaires de secrets
sacrés, ne voulant pas les faire connaître à d'autres » [1898, cité
par Dauphin et Pézerat, 1994]. Puis, dans un second temps, la
dactylographie s'étend à des lieux comme les entreprises ou les
ministères, la sténographie n'est plus forcément présente, et
répétitivité et rapidité priment désormais. Le métier de dactylographe s'invente alors au féminin. Quand les premiers prospec-
tus des années 1880-1890 s'adressaient aux hommes comme
aux femmes, la forme des machines — proches de la machine à

coudre à pédale à pied — fait peut-être s'aviser les publicistes que le métier comporte bien des ressemblances avec la couture ou encore avec le piano : « Les doigts de la jeune fille sont susceptibles d'une agilité qui jusque-là n'avait guère brillé que sur le piano ; cette agilité peut se déployer désormais sur des claviers plus utilitaires » [1905, cité par Gardey, 1999]. L'argument naturaliste convoqué, comment ce métier pourrait-il toujours convenir à « un homme vigoureux [qui serait] asservi à la manipulation d'une machine d'un bout de l'année à l'autre, alors que le commerce souffre de pénurie d'employés aptes à la lutte effective, autant par leur culture plus générale que par leur plus grande résistance physique » ? [cité par Perrot, 1983]. Les dactylographes seront donc des femmes.

Dans l'administration, le ministère du Commerce est le premier à recruter, à l'image des dames du téléphone, des dames dactylographes, qui remplacent des copistes hommes, classés expéditionnaires : deux ou trois fois plus rapides, elles sont payées trois fois moins [Gardey, 1999]. Cynique, la hiérarchie enregistre non seulement la rapidité accrue, les économies de salaires, mais encore la facilité de la surveillance pour ce nouveau personnel : « L'expéditionnaire peu zélé qui s'endort n'a pas tendance à se réveiller et il est difficile à surveiller ; les dactylos sont animées par le mouvement et le bruit de la machine et savent qu'on entend quand et comment elles travaillent » [cité par Thuillier, 1988]. Les rémunérations dépendent des ministères : aux Colonies, dans les années 1910, c'est un salaire de 5 francs par jour, six jours par semaine, sans retraite, sans garantie d'emploi ; au Commerce, où le recrutement se fait par concours, le traitement annuel varie de 1 800 à 3 000 francs (contre 2 000 à 4 200 francs pour les expéditionnaires hommes), avec un prélèvement de 5 % pour la constitution d'une pension viagère [Thuillier, 1988]. Dans les entreprises, dès qu'elles consentent à cette modernisation, le mouvement est identique.

Parallèlement, des normes de compétence sont organisées, qui permettent apprentissage et professionnalisation : travail simultané des yeux et des mains, usage des dix doigts, position du corps, élaboration de tapuscrits, tous savoirs favorisant la vitesse d'exécution. Dans les écoles primaires supérieures, les programmes prévoient un enseignement de la dactylographie, quatre heures par semaine dans la section commerciale ; des sections préparent les jeunes filles à taper en langue étrangère, anglais, mais aussi allemand et italien [Court, 1999 ; Prud-homme, 2000]. Au début du siècle, d'autres cours, parfois gratuits, ont été organisés par les fabricants de machines à écrire, puis, devant l'ampleur des emplois ouverts, des cours privés — les cours Pigier, mais aussi bien d'autres — et publics s'organisent. À Paris, les cours Pigier datent de 1850, l'Association sténographique de 1876. Chez Pigier, qui dispense des cours commerciaux généraux, on compte, en 1910, 250 machines à écrire et les enseignements se composent aussi des leçons individuelles, à la carte, données de manière intensive durant trois mois ou six mois de cours du soir [Sornaga, 1984].

Dans les entreprises publiques comme privées se construisent alors des *pools* de dactylos, où le travail se fait aux pièces, soutenu par un matériel spécialement conçu : les chaises, les tables, les porte-copies. Rendement et rationalisation s'organisent : au minimum soixante-dix lignes par heure, assorties de primes et d'amendes ; dans les années 1930, une faute de frappe ou un mot oublié coûte 10 centimes, une faute d'orthographe 25 centimes, un non-sens 2 francs [Gardey, 1995, 1999]. La polyvalence s'étiole, le travail se fractionne, on embauche des dactylos simples, des dactylos facturières, des dactylos comptables, des sténodactylos... Les conventions collectives de 1945 entérinent différents niveaux de compétence, liés aux différents métiers de la frappe : « Une dactylo facturière peut devenir sténodactylo c'est-à-dire qu'elle tape et prend un courrier déjà écrit ; une sténo-secrétaire à l'indice 184 répond au téléphone et fait quelques lettres seule » [Zancarini, 1990]. Mais, partout, prévaut un certain dédain de ce travail : « Parfois, les textes qui nous étaient confiés étaient de véritables torchons, écrits dans tous les sens, raturés, déchirés, recollés ; certains passages étaient écrits sur des tickets de métro qu'il fallait remettre en bonne place. Le sagouin ! disions-nous. Quel mépris fallait-il avoir pour la secrétaire-domestique pour oser lui imposer la frappe d'une prose sous une telle forme ! » [Buquet, 1984].

Quelques décennies plus tard, les progrès technologiques imposent des femmes dans un lieu masculin, bien protégé par le pouvoir syndical, celui des typographes. Quand en 1895 arrivèrent en France les premières machines à composer, les grosses imprimeries de la région parisienne firent appel à des femmes pour les conduire. Déjà puissant, le syndicat du Livre CGT résista à l'offensive, en particulier en refusant de syndiquer les femmes — dans un bras de fer avec une partie de ses adhérents qui déboucha sur l'affaire Couriau — et les métiers du livre restèrent très masculins. Dans les années 1970, l'arrivée de l'ordinateur commença à bousculer les anciens savoir-faire, rendant superfétatoires les linotypistes qui transcrivaient le texte en lignes de plomb, les typographes qui mettaient en page sur des marbres, les correcteurs qui relisaient avant la mise en page et l'impression définitives. Désormais, tout le monde tape sur des claviers d'ordinateurs, y compris ces hommes dépossédés de leurs anciens métiers. Mais tout le monde ne tape pas dans les mêmes conditions. Travaillent d'un côté des femmes, dites clavistes, qui sont payées au rendement, avec vingt minutes de pause par jour, pointent à horaires fixes et sont surveillées par un contremaître ; de l'autre, des hommes, dits correcteurs, sans rendement imposé, travaillant sans normes, avec dix minutes de pause par heure, partant quand ils estiment avoir fini, sans avoir à en référer à un chef. Et les deuxièmes gagnent 3 000 francs de plus par mois que les premières [Maruani, 1985].

Les bureaux des entreprises comme des administrations comptent bien d'autres métiers associant, loin des ateliers, les femmes et les machines, dans un mouvement dit de la mécanographie, qui multiplie les machines à calculer, les machines à statistique, les machines à dupliquer, à cacheter le courrier, toutes inventions accroissant rapidement la division et la simplification des tâches, surtout à partir du moment où l'électricité remplace le mouvement humain sur les pédales ou les manivelles [Gardey, 1992]. Femmes ainsi les perforeuses de chez Berliet dans les années 1950-1960, dans le service de comptabilité statistique. Elles sont neuf, plus une surveillante, chargées de taper sur la perforatrice les indications qui apparaissent sous forme de trous sur les cartes mécanographiques ; ensuite, des perforeuses-vérifieuses vérifient les cartes à l'aide d'une vérifieuse. L'ensemble des cartes mécanographiques constitue des fichiers eux-mêmes nombreux, seize pour plus d'un million de fiches : le fichier des clients, celui des commandes ou des salaires. Même si l'acquisition des connaissances prend six mois et que les perforeuses peuvent éventuellement être titulaires d'un CAP administratif, le travail est fort répétitif. À côté, un groupe de dix opérateurs entretiennent les machines et constituent des tableaux raisonnés [Gallice, 1996].

Pour les femmes de ces machines-là, les conditions de travail sont souvent fort mauvaises. Le bruit est omniprésent, celui des outils de travail, mais aussi celui de l'environnement, dans des bâtiments souvent anciens, construits en béton ou en ciment. Avant l'installation des climatisations, l'aération est le plus souvent difficile, entre les bureaux exposés au nord, qui travaillent en lumière artificielle, ou, à l'inverse, ceux qui travaillent volets fermés pour se protéger du soleil. Quant aux locaux, ils sont rarement gais, depuis toujours [Crozier, 1955]. Avant guerre, Berty Albrecht, élève surintendante, en avait été frappée aux Galeries Lafayette, où « les bureaux de la rue de Mogador sont installés dans une série d'immeubles à petits appartements, voisins des magasins ; les bureaux des employés subalternes sont tristes ; des fenêtres sans rideaux ouvrent sur d'étroites cours intérieures ; nulle part une note gaie, pas même un ripolin d'une couleur agréable » [cité par Fourcaut, 1982].

Femmes encaisseuses

Femmes des machines encore, les caissières des supermarchés, ces ELSC, « employées libre-service caissières ». Au cœur de ces métiers associant femmes et machines de manière tellement criante, dans des conditions de travail si déplorables, elles

217

sont de celles que l'on tâche de rattacher à un groupe employé revalorisé par un champ lexical rénové : on commence à les qualifier d'« hôtesses de caisse », à un moment où le maniement de l'argent — longtemps métier d'hommes dans les grands magasins — se fait de plus en plus rare, remplacé qu'il est par les monnaies fiduciaires. Même si elles sont titulaires de BEP commerciaux, il ne s'agit pas tant, là encore, de mesurer des capacités techniques que des résistances à des charges de travail. La caisse est d'ailleurs le lieu privilégié de l'application d'un chronométrage du temps d'attente des client-e-s, de celui de la saisie des prix, de l'acheminement des marchandises le long du convoyeur, de l'ensachage et de l'encaissement. Et de l'application de ces qualités attribuées aux femmes : amabilité dans l'accueil, rapidité des saisies, endurance dans la position assise, tolérance à la flexibilité et aux bas salaires, comme aux contrôles hiérarchiques tenaces [Chenu, 1994].

Pour le rapport à la clientèle, il est souvent proche de ceux entretenus avec le personnel domestique : « J'ai honte d'être caissière, je suis arrivée à rien ; j'ai beaucoup de mal à supporter cela ; on nous traite comme des exécutantes et des bêtes » [cité par Alonzo, 1996]. Ces caissières disent s'identifier à la manière dont est traitée la marchandise, leur objet d'intermédiation : elles se sentent personnellement blessées quand les choses sont jetées sans ménagement dans le caddie, comme si leur emploi en était encore plus dévalorisé. De toute façon, leurs fonctions les exposent à subir l'agressivité des client-e-s puisqu'elles sont le plus souvent les seules interlocutrices en face-à-face prolongé, tout en ayant à encaisser l'argent, cette forte violence symbolique [Alonzo, 1996 ; Angeloff, 2000]. Par ailleurs, les spécificités attribuées aux métiers de femmes, ces métiers des salaires supposés d'appoint, se lisent dans le temps de travail, presque systématiquement partiel et dans des tranches horaires discontinues qui répondent aux fluctuations de la fréquentation par les client-e-s, par exemple de 13 à 15 heures, puis de 18 à 21 heures, sans, en général, dépasser une vingtaine d'heures par semaine. D'autre part, les servitudes de la flexibilité sont telles que, dans certaines chaînes de magasins, l'on n'embauche personne exerçant une seconde activité. Les contraintes financières alors imposées impliquent l'embauche de femmes financièrement soutenues, femmes mariées ou étudiantes encore partiellement à charge de leurs parents [Angeloff, 2000]. Peut-être faudrait-il, à cette aune-là, relire les classements socioprofessionnels : ces femmes employées sont bien peu éloignées des ouvrières traditionnellement comptabilisées.

IMPOSSIBLE FORMATION, IMPOSSIBLE PROMOTION

Arrivées à l'âge de la retraite dans les années 1970, 70 % des ouvrières parisiennes sont des travailleuses non qualifiées : un tiers sont OS de l'industrie, un tiers sont femmes de ménage et autres personnels de service, un tiers sont employées non qualifiées du commerce, vendeuses ou serveuses. La plupart ont effectué des séquences de travail qui traversent ces différentes branches du classement statistique et ont souvent aussi exercé une double activité, de serveuse-ouvreuse de cinéma, ou de concierge-couturière [Rhein, 1977]. À génération équivalente, c'est le cas de seulement 30 % des hommes, signe éclatant de la spécificité des activités féminines, privées des atouts de la formation et de la promotion.

Formations initiales et continues

Il n'est pas contestable que les formations initiales sont, pour les filles, axées sur les apprentissages du secteur textile, mais aussi sur ceux des machines des bureaux. Ce sont d'abord ces cours de couture obligatoires dans toutes les classes d'âge, y compris dans l'enseignement primaire. Même s'ils sont dits destinés à former les futures maîtresses de maison, ils favorisent ensuite l'orientation professionnelle. Dans les écoles primaires supérieures et les cours complémentaires, les sections à dominante de couture sont aussi fort nombreuses et d'ailleurs variées. Que les filles soient inscrites dans la section générale, la

219

section commerciale ou la section ménagère, cet enseignement leur est commun en première année, soit six heures divisées également entre la lingerie, le vêtement et la mode ; les élèves des sections d'enseignement général et ménager suivent trois heures supplémentaires de lingerie en première et en deuxième année ; quant à la section dite ménagère, elle en comporte cinq autres, soit au total quatorze heures hebdomadaires sur deux ans[1]. Les locaux des écoles sont d'ailleurs mal adaptés : en 1933 encore, la directrice d'une école lyonnaise réclame l'attribution d'une salle de dessin utilisable aussi pour les cours de coupe : les élèves travaillent sur leurs bureaux, exigus et parsemés de taches d'encre. Ailleurs, les salles de repassage, de broderie et de couture sont installées dans des greniers éclairés par des lucarnes, mal aérés, très chauds en été et fort froids en hiver. Quant aux fournitures, dans les années 1930, les trois EPS publiques de Lyon se partagent 900 francs, huit fois moins que les trois EPS de garçons [Prudhomme, 2000].

Toutes les filles ne sont pas dans des EPS et nombreuses, sans que l'on sache combien, sont celles qui suivent des apprentissages sur des modes plus traditionnels, sans enseignement général. En 1919, la loi Astier en installe l'obligation pour les moins de 18 ans employé-e-s dans le commerce et l'industrie. Ces cours professionnels obligatoires (CPO) prennent deux formes : les cours professionnels du soir, quelques dizaines d'heures par an, et les écoles techniques, à l'enseignement continu sur l'année, autour de 2 000 heures. Parallèlement a été créé le Certificat de capacité professionnelle en 1911, transformé en Certificat d'aptitude professionnel (CAP) en 1919. Cette obligation de formation n'est assortie d'un financement généralisé qu'en 1925 avec la taxe d'apprentissage, 0,20 % du montant des salaires versés par les entreprises grandes comme petites, directement à l'État ou aux Chambres de commerce et d'industrie [Pelpel et Troger, 1993]. Elle est jointe aux subventions des conseils généraux et municipaux et répartie entre des

---

1. Ce sont les programmes de 1909, qui sont allégés de deux heures en 1920.

centres de formation publics et privés. La diversité des acteurs institutionnels est forte : chambres syndicales patronales, fondations religieuses, ateliers-écoles spécialisés dans certaines branches. Bien entendu, la plupart sont réservés aux apprentis ; à Lyon, par exemple, les subventions pour les apprenties sont circonscrites aux ateliers du vêtement sur mesure. Dans cette grande ville industrielle, l'institution la plus importante est la Société d'enseignement professionnel du Rhône, fondée en 1864, qui comptera jusqu'à 20 000 inscrit-e-s dans les années 1940, en pleine réorganisation vichyste [Schweitzer, 2000]. Dans les années 1920, à la suite de la loi Astier, cette SEPR a créé un atelier de couture sur mesure, mixte : les hommes y apprennent à être tailleurs, les femmes les métiers de giletière et de culottière. On est là dans la traditionnelle division du travail, aux hommes les ciseaux, aux femmes les fils et les aiguilles. Le premier atelier qui ne regroupe que des femmes est de repassage et de détachage. En 1940, les sept ateliers-écoles comptent 258 élèves, dont 143 femmes dans la confection et le vêtement sur mesure, pour un enseignement de quarante heures par semaine sur quarante-huit semaines. À comparer les horaires des deux sexes, ceux des femmes sont plus lourds, car elles sont astreintes à suivre, trois mois durant, cinq heures d'enseignement ménager chaque semaine. À l'atelier féminin du vêtement confectionné, qui compte une quarantaine d'inscrites, il y a en 1939 un banc de dix-huit machines à coudre Singer à moteur, un autre de douze machines mécaniques et quatre autres machines spécialisées dans les boutonnières et autres piquages de revers. Quand les élèves échouent au CAP, ce qui est rare, un certificat d'apprentissage professionnel aide à leur placement [Claire, 2001].

Les raisonnements sur les formations professionnelles des filles oublient trop souvent que, longtemps, la majorité des CAP leur est fermée. Dans les années 1950, dans le Rhône, elles peuvent uniquement passer des CAP d'art ménager, de ménagère, de maîtresse de maison, de cuisinière, brodeuse, confectionneuse, couturière, lingère repasseuse, blanchisseuse, ouvrière en soierie, quand se déclinent uniquement au masculin les cartonnier, relieur, cordonnier cousu main, tailleur d'habits, tisseur, employé de droguerie ou de soierie, parmi soixante-six autres. En 1968, à titre d'exemple, tous les métiers de fin d'apprentissage de l'alimentation sont réservés aux hommes, sauf la vendeuse en charcuterie[1]. Ailleurs, il n'en va pas autrement [Brucy, 1998]. Il est clair que si ce sont des arguments naturalistes qui ont été convoqués pour barrer aux filles l'accès à ces formations, la crainte d'une concurrence ouverte avec les hommes sur le marché du travail est tout aussi prégnante, et même certainement beaucoup plus. Ainsi, si les filles sont aptes à la minutie, formalisée par leurs apprentissages de couture, pourquoi les écarter de l'apprentissage des métiers de l'horlogerie, pourquoi, dans la bijouterie ne les reléguer que dans le polissage des pierres et des métaux ? On peut faire le même raisonnement pour les métiers contemporains que sont les sections d'électricité et d'électronique [Thiercé, 1999]. Les interdits sociaux sur ce qui est bon pour les filles sont réels, mais bel et bien longtemps doublés d'interdits académiques. En 1953, sur les cinquante-six spécialités enseignées dans les centres d'apprentissage féminins, trente-trois concernent le secteur textile, soit 50 % des effectifs et 35 000 apprenties.

Au début des années 1960, certains CAP, pas tous, deviennent mixtes. En 1962, six jeunes filles préparent en France un CAP de petite mécanique de précision et 925 un CAP de l'industrie électrotechnique, alors que ces deux branches emploient 300 000 ouvrières ; en revanche, 29 406 apprennent la couture où travaillent aussi 310 000 femmes [Michel et Texier, 1964 ; Pelpel et Troger, 1993]. D'ailleurs, les lieux d'enseignement professionnel ne sont que rarement mixtes : en 1958, 14 % seulement des centres d'apprentissage le sont, 8 % des collèges techniques, 6 % des écoles nationales professionnelles. Et encore cela ne présume-t-il pas de la mixité des sections. Pourtant, entre l'année 1960, qui marque le début des Collèges d'enseignement technique (CET), et 1987, qui amorce le déclin

1. *Aide-mémoire de la formation professionnelle dans le ressort de la Chambre de commerce de Lyon, Formation des apprentis, des ouvriers, des agents de maîtrise et des cadres*, 1948 et 1968.

des CAP, si le nombre de filles s'accroît dans ces lieux de forma-tion (50 % des effectifs), le clivage entre les sexes garde la même intensité. Le nombre de filles dans les métiers de plomberie et chauffage, électricité, bâtiment avoisine zéro. Dans les spéciali-tés dites masculines, la moyenne des filles était de 7,2 % en 1960 et de 10,8 % en 1987. Quand sont introduits les brevets d'ensei-gnement professionnel (BEP), la volonté d'intituler les métiers de manière générale est nette : le charpentier, l'ébéniste, le menuisier sont remplacés par des sections de bois, de construc-tions, d'agencement de mobilier. Si les sections sont mixtes, la répartition sexuée des apprentissages reste cependant identique ou presque, les mutations des pourcentages étant surtout des effets de nomenclatures : en 1987, les filles se comptent 42 % dans la photographie et les industries graphiques contre 24 % en 1975, parce que ces métiers perdent numériquement des effec-tifs dans l'impression, autrefois masculine, quand la composi-tion, féminine, se maintient. De même, l'augmentation du nombre de filles en section peinture fait des peintres en lettres ou en décoration. En 1987, les résultats restent clairs : 0,6 % de filles en couverture, plomberie, chauffage, 4 % en travail du bois, 4 % en dessin industriel, mais 90 % en sténographie et dac-tylographie, secrétariat, 93 % en textile, filature, peignage. Les frontières demeurent hermétiques [Moreau, 1995, 2000].

Promotions ?

On a dit comment la structuration des conventions collecti-ves des industries métallurgiques et mécaniques déclassait des femmes considérées comme qualifiées dans les années 1920. Et aussi comment des femmes commandent aux femmes, par exemple dans l'administration, et surtout comment des hommes commandent aux femmes, en particulier dans les entreprises privées. Au XIXe comme au XXe siècle, quand des femmes com-mandent, c'est à d'autres femmes. Les voies de la promotion sont étroites et à peine 5 % d'entre elles accèdent à ces fonc-tions de préparation, de surveillance, de contrôle du travail, comme contremaîtresses ou cheffes d'équipe. Si cela correspond

223

au taux d'encadrement des usines, les hommes peuvent, eux, fuir vers d'autres emplois pour effectuer une mobilité professionnelle ascendante. Par ailleurs, pour les femmes, la promotion n'est pas forcément définitive : quittant une entreprise, la moitié d'entre elles redeviennent simples ouvrières, ce qui ne semble pas être le cas des hommes qui peuvent négocier leurs acquis de carrière à l'extérieur des murs de l'entreprise ; comme l'écrit une surintendante, « la femme est en tutelle de l'usine » [cité par Omnès, 1998]. En 1980, par exemple, pour les ouvriers et ouvrières qui quittent leur condition, on voit que 5 % des femmes sont devenues contremaîtresses (contre 27 % des hommes), 41 % personnel de service, autrement dit femmes de ménage (contre 7 % des hommes), 9 % cadres moyens (contre 18 %) [Kergoat, 1982]. En revanche, dans les métiers féminins, où les femmes ont accès à des formations initiales, comme la couture, c'est, comme pour les hommes, la mobilité géographique qui permet la promotion : certaines occupent ainsi vingt-neuf emplois successifs, enrichissant leur expérience de la spécialité de chaque maison, avant de devenir premières d'atelier [Omnès, 1998].

Voilà pour les femmes des emplois de cols blancs ou plus exactement de cols roses, loin des miasmes des ateliers, sans doute. Mais les contemporains ne s'y trompent pas qui, dans le cadre de la description des métiers salariés des femmes, remplacent la figure de la midinette de la couture ou de l'ouvrière de l'usine par celle de la dactylo : pour les tâches et les salaires, elles sont bien du même monde[1]. Dans tout ce qu'elles représentent d'usant, de sale et de vil, certaines machines sont réservées aux femmes et ce dès leur apparition. Les qualités attribuées à ces métiers mobilisent des savoir-faire définis comme féminins, comme la rapidité, l'endurance, la subordination aux rythmes des machines ; mais ces caractéristiques ne sont pas légitimées par leur inscription dans les conventions collectives, ni donc monnayables. Sans avoir eu à prendre la place des hommes, ces

---

1. En 1955, chez Berliet à Lyon, à nombre d'heures de travail égal, une OS travaillant à l'affûtage touche 422 francs/mois et une dactylo premier échelon 352 francs/mois.

salariées en cols bleus ou roses ne sont pas convoquées ponctuellement par le marché du travail, elles y sont bel et bien installées depuis toujours. Nouvelles classifications dans l'administration, nouvelles taxinomies dans l'industrie, les femmes obtiennent des positions subordonnées, sans, longtemps, de possibilité de promotion, tout comme dans les métiers des soins. Et pour les y confiner, la société leur interdit l'accès aux formations qui permettraient la qualification, la promotion et l'ambition. Mais les métiers sur les machines des ateliers et des bureaux ne sont pas les seuls travaux attribués aux femmes, la société industrielle a aussi multiplié ceux des papiers, tout aussi contraignants et subordonnés.

Chapitre VII

GÉRER LES PAPIERS

Dans les métiers des papiers, pour la plupart construits par la civilisation industrielle, dans ses développements urbains de surcroît, la place des femmes est plus neuve que dans ceux de la terre ou des soins, mais concomitante de leur installation au service des machines. À partir du XXe siècle surtout, les bureaux du secteur tertiaire en expansion requièrent en grand nombre des secrétaires, bien sûr, mais aussi des employées aux écritures, des trieuses de feuilles de soins comme des guichetières de banque. Pour le secteur secondaire, les femmes gérant les papiers sont tout aussi présentes en amont qu'en aval de la production des objets. Globalement, ce chapitre sur les femmes des papiers regroupe les employées de bureau, mais aussi une large partie des femmes classées comme fonctionnaires et aujourd'hui réparties entre les professions intermédiaires, les employées civiles et autres employées administratives : un éclatement statistique qui ne favorise guère leur visibilité. Quoi qu'il en soit, la définition formelle des employé-e-s de bureau est le travail dans des locaux non strictement productifs et les femmes sont là présentes depuis longtemps : le début du XIXe siècle pour la Poste, les années 1850 pour les chemins de fer, les années 1860 pour les banques et les grands magasins, des secteurs en incessante expansion. Cependant, si, au XIXe siècle, l'employé de bureau est un homme, de bon niveau d'instruction, occupé à des tâches polyvalentes et pour lequel la promotion est possible, dans les années 1920, l'employée de bureau est une femme, occupée à des tâches parcellisées et élémentaires, mal rémunérées et sans perspectives de carrière. Certains de ces métiers sont, au XXe siècle, exclusivement tenus par des femmes, avec une figure emblématique, la secrétaire. D'autres sont mixtes, comme les guichets des postes ou les bureaux des compagnies d'assurance : alors, longtemps, la caractéristique pour les femmes est d'y rester confinées.

DES PAPIERS POUR L'ASSIGNATION

Des bureaux au féminin

Dans l'administration, les femmes sont nombreuses depuis toujours et recrutées en particulier lors des moments d'extension des tâches de l'État. Là, plus que de se substituer aux hommes, elles occupent le plus souvent des emplois nouveaux ou spécialement conçus pour les salaires et les carrières. On a vu comment, femmes des machines, elles sont embauchées dans le téléphone et le télégraphe, avec de mauvais salaires et sans perspectives de promotion. Il en va de même dans d'autres services où l'on retrouve la catégorie spécialement forgée des « dames employées » et dès 1883 *La Revue administrative* souligne que « tout est bon quand on paie mal et voilà pourquoi certaines administrations publiques recrutent la plus belle moitié du genre humain » [cité par Thuillier, 1988]. Quand la Poste se met au service des particuliers et des intérêts économiques, de nouveaux métiers apparaissent et dans les années 1880 on embauche pour le recouvrement des valeurs commerciales, des mandats postaux ou pour le fonctionnement de la Caisse d'épargne. Dans la plupart de ces nouveaux bureaux, les femmes sont souvent le seul personnel de base, comme aux chèques postaux à partir de 1918. Le travail y a toujours été extrêmement répétitif. Encore dans les années 1960, un premier service classe les chèques selon leur provenance géographique, le suivant reclasse suivant les sommes, en les hiérarchisant selon leur valeur, des centaines aux dizaines de francs, c'est le service de l'émargement. « Nous étions dans une grande salle. Nous faisions des tas sur la table : 1-2-3-4-5 sur un rang et au-dessous 6-7-8-9-0 en centaines, puis ces centaines en dizaines, 1-2-3, etc. À ce stade-là, les mandats s'étalaient en éventail sur nos doigts, chacun prenant son rang, 1-2-3-..., voltigeant à un rythme effréné entre les mains habiles qui le remettaient en bon ordre. Surtout ne jamais oublier le mot qui commandait tout : "la tâche". Ici, elle était distribuée par quinzaine. Alors, les premiers jours, dans la peur constante d'un obstacle, d'une défaillance, d'un rhume, enfin de tous ces aléas qui arrivent constamment, on n'entendait que le bruissement du papier sans cesse manipulé[1]. »

Aujourd'hui, hommes et femmes voisinent souvent, mais toujours dans des aménagements différenciés du travail. Au service des factures impayées des télécommunications, par exemple, ce sont les hommes qui partent faire les recouvrements chez les particuliers, quand les femmes restent à les trier et les classer ; pour un homme du contentieux, le travail de bureau représente une journée par semaine, le reste se passe chez les clients, à recouvrer les impayés, selon des modalités par lui décidées. Dans l'univers cloisonné du bureau, les employés développent ainsi des stratégies d'extériorité, de mobilité spatiale et ne sont jamais vissés à des tâches strictement techniques ou rationalisées. D'aménagement des postes en aménagement du travail, leur profession n'a plus que le nom de commun avec celles exercées par les femmes, même si tou-te-s sont « agents

---

1. Mémoires d'Élisabeth L., « Une vie aux PTT », Archives du Comité d'histoire de la Poste, 2000.

administratifs de bureau » ou « agents d'exploitation des services intérieurs » [Alonzo, 1995].

Les écritures prennent aussi des formes multiples dans les entreprises, banques, assurances, commerces et industries. Leur extension est directement liée à la complexification des tâches et, là encore, les femmes ne remplacent pas les hommes, mais viennent compléter les effectifs quand enflent les travaux. À la Banque de France, au milieu du XIXe siècle, ce ne sont que des femmes qui, à longueur de journée et d'année, calligraphient le grand livre, pour 3,50 francs par jour ; elles sont classées auxiliaires, sans droit à la retraite [Thuillier, 1988]. À l'enregistrement des hypothèques, où le recrutement se fait par concours, les dames employées passent des concours spécifiques pour le même travail et les mêmes fonctions que les commis, mais sans possibilité de promotion. Selon leur ancienneté, eux gagnent entre 10 500 et 22 500 francs par an vers 1900, elles, entre 9 500 et 15 000 francs. Quand, en 1938, elles obtiennent leur intégration graduelle dans le cadre des commis, c'est cependant au prix d'un nouveau concours [Leray, 1994]. Dans les bureaux de grands magasins du XIXe siècle, tant que le travail n'est divisé qu'entre secrétaires et comptables, le mot employé se décline au masculin : au Grand Bazar de Lyon, les premières femmes embauchées dans l'administration du magasin le sont, brièvement et avec le statut d'auxiliaire, à une tâche répétitive, l'inventaire de fin d'année. Pendant la Première Guerre, on embauche les premières femmes du service de la comptabilité et leur nombre croît dans les années 1920, lorsque, avec l'extension du magasin, se multiplient les tâches fractionnées, comme les papiers pour les commandes, les factures, les livraisons, les feuilles de paie et les calculs de guelte, mais encore les impôts, les taxes et les papiers pour les assurances sociales [Beau, 2001].

Il en va de même dans les bureaux des usines. Dans les entreprises automobiles de l'entre-deux-guerres, la rationalisation du travail et l'expansion continue du secteur multiplient la présence des papiers de tous ordres et porte le taux de main-d'œuvre non directement productive à près de 30 % des salarié-e-s. Si, comme dans les grands magasins, les femmes sont très peu nombreuses dans les bureaux avant 1914, leur présence s'accroît considérablement dans les années 1920. Chez Renault, dans l'entre-deux-guerres, il n'y a que des employées à la documentation technique et commerciale, au contrôle financier, à l'administration des réparations ; si le service du courrier et des archives compte des hommes, ils ne sont que quatre pour 113 femmes, quand, au service des facturations, il y a autant d'employés que d'employées, sans que l'on sache exactement les tâches attribuées aux unes et aux autres [Gardey, 1995-a]. Chez Berliet dans les années 1960, on recense des femmes calqueuses, dessinatrices d'études et dessinatrices de petites études, agents du planning, de l'ordonnancement (les études d'amont pour le produit) et du lancement (la mise en route de la production), mais elles sont aussi archivistes techniques, fichistes, traductrices techniques, assistantes techniques d'ingénieurs ; dans les services de comptabilité, elles sont chiffreuses, agents comptables et comptables, employées aux statistiques ; au service des expéditions, agents expéditeurs ou agents de livraison, agents de réception et de répartition, agents d'approvisionnement, etc. [Gallice, 1998].

Des secrétaires omniprésentes

« Grattez un peu. Derrière chaque objet qui vous entoure, derrière chacun de vos livres, du plus rébarbatif document technique aux envolées lyriques du plus poétique d'entre eux, se cache l'ombre de la secrétaire » [Buquet, 1984]. Aux métiers exclusivement féminins déjà croisés, on peut ajouter celui de secrétaire, où les qualités énoncées comme requises ne seraient jamais convoquées pour des hommes : la douceur, la gentillesse, le charme, la modestie, sont bien des caractères d'appoint, qui acquièrent là un statut professionnel [Pinto, 1987]. Ces secrétaires sont bien probablement le prototype des femmes des papiers et des employées de bureau, celles qui sont parmi les plus lisibles dans le paysage des femmes au travail et les plus illisibles dans les statistiques, partagées qu'elles sont, par exemple, entre secteurs privé et public. Si elles regroupent

10 % de la population active féminine, sous l'appellation générique — qui renvoie quasiment à un statut social, comme pour les cadres — se cachent des attributions professionnelles très variées. On a dit dans le chapitre précédent comment la dactylographie devient, à la fin du XIXᵉ siècle, une affaire de femmes. S'il en a été de même pour les secrétaires, il n'empêche qu'aujourd'hui le contenu du mot reste fonction du genre : au masculin, c'est une charge qui qualifie (secrétaire d'État, d'ambassade, de rédaction…), au féminin, il désigne toujours du personnel de bureau, une employée qui travaille pour un-e cadre.

La dépendance polymorphe au supérieur hiérarchique, si longtemps un homme, est caractéristique de l'emploi. En effet, le travail de la secrétaire s'organise dans une tension entre deux pôles, l'un technique, l'autre relationnel. Elle est priée de mobiliser des compétences de l'ordre du privé, et même plus exactement du travail domestique : servir le café, arroser et entretenir les plantes vertes, réserver une table de restaurant et établir les menus, gérer les voyages, rappeler une médication à prendre ou faire la conversation quand les rendez-vous attendent. Du coup, dans les enquêtes, la compétence strictement professionnelle ne vient qu'en troisième position, après deux autres qualificatifs : discrète, soignée. La disponibilité doit être forte pour répondre aux urgences souvent supposées, la secrétaire doit s'adapter à l'imprévu des emplois du temps comme des humeurs de son environnement de travail, par ailleurs le plus souvent caractérisé par la discontinuité de ses activités au cours de la journée [Pinto, 1987 ; Chenu, 1994].

Si toute secrétaire est supposée savoir se servir, et avec célérité, d'une machine à écrire, le secrétariat regroupe bien des tâches, plus ou moins reconnues par les conventions collectives, dans des niveaux hiérarchiques très hétérogènes. Chez Berliet, dans les années 1950-1960, les secrétaires sténo-dactylographes, collaboratrices d'un chef de service, rédigent du courrier, effectuent des calculs simples, classent et conservent les documents. Les secrétaires principales sont chargées de la coordination d'un groupe de secrétaires comprenant plusieurs dactylographes ou sténo-dactylographes auxquelles elles distribuent le travail et dont elles sont responsables. Les secrétaires de direction ont le statut de collaboratrices : attachées à un directeur de département ou au directeur d'un ensemble de services, elles collectent les informations sur les problèmes à traiter par le directeur, mettent en forme ses décisions et en organisent, assistent aux réunions et en rédigent le compte rendu. Tout en haut de l'échelle hiérarchique, la secrétaire de direction générale est la collaboratrice, en principe unique, du directeur général ; avec les mêmes charges qu'une secrétaire de direction, elle est aussi amenée à collaborer avec les dirigeants de l'entreprise et de ses filiales [Gallice, 1998].

Par ailleurs, le métier a fortement évolué au cours des vingt dernières années. Contrairement à des projections pessimistes, l'informatique et les restructurations d'entreprises ont fait augmenter de 300 000 unités le nombre d'emplois, tout en diminuant le nombre de dactylographes et d'opératrices de saisie. Les gains de productivité obtenus par la bureautique ont renforcé les rôles d'interface et de régulation des secrétaires, redéfinissant leurs rôles en leur confiant des tâches autrefois assurées par des cadres. En même temps s'est amorcé un recrutement à des niveaux de diplômes de plus en plus élevés, comme les DUT ou les licences d'université. Si elles sont nommées assistantes de gestion ou de projet, souvent « assimilées cadres », la mutation lexicale n'induit cependant guère de changements dans le statut des secrétaires face aux cadres, ni dans les rémunérations, ni dans les promotions sans cesse repoussées à des dates ultérieures [Liaroutzos, 1996 ; Alonzo et Liaroutzos, 1998]. Malgré la mobilisation de fortes compétences, le cas de figure est bien celui du métier de femmes, comme pour les métiers des soins par exemple, où la promotion n'est guère envisagée.

Les métiers des guichets : mixité ou ségrégation ?

Aujourd'hui, les guichets, des postes ou des banques par exemple, sont des lieux où exercent des hommes et des femmes.

Si la différence entre elles et eux se lit encore dans le développement des carrières, l'histoire de ces emplois est aussi révélatrice des différences sur le marché du travail.

La Poste en est un bon exemple, puisque l'embauche des femmes à ses guichets urbains avait soulevé bien des oppositions à la fin du XIXᵉ siècle. En 1892, les premières femmes furent recrutées, à titre d'essai était-il bien précisé, dans six bureaux parisiens et douze bureaux de province. Toujours en arguant de la moralité, on ne mêla pas hommes et femmes aux guichets et ceux où travaillaient ces dernières furent choisis en fonction de la possibilité d'y séparer les sexes. Par ailleurs, furent exclus des premières expériences les quartiers très affairés ou supposés mal famés, comme les gares et les quartiers ouvriers, Belleville ou la Villette ; on feignait là d'ignorer que ces femmes étaient issues de ces mêmes couches populaires urbaines. À ces embauches, les réactions des postiers furent hostiles et *L'Union des Postes* écrivit qu'« au nom de la bonne exécution du service, au nom de l'humanité, au nom de la morale, nous protestons avec la dernière énergie contre l'intrusion des femmes dans les bureaux de poste de Paris et des grandes villes ; cette mesure témoigne du règne de l'imbécillité, du crétinisme administratif » : trop nerveuses, trop lentes, trop timides, elles seraient inaptes à côtoyer le public [1892, cité par Bertho, 1981]. Ces dames employées n'eurent pas, là non plus, le titre de commis, bien qu'elles aient été employées aux mêmes tâches : opérations de guichet et de comptabilité, tri du courrier [Bertho, 1981].

Quand sont créés des corps administratifs spéciaux pour les dames employées, l'administration attribue pourtant à des femmes l'emploi de receveuse, c'est-à-dire la direction d'un bureau de poste ; cet apparent paradoxe est peut-être dû au fait que ces emplois ont d'abord été liés au service de l'État et qu'y étaient privilégiées les veuves d'officiers et sous-officiers. Dès 1829, chaque commune a eu un bureau postal, avec la charge de la distribution quotidienne du courrier. Réglementairement comptables des deniers publics, les receveurs dirigent dames-employées et commis, télégraphistes et facteurs de leur bureau ; avec la Caisse nationale d'épargne puis les Chèques postaux, leur rôle est élargi à la collecte de l'épargne rurale, qu'ils drainent longtemps avant les démarcheurs du Crédit agricole. Mais là est le principe, quand la pratique distingue plusieurs classes de bureaux, simples ou composés, classés de 1 à 6 selon leur importance en personnel et en recettes, les bureaux simples n'ayant comme autre personnel rétribué que le facteur : c'est là que sont placées les receveuses. À l'époque, sur les 4 776 établissements de poste, 225 seulement sont des bureaux composés, tous tenus par des hommes. En 1880, dans certains départements comme le Lot-et-Garonne, le métier de receveur ne se décline qu'au féminin et les 4 000 receveuses nationales sont affectées pour 80 % d'entre elles à des bureaux simples en province. Là, elles assument donc l'ensemble du travail, pour l'équivalent d'un salaire d'institutrice. Cent ans plus tard, les proportions ont varié, en défaveur des femmes : sur 9 600 emplois de receveurs et receveuses, les femmes en occupent à peine un quart, la plupart dans des bureaux peu importants, soit en milieu rural, soit dans des villes chefs-lieux de cantons ou, à la rigueur, moyennes ; quant aux 250 receveurs titulaires de bureaux suffisamment importants pour que les placements financiers qui y sont faits procurent de substantielles primes, ce sont tous des hommes [Bachrach, 1987 ; Pézerat, 1984 ; Join-Lambert 2001].

Entre hommes et femmes, les carrières ne sont donc pas identiques. Au début du XXe siècle, une dame receveuse sur deux conserve le même grade tout au long de sa carrière ; dans l'entre-deux-guerres, 90 % des receveuses dirigent en fin de carrière une recette de cinquième ou sixième classe, généralement dans un fond de campagne. À examiner leur parcours, on voit que leur itinéraire dans l'administration des PTT les a fait accéder en moyenne à treize fonctions différentes, contre soixante-dix-sept pour les hommes. Après la mise en place du statut de la fonction publique, qui permet de prendre une recette quelle que soit la catégorie de classement, entre A et D, les femmes sont totalement absentes des grades supérieurs du corps des receveurs. Dans une administration où la mobilité géographique devient, après la Seconde Guerre mondiale en particulier, une condition de l'avancement, elles changent de lieu d'affectation deux fois moins que les hommes [Bachrach, 1987 ; Join-Lambert, 2001]. Faut-il en conclure que quand au xixe siècle, la figure de la guichetière déclenche des polémiques, celle de la receveuse rassure, d'autant qu'elle tient de petits bureaux où le logement de fonction est attenant au local postal, la laissant proche de sa cuisine et de ses éventuels enfants, comme une travailleuse à domicile ?

Dans *les banques*, jusqu'aux années 1970, il n'en va guère autrement. Auxiliariat et temps partiel sont souvent de mise : « Au recouvrement, le travail est monotone. Dans ces bureaux, l'auxiliaire travaille dix jours par mois. Pendant toute la longueur des journées, elle reporte invariablement sur de longs feuillets, la somme des effets déjà enregistrés sur des bordereaux. Il ne faut ni se tromper d'un chiffre, ni en omettre un. […] Lorsque la malheureuse quitte son bureau, elle a la manie des chiffres, elle continue à additionner des sommes fantastiques, à compter les marches des escaliers, à additionner les minutes de son sommeil » [cité par Zouary, 1984]. Traditionnellement, dans ces établissements bancaires, la mobilité professionnelle peut être forte, surtout si l'employé réunit les conditions d'un niveau d'instruction suffisamment solide, d'un passé professionnel dans le secteur, d'une entrée vers 30 ans, d'un bon contact avec la clientèle et du dévouement à l'entreprise. Pourtant, à la Société lyonnaise de banque, par exemple, nulle promotion n'apparaît pour les femmes. Même si celles entrées dans les années 1930 sont plus diplômées que les hommes, même si elles sont très stables dans l'entreprise, plus de trente ans, même si elles peuvent remplacer un homme, comme celle-ci qui « connaît très bien son métier et dirige le bureau [agence] intelligemment chaque fois que son mari est en démarche, ce qui est fréquent », même si les feuilles de notation insistent sur leur sérieux, on n'envisage jamais pour elles de postes à responsabilités [Cabour, 1987]. Dans les années 1970, un simple certificat d'études permet à 42 % de ses titulaires hommes d'accéder au rang de cadre, mais à seulement 11 % des femmes ; à l'autre bout de la chaîne, 57 % des diplômés de l'Université sont cadres, pour seulement 22 % des femmes : la majorité d'entre elles (47 %) sont calées dans la position intermédiaire de gradées. Tout comme chez les postières et les fonctionnaires en général, on peut d'ailleurs remarquer que leur mobilité géographique, condition d'une carrière efficace, est liée à des impératifs non pas professionnels, mais familiaux : elles choisissent des affectations dans des agences proches de leur domicile ou des emplois dans les services centraux, à horaires souples. Les femmes demandent ainsi des mutations plus pour des lieux que pour des postes [Grafmeyer, 1992].

Globalement, les métiers des papiers ne diffèrent donc guère de ceux de l'usine. Salaires plus faibles que ceux des hommes pour des fonctions guère différentes et longtemps impossibilité de la promotion. Les formations accordées aux filles sont le reflet de cette organisation du travail.

DES FORMATIONS FERMÉES

Les écoles primaires supérieures

Comme les caractéristiques majeures des métiers des papiers sont le calcul et l'écriture de la langue, ils sont réservés à celles qui ont fait un cursus à l'école française ; l'emploi d'immigrées sur les machines de l'usine ou dans les services du nettoyage permet donc la libération de la force de travail des francophones formées dans l'enseignement primaire et primaire supérieur. On a dit comment, après les lois Ferry, le maillage territorial s'en est fait de plus en plus dense. À partir de 1909, avec une réforme des programmes, l'enseignement primaire supérieur se spécialise, au moins dans les grandes villes. À Lyon, les EPS publiques et privées préparent pour partie aux métiers industriels, mais surtout aux différents métiers des papiers, de l'État comme des entreprises. L'idée est de former les filles et, surtout dans les quartiers les moins populaires, de leur faire obtenir le brevet, qui permet l'accès par concours aux nombreuses administrations.

Pour les programmes, français, calcul, histoire, géographie ne sont pas à considérer comme une simple culture générale, mais bien comme un perfectionnement des savoirs nécessaires à la vie active : de l'algèbre pour les calculs de la comptabilité, des mesures de surfaces et de volumes pour celles qui travailleront chez des artisans, de la grammaire pour rédiger le courrier des entreprises, de la géographie industrielle et commerciale pour mieux comprendre le commerce. Une des EPS lyonnaises, tournée vers l'apprentissage de ces savoirs, ne se fait parallèlement pas faute d'ostensiblement en négliger d'autres, comme la morale, les travaux manuels ou encore l'écriture, plus vraiment nécessaire avec les machines à dactylographier [Prudhomme, 2000]. Même classées dans l'enseignement général, d'autres matières montrent la finalité professionnelle des programmes, comme, en troisième année, l'économie politique, qui comprend l'étude des agents de production (le capital, le travail), la circulation des richesses, le commerce intérieur et extérieur, l'analyse des syndicats professionnels patronaux et des associations ouvrières. Les élèves apprennent aussi une langue étrangère, en général l'anglais, mais aussi l'allemand et l'italien, qui permettent de répondre au téléphone, de lire et de rédiger le courrier ; le vocabulaire enseigné en langues comprend ainsi les différents métiers, mais aussi la vie en ville. Enseignée aussi bien sûr, la comptabilité, avec la tenue des livres, comme celle des comptes courants portant intérêt. De toute façon existent des sections spécialisées dans l'enseignement du commerce, avec des cours de comptabilité, mais aussi de droit commercial ; les jeunes filles y ont également des cours de sténographie et dactylographie. Après quatre ans d'enseignement et des succès aux examens trimestriels, on sort nantie du diplôme supérieur d'études commerciales [Prudhomme, 2000].

En France, en moyenne, environ 10 % d'une classe d'âge fréquente l'enseignement primaire supérieur [Briand et Chapoulie, 1992]. À Lyon, à la fin du XIXᵉ siècle, 450 filles fréquentent les EPS et leur nombre augmente régulièrement : 1 000 à la veille de la Première Guerre mondiale toutes sections confondues, 1 800 vingt ans plus tard. Pour certains des métiers auxquels elles sont préparées, nul ne songe à les faire exercer par des hommes et, au début du XXᵉ siècle, un membre du conseil municipal lyonnais le formalise clairement : « L'enseignement commercial donne aux élèves le goût des travaux féminins ; il détourne de la carrière d'institutrice celles d'entre elles dont les aptitudes sont insuffisantes » [cité par Prudhomme, 2000]. Ce dernier métier ne regroupe de toute façon que peu d'élues. En 1900 par exemple, sur 188 Lyonnaises, vingt et une seulement intègrent l'École normale d'institutrices et six autres deviennent surveillantes dans des établissements privés ou publics ; en revanche, soixante-quatre rentrent dans leur famille, en général pour y aider au commerce, douze partent employées de bureau ou de magasin chez des commerçants, sept sont employées à la Poste et à la Caisse d'épargne[1]. Et trente-deux poursuivent leur cursus, en particulier dans une école féminine de commerce [Prudhomme, 2000].

Les écoles de commerce

Ces écoles de commerce qui font suite à l'enseignement primaire supérieur, pour mal connues qu'elles soient, n'en existent pas moins, et fort tôt. Toujours à Lyon, dès 1858, la nécessité est nettement décrite de la formation des femmes aux métiers des écritures et plus précisément de la comptabilité : « Le nombre est considérable de filles adultes et de femmes employées dans des magasins, ateliers et établissements de toute espèce, mais nulle part ces maîtresses ou employées ne peuvent se procurer les connaissances théoriques, ni les habitudes pratiques de comptabilité pour assurer la régularité dans la direction d'un commerce ou l'ordre dans le maniement des affaires » [cité par Claire, 1997]. Ces jeunes femmes, elles ont plus de 16 ans, peuvent donc se former d'abord dans le cadre d'un Cours des dames, fonctionnant à mi-temps sur deux ans ; l'enseignement y est de français, d'arithmétique et de géographie, complété par

---

1. La statistique est tous enseignements confondus et ne sont pas mentionnées les filles qui ont fait un apprentissage industriel, en général dans la couture, soit 34 filles.

de la comptabilité, du droit commercial, des cours de correspondance. Puis, le cours se transforme en École de commerce, avec des promotions de dix, puis vingt élèves par an, qui deviennent teneuses de livres, caissières dans les magasins ou qui dirigent leur propre commerce. Si cette école ferme en 1906, la mairie préférant ne subventionner que les EPS, sa directrice, Élise Luquin-Besson, a entre-temps obtenu une médaille d'or à l'Exposition universelle de 1889 [Claire, 1997]. Durant la Première Guerre s'ouvre également l'École technique municipale de Lyon, où, malgré son intitulé, on enseigne aux filles les métiers des bureaux et des papiers. Recrutant entre soixante-dix et quatre-vingt-dix élèves par an au sortir des EPS, elle les spécialise dans les métiers du commerce, avec des cours de législation commerciale, de règlement des échanges et de circulation des produits et de comptabilité. Attentive aux innovations, cette école introduit dès les années 1920 des cours de publicité. À peine 9 % de ses diplômées ne cherchent pas une place à la fin de leur cursus [Court, 1999].

Pendant la Première Guerre mondiale toujours, en 1916, est créée à Paris l'École pratique de haut enseignement commercial pour jeunes filles, HEC-JF. Fondée par une membre du Conseil national des femmes françaises, Louli Sanua, la nouvelle école se veut le pendant de l'École des hautes études commerciales des garçons, HEC, mais a finalement les mêmes ambitions que les institutions qui l'ont précédée en province. En effet, pour des élèves recrutées au niveau du baccalauréat, mais aussi du diplôme d'enseignement secondaire, du brevet supérieur, voire avec un simple examen d'entrée, le cursus est d'abord d'un an, puis de deux, avec 70, puis 120 élèves par promotion. Les programmes destinent d'abord aux métiers de la comptabilité, aux emplois supérieurs de l'administration des entreprises, comme les banques. Les cours les plus réputés sont ceux de secrétariat, qui ambitionnent de former des femmes secrétaires à l'image des hommes secrétaires, collaborateurs de leur patron. Le programme définit qu'« un secrétaire [sic] doit connaître le maniement des fiches et l'organisation des dossiers, être au courant des procédés de documentation, dépouiller rapidement un ensemble de textes, rédiger un rapport ou le présenter oralement » [cité par Delorme-Hoechstetter, 2000]. Dès la fin de la guerre, les promotions sont fournies, plus de 130 élèves, même si on relève des abandons. Les anciennes élèves se placent dans les administrations, pour la comptabilité et les contentieux, pour un tiers d'entre elles, dans les secrétariats généraux et les services de correspondance des entreprises pour le quart, et encore, pour 15 %, dans les banques, au service de documentation, des titres et dans les secrétariats.

Pour permettre un élargissement des carrières offertes, HEC-JF fait, dans les années 1930, admettre son diplôme comme équivalence de la licence délivrée par les universités, licence exigible pour passer les concours pour le grade de rédacteur dans les ministères. Ce n'est qu'à partir du milieu des années 1950 que les diplômées parviennent à se hisser jusqu'aux postes de cadres. Puis, en 1971, la Chambre de commerce et d'industrie de Paris décidant de la mixité des lieux d'enseignement sous sa tutelle, propose la fusion avec l'École supérieure de commerce de Paris (ESCP), fusion refusée par l'Association des anciens élèves. HEC-JF sera en fait absorbée par HEC, en 1975 : lors du premier concours mixte, en 1975, c'est une femme qui en est major [Delorme-Hoechstetter, 2000]. En 2000, les écoles de commerce sont près d'atteindre la parité, avec 46 % de filles parmi leurs élèves, y compris dans les plus prestigieuses d'entre elles, comme HEC.

L'égalité au travail se construit dans l'égalité des formations et des promotions comme dans la mixité des tâches. On voit que ce n'est pas plus le cas au bureau qu'à l'atelier et que la multiplication des travaux administratifs construit des métiers nouveaux dévolus aux femmes. Répétitivité, monotonie, fatigue, bruit et bas salaires sont tout aussi présents que pour les ouvrières et pour des rémunérations guère différentes. Et pas plus que pour les métiers des machines, les femmes n'y font concurrence aux hommes : certains métiers sont bien, dès leur apparition ou réelle extension, construits pour elles, dans l'administration comme dans les entreprises, qu'il s'agisse du tri des chèques ou du travail sur machines mécanographiques, comme des métiers du secrétariat. Quand la mixité existe, qu'hommes et femmes se côtoient, comme dans les métiers des guichets, d'autres assignations sont prévues : longtemps, la mobilité hiérarchique ascendante est impossible, les femmes ne sont pas promues, en général au motif qu'elles ne savent, ou ne peuvent, commander. Femmes cadres : voilà une colonne socio-professionnelle calée sur zéro jusqu'aux années 1960, en tout cas pour les entreprises privées. Pourtant, des lieux de formation ont été ouverts pour les différents apprentissages des plus techniques de ces métiers, qu'il s'agisse de la dactylographie, des langues comme de la comptabilité. Dans les écoles primaires supérieures ou des écoles spécialisées sont élaborées de vraies formations diplômantes, qui ne fusionnent que dans les années 1970, avec celles des jeunes hommes. Alors seulement les femmes peuvent commencer à penser la mixité des responsabilités et des métiers et la mobilité professionnelle ascendante.

Chapitre VIII

FEMMES DIPLÔMÉES :
LES AVANCÉES VERS LA MIXITÉ

Pour achever ce souvent désolant tableau de l'histoire des femmes et de leurs métiers, il reste à examiner ceux dans lesquels les femmes ont fait une entrée progressive et souvent récente à l'échelle des deux derniers siècles : femmes médecins et ingénieures, femmes magistrates et ministres... De ces métiers, dont on dit qu'ils se féminisent, on dit aussi qu'ils se dévaloriseraient. Entendons bien : qu'ils se dévaloriseraient pour les hommes, qui, autrefois, les occupaient seuls. Le signe en serait numérique : les hommes déserteraient ces lieux, en investissant d'autres garantissant l'entre-soi, échappant à une dépréciation sociale à laquelle ferait écho la dépréciation financière. Les exemples en seraient multiples avec l'enseignement ou la magistrature pour le service de l'État, la médecine pour les professions libérales. Confrontés à la présence des femmes, les hommes fuiraient en grand nombre, comme mus par un irrésistible et tacite esprit de groupe, une vraie solidarité, évidemment nulle part ailleurs démontrée. En réalité, cette « féminisation » n'est que conséquence de la levée des inégalités, en particulier celle des formations : parfois lentement, mais toujours sûrement, les femmes investissent de nouveaux lieux de travail, établissant des taux d'activité qui correspondent à leur place dans la population en âge de travailler, reléguant les anciennes chasses gardées dans les placards de temps désormais révolus. Comment croire que les hommes désertent le métier d'enseignant, quand ils sont plus de la moitié des effectifs du secondaire ? Comment imaginer qu'ils fuient les métiers de la médecine ? Aucune de ces annonces ne résiste à l'examen des chiffres. Il faut donc bien opposer les métiers où les hommes n'ont jamais été et ceux, longtemps préservés, du savoir, du pouvoir et de l'autorité, où ils doivent désormais partager. Ces lieux de travail sont divers. Pour certains d'entre eux, bien rares, ils peuvent avoir été autorisés dès le XIXᵉ siècle, parce que des femmes n'y avaient autorité que sur d'autres femmes. Pour les autres, la percée féminine est à la fois récente et loin d'être achevée.

FEMMES DU SAVOIR : DES ESPACES RÉSERVÉS

Une difficile conquête des diplômes

On a dit comment le tardif accès normalisé des filles au baccalauréat handicape lourdement leur entrée à l'Université. Pour les pionnières du XIXᵉ siècle, certaines facultés sont plus faciles à conquérir que d'autres et, d'ailleurs, le droit aux examens y est accordé avant celui d'assister aux cours ou d'accéder aux bibliothèques. Le motif avancé ? La morale, qui refuserait le mélange des sexes dans les amphithéâtres et dans le côtoiement des livres. En 1884, c'est la première inscription d'une femme à la faculté de droit de Paris : « L'accueil des professeurs fut glacial ; celui des étudiants extrêmement respectueux », raconte Sarmiza Bilcescu [citée par Christen-Lécuyer, 2000] ; en 1887, Emma Chenu s'inscrit à la faculté de Sciences de Paris ; en 1893, une première femme entre à la faculté de

Pharmacie. En tout et pour tout, de 1866 à 1882, on recense trois licenciées ès sciences, deux ès lettres et vingt docteures en médecine. Les étudiantes étrangères sont alors les plus nombreuses. Roumaines, Polonaises, Russes, elles et leurs parents fuient les pogroms des années 1880 et un régime tsariste qui, après avoir largement ouvert ses universités aux femmes, a établi des *numerus clausus*. Fille de professeur, Manya Sklodowska, future Marie Curie, obtient le premier doctorat ès sciences physiques en 1902. Avant elles, d'autres « premières » ont passé le cap : Garret, une Anglaise, première docteure en médecine en 1870, Louise-Amélie Leblois, première docteure en sciences en 1888. Le diplôme de pharmacienne est très rare : la première est Barthélémy, à Montpellier en 1896, la deuxième, Napias, à Paris en 1900, puis personne ne se présente jusqu'en 1929 ; en 1914, deux femmes ont obtenu les premiers doctorats de lettres à Paris. Si, en 1900, 528 étudiantes sont inscrites dans les facultés de médecine (6 % des effectifs), il y en a seulement cinq en droit, discipline très résistante à leur pénétration et où la première agrégée, Charlotte Lagarde-Bequignon, ne le sera qu'en 1931 [Christen-Lécuyer, 2000].

En 1930, après le décret Bérard, les femmes sont plus de 3 000 en médecine (18 % des effectifs), près de 7 000 en lettres, la moitié, et 12 % des étudiant-e-s en droit. La percée est intéressante, mais trompeuse. La perspective change radicalement quand on compare la proportion des inscrites et celle des diplômées : 9 % de diplômées pour les sciences en 1905, 9 % encore en 1938 ; 5 % et 3 % pour la médecine pour les mêmes années ; le seul infléchissement concerne le droit : de 4 à 9 %. Autrement dit, en plus d'un demi-siècle, de 1870 à 1930, l'Université aura décerné cinquante-trois doctorats en droit, cinquante-cinq en sciences, dix-neuf en lettres et 522 en médecine [Albistur et Armogathe, 1978 ; Christen-Lécuyer, 2000]. Si l'on exclut les juristes, voilà donc, bien probablement, juste de quoi peupler en enseignantes les lycées de filles.

Qu'imaginer de ces résultats ? Que ces filles sont incapables de suivre un cursus universitaire ? Sûrement pas. Que les enseignants sont plus exigeants à leur égard ? On peut espérer que non. Le taux d'abandon vient plus sûrement du profil socio-logique de ces étudiantes : dans cet entre-deux-guerres, à peine 3 à 5 % d'une classe d'âge accèdent à des baccalauréats réservés aux enfants des notables. Or de ces étudiantes-là, on sait que la pression sociale est forte pour que le mariage et la famille soient le seul centre de leur vie. Elles ne se rebelleront en nombre que dans les années 1970, en décidant d'achever leurs diplômes et de les négocier sur le marché du travail.

L'Éducation nationale ou la diversité des statuts

Le sens commun dirait sans doute que point n'est besoin de classer les femmes enseignantes dans la catégorie des métiers en voie de féminisation : autant de garçons que de filles à l'école obligatoire équivalent à une parité des individus qui les enseignent. Voire même plus : l'enseignement n'est-il pas, justement, le lieu où les femmes travaillent en plus grand nombre que les hommes et où la féminisation est, depuis longtemps, forte ? Rien n'est moins sûr. En effet, ces enseignantes ne forment pas un corps homogène, leur statut dépend bel et bien de leur position dans les étapes des cursus scolaires. Enseignantes de maternelles ou du primaire élémentaire, enseignantes du primaire supérieur puis des collèges, enseignantes des lycées et des universités ne sont pas du même monde.

Traitées comme substitut des mères, *les institutrices* des écoles maternelles attendent plusieurs décennies un statut comparable à celui des institutrices du primaire élémentaire, on l'a vu. Pour ces dernières, ce n'est qu'avec la Troisième République que leurs lieux de formation, les Écoles normales d'institutrices, existent sur tout le territoire : en 1880, seuls dix-sept départements avaient fait cet effort. Dans la première moitié du XXᵉ siècle, les Écoles normales, non mixtes, recrutent environ 4 000 élèves par an, dont la moitié de femmes ; 44 000 en 1900, les institutrices se comptent 88 000 en 1920, 100 000 en 1939, 250 000 à la fin du XXᵉ siècle [Ozouf et Ozouf, 1992 ; Alligier, 1999]. Pour enseigner, le brevet est suffisant, ce n'est que tardivement dans le XXᵉ siècle (dans les années 1970) que les institutrices, comme les instituteurs, doivent être titulaires du baccalauréat, et ensuite d'une licence, avec la création des Instituts universitaires de formation des maîtres (IUFM) en 1991. Alors, d'ailleurs, le vocabulaire change et les institutrices deviennent professeures des écoles, assimilées sémantiquement, financièrement et statutairement aux professeures certifiées de l'enseignement secondaire. Pour les salaires, les différences entre hommes et femmes ont longtemps existé. Ainsi, quand la loi Guizot de 1833 avait fixé un traitement minimum pour les instituteurs, les institutrices ont dû attendre 1866 ; le seuil, comparable à celui des domestiques, en était d'ailleurs si bas que Jules Simon remarquait que, même si l'on avait eu des écoles normales, l'on ne serait pas parvenu à les remplir [Mayeur, 1993]. Fonctionnaires à partir de 1889, les institutrices ont patienté jusqu'en 1919 pour que leurs rémunérations soient alignées sur celles des instituteurs. Enfin, il faut noter que les hommes ont été proportionnellement plus nombreux à obtenir leur promotion dans l'enseignement primaire supérieur et qu'ils seront aussi majoritaires, dans le cadre de la loi Haby de 1975, à passer dans le cadre des professeurs d'enseignement général des collèges, les PEGC [Alligier, 1999].

Les professeures de l'enseignement secondaire ont un autre profil. Parmi elles, à nouveau, les congréganistes jouent un rôle important au XIXe siècle, en tenant des lieux d'enseignement sur tout le territoire. Ailleurs, avant que l'État leur crée des lycées, les filles sont très souvent enseignées par des hommes, en particulier pour les cours d'histoire, de littérature, de géographie et de sciences. Les rapports d'inspection notent leur présence, commentant que les familles les imposent comme garants du sérieux d'une institution et que les grandes élèves les préfèrent. Ils peuvent être deux fois plus nombreux que les femmes : dans les 220 pensionnats parisiens, on compte, en 1855, 857 enseignants, contre 542 enseignantes [Rogers, 1996]. C'est seulement au milieu du XIXe siècle, quand se durcissent les rapports sociaux entre femmes et hommes, que la présence de ces derniers devient sujet de polémiques qui iront croissant avec la loi de Victor Duruy, puis celle de Camille Sée. Sont alors dénoncées

« les infâmes séductions des professeurs à l'égard des jeunes pensionnaires » [cité par Rogers, 1996]. Les institutions catholiques et certains grands lycées publics parisiens gardent cependant, au moins jusqu'à la veille de la Première Guerre, un contingent de 30 % d'enseignants [Peretz, 1985].

Avec l'installation des lycées de filles se met en place, en 1882, un lieu de formation des professeures, l'École normale supérieure de Sèvres, qui prépare à l'agrégation les futures enseignantes des lycées. Comme femmes et hommes ne peuvent être sur un même pied, on crée des agrégations spécifiques pour les premières : lettres, histoire, mathématiques, physique ; pas de philosophie, bien sûr, puisqu'elle n'est pas prévue dans les programmes des filles, ni non plus d'agrégation de grammaire ou de sciences naturelles. En revanche, les femmes sont admises à se présenter aux concours masculins de langues à partir de 1883. Une mixité trop paradoxale pour faire long feu, puisque dès 1891 le jury d'anglais, imité ensuite, établit un classement distinct entre lauréates et lauréats. Ce n'est qu'en 1905 que Jeanne Baudry ose se présenter à l'agrégation de philosophie où elle est reçue deuxième. S'égrènent ensuite, à nouveau, les « premières » : 1907, Marie Robert agrégée de sciences naturelles, 1912, Jeanne Raison classée première à l'agrégation de grammaire, 1913, Marguerite Rouvière reçue en sciences physiques. Des exceptions vite muselées dès que menace une vraie rivalité : juste après la guerre, durant laquelle aucun concours n'a été ouvert pour les jeunes gens, les jeunes femmes sont interdites de concours masculins. Mieux, en 1922 et 1923, l'agrégation masculine de mathématiques leur est fermée, après que Madeleine Chaumont eut été reçue première en 1920 et que deux autres femmes eurent pris les deux premières places en 1921. Comment mieux dire la crainte de la concurrence des femmes ? C'est seulement en 1924 que toutes les agrégations masculines sont ouvertes aux femmes, porte qui se referme à la Libération où elles ne peuvent plus se présenter que dans les disciplines où n'existe pas d'agrégation féminine. Il va de fait falloir un demi-siècle pour une lente installation de la mixité de ces concours, pourtant discutée dès après la Première Guerre mondiale : c'est seulement entre 1974 et 1976 qu'elle est établie pour toutes les matières [Chervel, 1993].

Jusque-là, les niveaux de recrutements n'étaient pas égalisés : en 1900, on a reçu quatre-vingt-cinq hommes et quatorze femmes, en 1950, 208 contre 104. Même quand s'ouvre l'enseignement secondaire, l'inégalité est toujours de mise : en 1961 l'Éducation nationale a embauché 1 077 agrégés contre 712 agrégées, symétrie inversée du recrutement au CAPES, 922 certifiés pour 1 324 certifiées, dont les charges de cours sont supérieures, pour un traitement et une considération moindres. Il faut par ailleurs noter que les lieux de préparation les plus prestigieux s'efforcent longtemps de faire exception à la règle démocratique : ce n'est qu'en 1986 que les Écoles normales supérieures d'Ulm et de Sèvres s'ouvrent à la mixité. Pas d'égalité non plus pour les rémunérations, ni de mixité pour les jurys d'examens. Les professeures ont dû attendre l'entre-deux-guerres pour que traitements et temps de service soient alignés, en deux temps : 1927 pour l'égalité de salaire avec les hommes et 1932 pour celle du nombre d'heures de cours. Pour les rémunérations, une partie des syndicats y était fermement opposée, comme la Fédération de l'enseignement secondaire du Var : « Cette revendication nuit aux professeurs hommes, en diminuant les augmentations qu'ils peuvent espérer : les augmentations étant prélevées sur un crédit fixe, ce que les femmes auront en plus, les hommes l'auront en moins » [cité par Lelièvre et Lelièvre, 1991]. Par ailleurs, si les filles sont autorisées à s'inscrire librement au baccalauréat en 1908, il faut attendre 1927 pour qu'y apparaissent les premiers jurys mixtes, 1932 pour que toutes les options soient jugées par des hommes et des femmes et 1934 pour que des femmes soient présentes au Conseil supérieur de l'Éducation nationale. Sans doute la toute jeune Société des agrégées, fondée en 1919, a-t-elle joué un rôle non négligeable dans ces ajustements.

Instruire les femmes entraînerait si bien leur émancipation que le *vademecum* de la parfaite enseignante a longtemps précisé comment ne pas s'attarder dans les lieux de passage, comme les rues ou les gares, et comment emprunter le chemin le plus court pour aller de chez soi au lycée. Alors, romanciers et journalistes ont produit de nouveaux monstres sociaux : la femme enseignante, vouée à la stérilité parce qu'elle dispensait des nourritures spirituelles, quand la femme médecin laissait mourir ses enfants. Dans les années 1930, la presse syndicale se demandait toujours si la charge d'enfants était compatible avec celle des élèves. Apparut alors la question du temps partiel, longuement débattue, puisqu'elle ne fut accordée qu'en 1970 pour le travail à mi-temps et en 1981 pour le temps partiel ; dans la foulée s'installa l'idée que le professorat est un « bon » métier pour les femmes, puisque ses horaires journaliers ou annuels sont, par définition, alignés sur ceux des lieux d'enseignement des enfants. On peut par ailleurs noter que, pour ce temps partiel, si les femmes y font appel, les hommes aussi : en 1997, chez les certifié-e-s, 17 % des femmes et 7,3 % des hommes ; chez les agrégé-e-s, 12,3 % des femmes et 4,6 % des hommes [Cacouault, 1976, 2001].

Mais, contrairement à l'enseignement primaire où les femmes sont les trois quarts des effectifs, l'enseignement secondaire n'est pas aussi féminisé qu'on le dit. En effet, au début des années 1990, les femmes y sont 171 000 pour 198 000 hommes. En raisonnant segment par segment, elles sont plus nombreuses dans les collèges que dans les lycées et ne sont majoritaires que dans les disciplines qui leur ont toujours été reconnues accessibles, comme les lettres ou les sciences de la vie. Dans l'enseignement technique, les matières qui mènent au secteur secondaire sont majoritairement masculines, pour les enseignant-e-s comme pour les enseigné-e-s, et celles qui conduisent au secteur tertiaire, juste à l'opposé. À l'autre extrémité de la chaîne honorifique de l'enseignement secondaire, les classes préparatoires aux grandes écoles comptent à peine 28 % de femmes en 1996, avec des distorsions dans les disciplines qui rappellent toujours l'histoire de l'enseignement des filles : à peine 16 % de femmes dans les chaires supérieures de philosophie contre 32 % dans les disciplines littéraires. Néanmoins, on assiste à des mutations extrêmement récentes : si les femmes sont, dans l'ensemble, 23 % des enseignant-e-s dans les disciplines scientifiques, elles sont en revanche majoritaires dans la tranche d'âge des 26-39 ans, la plus jeune, la plus tardivement venue, la plus perméable aux mutations des dernières décennies [Cacouault-Bitaut, 1998].

On est encore bien loin de ces chiffres *dans l'enseignement supérieur*, en particulier dans le haut de l'échelle hiérarchique parmi les professeur-e-s, cas de figure d'un métier qui fut interdit et où se signalèrent des « premières ». Deux grades y sont distingués : les professeur-e-s d'université, les maître-sse-s de conférences, coopté-e-s par leurs pairs. Dans la plupart des matières, pour accéder au rang de maître-sse de conférences, sont nécessaires l'agrégation et la thèse, long et prenant travail de plusieurs années ; l'accès au grade de professeur-e exige, lui, l'écriture d'une deuxième thèse, la thèse d'État, devenue habilitation en 1982. Même ouverte aux femmes, l'Université a longtemps renâclé à les voir enseigner : en 1921 seulement, Villard est la première maîtresse de conférences, à Grenoble et dans une discipline acceptée pour les femmes, l'anglais ; en 1925, Ranart-Lucas est nommée maîtresse de conférences de chimie organique à la Sorbonne ; en 1930, on compte soixante et une maîtresses de conférences dans le pays. Mais si dès 1906 Marie Curie avait été nommée professeure à la chaire de physique générale à la Sorbonne, elle y était bien là une formidable exception que ses travaux rendaient incontournable, puisqu'elle avait reçu le Nobel de physique en 1903 et celui de chimie en 1911[1]. C'est donc seulement en 1947 que Marie-Jeanne Durry est professeure, sans chaire, à la Sorbonne, après une candidature malheureuse en 1937 [Charle, 1994]. Quant au Collège de France, la première femme, Jacqueline de Romilly, n'y entre qu'en 1973. Deux ans auparavant, l'Académie des sciences morales et politiques avait

---

1. Le prix Nobel de physique a été obtenu en 1903 en association avec Pierre Curie, son mari, et Henri Becquerel. Elle obtient seule le prix Nobel de chimie en 1911, ce qui paraît éminemment suspect : qui n'a entendu susurrer que c'est Pierre Curie qui avait fait les découvertes ? Quand Marie Curie se présenta à l'Académie des sciences contre Édouard Branly, père de la radioconduction, elle obtint au premier tour vingt-huit voix et Branly, vingt-neuf : « Laissez entrer tout le monde, sauf les femmes », demanda le président. Sa fille, Irène Joliot-Curie, ne sera pas admise non plus.

élu Suzanne Bastid ; en 1979, l'Académie des sciences, qui avait refusé les deux générations de Curie, a accepté Yvonne Choquet-Bruhat, en 1981, l'Académie française, Marguerite Yourcenar, en 2001, l'Académie des beaux-arts, Jeanne Moreau.

Les premières facultés à accueillir, à partir des années 1970, un nombre significatif d'enseignantes, dans le cadre des maître-sse-s de conférences s'entend, sont la médecine, les lettres et les disciplines artistiques, ce qui correspond à leurs capacités sociales ressassées : les soins, la littérature et les compétences culturelles désintéressées [Fave-Bonnet, 1996 ; Charle, 1998]. Mais si le corps des maître-sse-s de conférences accueille, en 1996, 35 % de femmes, toutes disciplines confondues, le corps des professeur-e-s en est à ses tout débuts. Y arrivent seulement, en 2001, les femmes nées dans les années 1945-1950, génération désormais dans l'âge de la maturité autorisant la revendication de responsabilités. Elles y peinent, à cause de la longueur des études et des représentations masculines : 13 % des professeur-e-s en moyenne, les femmes se répartissent encore de manière iné-gale selon les disciplines et les classes de promotion ; dans une grande université comme Lyon-II, elles représentent 22 % des professeur-e-s de deuxième classe, mais seulement 12 % de la première classe, et une seule femme pour neuf hommes est dans la classe exceptionnelle, le haut de la hiérarchie, accessible dans les dix ou quinze dernières années de carrière. Cela dit, la mon-tée est irrépressible, puisque les femmes ne représentaient que 9 % du corps en 1988. Quant aux postes de la haute responsabi-lité, accordée par les pairs, voire par la voie du Conseil des ministres, ils sont autorisés tardivement et rarement : ce n'est qu'en 1968 qu'Alice Saunïé-Séité a été élue première doyenne de faculté et en 1982 qu'Hélène Ahrweiler a été nommée rectrice des universités. En 1996, sur quatre-vingt-sept universités, on ne compte que cinq présidentes.

Médecins, oui, chirurgiennes, non

Les femmes médecins se sont heurtées exactement aux mêmes difficultés. Pourtant, Victor Duruy avait pris soin de leur concéder une voie particulière pour l'accès au métier, créant, en 1869, l'École supérieure de médecine pour jeunes filles, qui dispensait une formation de praticien assortie de stages dans les hôpitaux. Seulement, ce n'était pas le titre de docteur en médecine qui était là délivré, mais un simple brevet de médecine. Durant leur formation, ces femmes apprenaient l'arabe, car il était convenu que « le brevet délivré ne pourra avoir qu'une valeur d'opinion et que les personnes qui l'auraient obtenu seraient sans droit pour exercer en France » [cité par Albistur et Armogathe 1977]. Demi-médecins pour demi-malades donc, ceux des colonies.

De fait, l'exercice de la médecine est légalement interdit aux femmes depuis fort longtemps, 1484, quand la Faculté élabora des textes excluant mégeresses et autres médeciennes, cette « infinité de femmes » qui partout exerçaient, leur concédant juste le métier de sage-femme [Berriot-Salvadore, 1981]. La loi de 1802, qui organise le métier de médecin, n'interdit pas formellement son exercice aux femmes, mais son exégèse, si, dans le cadre d'une circulaire de Chaptal [Léonard, 1977]. Dans la seconde moitié du XIXᵉ siècle, des femmes qui s'obstinent à vouloir suivre les cinq années de cursus sanctionnées par une thèse achoppent sur les inscriptions. En 1866, Madeleine Brès demande à s'inscrire à Paris. Effrayé, le doyen Wurz consulte son ministre Duruy, qui en réfère alors au Conseil des ministres. On dit que, présidé ce jour-là par l'impératrice Eugénie, la réponse, favorable, fut assortie de ce commentaire : « J'espère que cette jeune femme trouvera des imitatrices » [cité par Lorillot, 1981].

Ce qui fut bien peu le cas. En 1914, à peine 300 femmes exercent et l'année 1933 ne compte que soixante-neuf nouvelles docteures, soit 7 % des diplômé-e-s, contre 9 % en 1945 et 19 % en 1961 [Albistur et Armogathe, 1977]. Et pourtant, il ne s'agit là que de l'exercice libéral de la médecine, sans spécialisation particulière et que certains ne redoutent pas vraiment : « Ces confrères en jupon ne semblent pas préparés par leur sexe à tenir ces fonctions ; une doctoresse ne sera jamais qu'une excellente garde-malade […]. La femme doctoresse est une de ces herbes folles qui ont envahi la flore de la société moderne »

[1900, cité par Lorillot, 1981]. D'autres, plus lucides, envisagent sans sérénité la concurrence des femmes dans ces professions cotées : « Avocats, médecins, bientôt députés et magistrats, les femmes entrent en lice contre nous ; elles envahissent à leur tour les professions déjà encombrées ; elles trouveront bon que nous nous défendions » [1900, cité par Lelièvre et Lelièvre, 1991]. Les femmes elles-mêmes, y compris enseignantes, ne sont pas en reste, comme Dissard, issue du catholicisme social, qui dirige une institution de jeunes filles et dénonce « ce troisième sexe que notre époque veut former et auquel le Bon Dieu n'avait pas songé en créant le monde : ces femmes féministes et non féminines, avocats, médecins, électeurs, députés » [vers 1900, cité par Klejman et Rochefort, 1993].

Pour l'accès aux spécialités, la lutte a été plus chaude. Reçue à son doctorat, Madeleine Brès demande, en 1871, de s'inscrire au concours de l'externat ; bien qu'elle ait fait fonction d'interne à l'hôpital de la Pitié durant la guerre de 1870, elle essuie un refus. Il faudra attendre encore dix ans pour que Blanche Edwards obtienne une décision favorable de l'Assistance publique. Ces pionnières prennent d'ailleurs soin de se cantonner dans des disciplines socialement conçues comme féminines et souvent jugées mineures : gynécologie et pédiatrie, proches de leur instinct maternel, ophtalmologie, précise et minutieuse, comme les travaux de couture. Aujourd'hui fort présentes en gynécologie (86 % en 1994), ces femmes investissent bien plus lentement le secteur de l'obstétrique qui inclut de la chirurgie (32 %) : la préservation de la pudeur féminine, convoquée pour expliquer le premier chiffre, apparaît donc simple argument de circonstance.

Pour les femmes médecins de la fin du XIXe siècle, la dernière étape à conquérir restait alors le concours de l'internat. Là, il ne s'agissait plus seulement d'acquérir une spécialité médicale, mais bien d'enseigner et d'accéder à la direction des services des hôpitaux, bref éventuellement au professorat de médecine, sommet de la pyramide hiérarchique et de la considération sociale. La loi ne l'interdisait pas expressément, mais, arguant du manque de qualités intellectuelles, de l'inaptitude physique et en appelant à la vertu de femmes auxquelles ne peut convenir l'atmosphère des salles de garde, l'Assistance publique refusa en 1884 « ces quêteuses d'un nouveau genre », comme les qualifiait la presse médicale [cité par Lorillot, 1981]. Le *Lyon médical* approuva chaudement : « Parce qu'il y a des femmes externes, il n'y aura pas forcément de femmes internes. Vous exigez des conditions d'âge pour l'internat, rien n'empêche d'exiger des conditions de sexe. [...] La femme vivant de son travail est un monstre social. Une nation qui l'oublierait marcherait à sa ruine » [cité par Ferrari, 1998]. Pourtant, l'année suivante, un arrêté autorisa les femmes à concourir pour l'internat et Dorothea Klumke et Blanche Edwards franchirent le concours ; mais Klumke se vit, effectivement, refuser l'accès à la salle de garde par ses confrères, y compris en hiver [Lorillot, 1991]. Ensuite, tout fut à nouveau long. En 1911, Long-Landry fut nommée cheffe de clinique, mais adjointe seulement. Largement une guerre plus tard, en 1927, Odier-Dollfus devint cheffe de clinique titulaire. En 1934, Jeanne Lévy, élue agrégée de médecine, devint professeure à la faculté de médecine de Paris. Cinquante ans exactement s'étaient écoulés depuis l'accès des femmes à l'internat.

Ensuite, les temps chronologiques qui marquent l'évolution de la profession dans ses exercices libéral, salarié du public ou du privé, généraliste ou spécialiste ne varient guère par rapport au *tempo* de l'accès des femmes aux responsabilités. Même si, au milieu des années 1970, les revues d'orientation sur les carrières féminines en déconseillent encore l'exercice « parce que la médecine réclame un équilibre nerveux qui n'est pas l'apanage des femmes et oblige à supporter des spectacles pénibles » [cité par Groult, 1975] — ce qui est absolument contradictoire avec d'autres métiers fortement recommandés comme celui de sage-femme ou d'infirmière —, c'est bien alors que l'accession des femmes à la médecine devient un phénomène massif. De 6 % des diplômé-e-s en 1925, le pourcentage de femmes passe à 26 % en 1975 et 40 % en 1990 [Chevandier, 1997]. Une génération après leur accès majoritaire au baccalauréat, les filles sont aussi les plus nombreuses en première année de médecine.

Le monde des médecins hospitaliers se féminise aussi, peu à peu, soit aujourd'hui pour un tiers. Souvent cantonnées dans des secteurs anciennement investis, ces femmes sont rares en oto-rhino-laryngologie, en médecine interne ou digestive et encore en cardiologie. Ces secteurs de la chirurgie lourde sont un dernier bastion défendu dans un argumentaire basé sur l'antinomie des qualités des unes et des autres : « L'ophtalmologie est de la chirurgie minutieuse, c'est un peu de la couture, c'est délicat, cela reste féminin ; l'orthopédie, c'est très physique, c'est un esprit masculin, c'est faire de la mécanique » [cité par Picot, 1995]. Les discours des formateurs comme ceux d'une partie des étudiant-e-s restent encore ancrés dans la partition des rôles, gardant trace des idées socialement si travaillées sur les métiers acceptables pour les femmes : en dermatologie, rhumatologie, ophtalmologie les interventions au bloc opératoire seraient courtes, les urgences et les gardes moins importantes, ce qui permettrait aux femmes de ménager leur fragile santé et leurs devoirs de mères. Dans l'exposé de ces motifs sont alors benoîtement passées sous silence deux spécialités : la pédiatrie, traditionnelle affaire des femmes, où les gardes sont en revanche fort nombreuses, et l'anesthésie, où les charges de travail sont conséquentes et les femmes la moitié des effectifs [Picot, 1995].

Mais, là encore, la dernière génération introduit de réels changements dans la distribution des rôles : à la fin du XXe siècle, quand on compte à peine 3 % de femmes chirurgiennes chez les 45-54 ans, elles sont déjà 16 % pour les moins de 35 ans. Faut-il ajouter que les chasses gardées se disent aussi en termes bancaires ? Les 97 % d'hommes chirurgiens en libéral gagnent en moyenne 700 000 francs par an, les 88 % d'hommes cardiologues, 441 000 francs, quand les 68 % de généralistes se contentent de 310 000 francs. Parallèlement, des femmes médecins choisissent le salariat et donc des revenus largement moindres pour des emplois du temps qui le sont aussi : en 1994, sur les 8 500 postes de la médecine préventive, 73 % sont occupés par des femmes, comme 80 % des postes de médecins de la Sécurité sociale, quand, en face, la médecine hospitalière pèse, elle, pour 37 % [Crampton et Lefeuvre, 1997].

Des discours et des pratiques bien contradictoires donc, à l'image de l'évolution des métiers accordés aux femmes. On reste sans cesse pris-e dans ce réseau de représentations élaboré au XIXe siècle, qui ne distingue plus entre la construction sociale des qualités, le poids des usages et la réalité de l'accession des femmes à toutes les professions.

Ingénieures sans machines

En France, la dénomination d'ingénieur-e connote immédiatement les diplômes décernés par ses si spécifiques grandes écoles ; or, la moitié des ingénieur-e-s sont non-diplômé-e-s de l'enseignement supérieur. Ici, dans le cadre de l'histoire des femmes de savoir, on s'intéressera aux ingénieures diplômées lors de leur formation initiale. Pour les grandes écoles, la plus prestigieuse d'entre elles, Polytechnique, n'ouvre que bien tard ses portes aux femmes, en 1972. Elle suit de peu, trois ans, la décision des écoles supérieures des Mines de Paris, Nancy et Saint-Étienne. Pour cette dernière, il faut noter qu'en 1917, une femme, Schramek, y avait obtenu son admission, parce qu'aucun substantif, aucun adjectif ne spécifiait que les élèves devaient être de sexe masculin : dès l'année suivante, les textes furent rectifiés [Cachelou, 1992].

Au milieu des années 1960, une enquête de l'INSEE faisait apparaître 3 000 ingénieures, issues de plusieurs écoles, soit féminines, soit mixtes [Peslouan, 1974]. Parmi ces dernières, certaines avaient ouvert leurs portes durant la Première Guerre mondiale. On a pu expliquer cette ouverture par le nombre d'ingénieurs partis au front, dont une partie peuplait déjà les cimetières, ce qui laissait mal augurer du retour à la paix [Grelon, 1992]. C'est possible, voire plausible. Soulignons quand même que l'accès des femmes aux métiers jusque-là non autorisés se fait toujours au motif que l'on manquerait d'hommes — on retrouvera le cas pour les femmes magistrates et officières —, comme s'il s'agissait là d'une faveur, ancrée dans une obligation numérique, sans références aux compétences. Ainsi, pour le cas de la Première Guerre mondiale, la paix revenue, les écoles auraient tout aussi bien pu monter leur *numerus clausus* pour faire face à la pénurie. Bien mince de toute façon, l'élargissement des recrutements semble plutôt participer de la mutation des rôles sociaux, que reconnaissaient un certain nombre de décideurs, en particulier politiques et académiques. Les débats pour l'admission de deux jeunes filles à l'École centrale en 1917 en témoignent : au conseil d'administration, un seul membre est partisan du refus, au motif que le métier d'ingénieur ne convient pas aux femmes, bien plus utiles dans leur foyer, où elles ne concurrencent pas les hommes : « Vous allez encore amener du rabais dans les prix », précise-t-il. Tous les autres, dont Léon Guillet, le directeur de l'école, soutiennent que les femmes ont le droit d'être formées à exercer des métiers valorisants, que la mixité n'est moralement pas à craindre et qu'au contraire, ailleurs, l'arrivée des étudiantes a relevé la tenue des étudiants : « Si cela peut empêcher certaines chansons un peu risquées à l'entrée des amphithéâtres, cela ne fera pas de mal [...]. Les hommes ont une attitude différente selon qu'ils sont au salon ou au fumoir » [cité par Chantereau, 1997].

S'ouvrent donc, en 1917 et sur demande des ministères du Commerce et de l'Agriculture, l'École centrale de Paris, l'Institut national agronomique, les Instituts des facultés de sciences, les écoles d'électricité privées comme Charliat, Breguet ou Sudria[1]. Et encore l'École de physique et de chimie industrielle (EPCI) de la Ville de Paris, où l'on compte dès lors deux ou trois femmes par promotion d'environ trente-cinq élèves. Paul Langevin, son directeur, ajoutait d'ailleurs que « le fait que certaines d'entre elles se placent à la tête de leur promotion contribue à développer chez leurs camarades de l'autre sexe une juste conception des possibilités du cerveau féminin » [cité par Grelon, 1992]. Si l'on excepte l'École centrale — qui n'accueille

---

1. S'ouvrent en 1919 l'École supérieure d'électricité et l'École nationale supérieure de chimie de Paris ; en 1920, l'Institut national agronomique de Paris ; en 1924, l'École nationale supérieure de l'aéronautique et de l'espace ; en 1942, l'École nationale supérieure agronomique de Grignon ; en 1962, l'École nationale supérieure des ponts et chaussées ; en 1965, l'Institut du Nord et en 1969 l'École nationale supérieure des mines de Paris.

jamais que 101 femmes entre 1918 et 1963 — l'ensemble de ces lieux de formation est accessible avec le brevet supérieur.

En 1925 est par ailleurs créée l'École polytechnique féminine (EPF), qui forme une partie des ingénieures jusqu'aux années 1970. Marie-Louise Paris, sa fondatrice, est une des premières bachelières et licenciées ès sciences, ingénieure de l'École de mécanique et d'électricité Sudria et diplômée de l'Institut électrotechnique de Grenoble. Avec l'appui d'Edmond Labbé, directeur de l'Enseignement technique, de Léon Guillet, d'Édouard Branly et de Paul Langevin ouvre donc, en 1925, l'Institut électro-mécanique féminin, transformé ensuite en École polytechnique féminine. Les femmes y entrent avec le brevet dans une section préparatoire ; celles titulaires du baccalauréat mathématiques ou ès sciences vont en section supérieure qui les prépare, en deux ans, au diplôme d'ingénieur. En plus des cours de mécanique, d'électricité, de chimie, les étudiantes font aussi du droit industriel et commercial et des langues vivantes. Toute petite, l'EPF diplôme en moyenne cinq à six femmes par an [Grelon, 1992]. En 1940, elle en a formé soixante-cinq, contre cinquante à l'École pratique de chimie industrielle, cinquante-cinq à Centrale et 160 à l'École de chimie de Paris. En face, la centaine d'autres lieux de formation diplôme 3 000 hommes par an.

Ces chiffres n'augmentent qu'après la Seconde Guerre mondiale : l'École polytechnique féminine forme vingt ingénieures dans les années 1950, puis quarante dans les années 1960 et 150 dans les années 1980. En 1974, elle a diplômé 2 800 femmes ; puis son rôle va en diminuant : elle forme 17 % des femmes ingénieures en 1975 et 7 % en 1985. En 1995, sur plus de 2 700 élèves des grandes écoles, les jeunes femmes se comptent 316, leur plus faible présence étant aux Arts et Métiers et à l'École supérieure d'aéronautique, et la plus forte à l'École de chimie de Paris et à Suboptique. Les femmes vont plus volontiers vers les secteurs de la chimie et de la biologie et lorsque les écoles d'agronomie font une large place à la biologie, l'effectif féminin y passe de 1 % à 40 %, quand la fréquentation des écoles de travaux publics reste basse (5 %) [Peslouan, 1974, Cachelou, 1984].

En 1999, globalement, les écoles d'ingénieur-e-s sont féminisées à 22 %, contre 5 % en 1972. Une récente mutation est par ailleurs fort notable : avec la modification des programmes d'entrée dans les grandes écoles, qui inclut désormais des travaux d'initiative personnelle encadrés (TIPE), la proportion de filles inscrites au concours des Arts et Métiers a pris presque quatre points, passant de 6,9 à 10,5 %, accréditant ainsi une des thèses qui cherchait à expliquer leur absence : ce ne serait pas tant la mécanique enseignée ou les débouchés proposés qui rebuteraient les filles, mais l'enseignement technique tel qu'il est conçu pour un public masculin. En 1980, on comptait 250 000 ingénieur-e-s diplômé-e-s, dont 11 % de femmes, quand en 1985 leur part était déjà passée à 15 % et elle continue de s'accroître [Peslouan, 1974 ; Cachelou, 1984 ; Marry, 1989 ; Colmou, 1999].

Dans une société qui limite les responsabilités des femmes, ces diplômées ne peuvent exercer le métier d'ingénieur dans ses aspects traditionnels, la direction de chantiers et d'ateliers, le commandement des équipes et des hommes. Fort peu nombreuses à être classées dans la catégorie « ingénieurs et cadres techniques d'entreprise », à peine 8 % d'entre elles encadrent, contre 37 % des hommes (en 1982). Longtemps ces femmes se sont dirigées vers la recherche en laboratoire et la documentation. Au milieu des années 1970, c'était la moitié d'entre elles qui travaillaient dans le service public ou l'enseignement, les autres étaient surtout salariées de très grandes entreprises. Trente ans plus tard, le service de l'État ne regroupe plus que le quart des ingénieures et l'enseignement, 6 %. Ainsi, les mutations de la troisième industrialisation influent sur les modes d'emploi des ingénieures : y progressent de nouvelles fonctions, en particulier le passage du « sale » au « propre » dans les lieux de production de plus en plus mécanisés et informatisés y croissent l'immatériel ; conception et manipulation des machines font place à celle des signes et symboles abstraits des nouvelles technologies, sans compter les effets de la disqualification du modèle ancien d'autorité [Marry, 1989].

Ici, une place particulière doit être faite aux femmes entrées à l'École polytechnique à partir de 1972, soit 400 reçues dans les vingt-deux premières années, 12 % des effectifs. Si ce pourcentage témoigne d'une brèche dans le monopole des hommes, il ne remet pas forcément en cause leurs positions de pouvoir dans l'État et les entreprises. Curieusement à première vue, même au plus haut niveau de la certification universitaire, les carrières et les salaires des unes et des autres ne sont pas identiques. Si certain-e-s ne manquent pas de voir là à l'œuvre les mécanismes d'auto sélection et d'auto exclusion des femmes, dus tout à la fois à leur manque de confiance en elles-mêmes et à leurs charges familiales, d'autres facteurs expliquent ces différences sexuées. Pour commencer, 80 % de ces femmes sont mariées et pour la moitié d'entre elles à des polytechniciens ; elles se trouvent donc confrontées à la gestion d'une double carrière dans le couple, ainsi qu'aux questions de mobilité géographique qui assortissent le plus souvent la mobilité professionnelle : là, le débat est souvent, pour l'instant, tranché en faveur du conjoint. Par ailleurs, le différentiel des rémunérations, 19 % comme dans le reste de la population des ingénieur-e-s, renvoie aux différents secteurs d'emploi et aux différentes fonctions : les femmes s'orientent plus vers la fonction publique, quand les hommes partent vers le secteur privé, mieux payé. De toute façon, quand elles « pantouflent », les femmes le font dans des secteurs où l'hégémonie masculine est la moins prégnante, comme la recherche ou la santé, contrairement à l'armement ou aux constructions mécaniques. Enfin la mobilité professionnelle et géographique est moindre chez les polytechniciennes, qui revendiquent plus souvent un équilibre entre vie professionnelle et personnelle. Trois pour cent d'entre elles à peine estiment que l'important est d'accéder à des responsabilités élevées, contre 18 % des hommes. Si elles sont une figure emblématique de la nouvelle présence des femmes sur la scène scolaire et professionnelle, les polytechniciennes le sont aussi pour l'élaboration de nouveaux modèles d'implication au travail [Marry, 1995].

Femmes enseignantes, médecins, ingénieures. On pourrait poursuivre la démonstration avec les femmes avocates, journalistes, musiciennes et bien d'autres. Pour tous ces secteurs du savoir, le temps a été long qui sépare l'autorisation de poursuivre des études de celle d'exercer, sans contraintes, les professions qu'elles concernent. Dans tous ces métiers, la proportion de diplômées progresse, non sans résistances. Celles-ci sont de plusieurs ordres. D'abord, elles sont d'autant plus marquées que le diplôme entraîne des rémunérations importantes, comme pour la chirurgie ou le barreau d'affaires. Ensuite, les étudiantes semblent résister aux métiers où l'apprentissage mathématique, et donc abstrait, même si les plus jeunes générations commencent à réduire les écarts[1]. Enfin, et c'est l'exemple des ingénieures, l'investissement est lent dans les métiers qui requièrent l'exercice de l'autorité, en particulier sur des hommes. Il est vrai que cette autorité leur a été longtemps refusée.

FEMMES D'AUTORITÉ :
DE LA TOLÉRANCE AU CONSENTEMENT

Longtemps déniée, le plus souvent liée au niveau des formations initiales ou à des savoir-faire durement acquis, cette autorité des femmes a une double histoire. Il y a d'une part celle qui s'exerce sur d'autres femmes et qui est parcimonieusement accordée : c'est le cas des inspectrices des écoles ou de celles du ministère du Travail. Il y a, d'autre part, celle qui est longtemps refusée, au prétexte que les femmes ne votent pas, c'est le cas des magistrates et des hautes fonctionnaires.

L'autorité sur d'autres femmes : une tolérance

Ponctuellement et parfois provisoirement, l'État et l'Église ont pu accorder des fonctions d'autorité à des femmes. C'est le cas par exemple *des supérieures des congrégations religieuses* féminines. Même si elles sont, comme leurs homologues mascu-

---

1. Les moins de 35 ans en 2001 opèrent en effet la mutation tant attendue : 83 % à l'Institut national des études démographiques, contre 46 % à leurs aînées ; à l'Institut national de recherches agronomiques, 55 % contre 31 %, etc. [Colmou, 1999].

lins, contrôlées par les évêques, il reste qu'elles ont une forte latitude pour organiser la vie de leur congrégation et des sœurs dont elles ont la charge. On les a vues gérant les congréganistes des hôpitaux et des écoles, les envoyant au front pendant la guerre, disséminant leur personnel dans ces lieux parfois bien isolés que sont les campagnes, ou lointains avec les colonies africaines ou asiatiques. Fondatrices de leur ordre, supérieures générales ou provinciales, elles peuvent se trouver à la tête de maisons qui regroupent facilement 400 sœurs. Elles y témoignent de leur esprit d'entreprise et de leur énergie dans ce qu'on ne peut qu'appeler une vie professionnelle, même si celle-ci n'est pas formellement rémunérée. Pour ces femmes, chargées de responsabilités institutionnelles, juridiques et financières, il y a bien là une émancipation des contraintes sociales [Langlois, 1984].

Autorité encore, pour *les directrices des établissements d'enseignement*, dans les pensions laïques et religieuses comme dans les lycées de filles. Dans l'enseignement public, leur rôle est défini en 1884. Économie républicaine ou confiance disciplinaire, ces directrices ne sont pas, contrairement aux directeurs des lycées de garçons, assistées d'un censeur ; elles gèrent donc l'ensemble de l'établissement. Du coup, avant la mixité des établissements secondaires, leur nombre est élevé, elles sont 37,5 % du corps dans les années 1960. Bien des choses changent alors, puisqu'en 1996, après une lente décrue qui correspond au temps de la mise en retraite des anciennes générations, elles ne sont plus que 25 %. Elles racontent alors leur itinéraire comme une difficile conquête, parcourue de transgressions, en particulier à l'égard de leur famille [Cacouault-Bitaut, 1998].

Autorité toujours pour *les inspectrices générales* du ministère de l'Intérieur, qui contrôlent les administrations et conseillent le pouvoir politique. C'est en 1842 qu'est créée la fonction d'inspectrice des prisons, classée parmi les inspecteurs généraux du ministère de l'Intérieur. Le prétexte en est la place des congréganistes dans le système pénitentiaire. En effet, depuis 1839, celles-ci sont les gardiennes des femmes détenues et « les inspecteurs généraux des prisons du royaume ne sauraient entrer dans certains détails de service de la vie des sœurs.

En ce qui concerne les établissements religieux, il sera difficile, voire impossible d'y introduire des inspecteurs généraux, pour s'y assurer de quelle manière les délinquantes sont élevées. Souvent, les statuts de l'ordre s'opposent à ce qu'un homme franchisse le seuil du parloir[1] » [cité par Pion, 1986]. Lechevalier, la première femme nommée, a d'ailleurs de plus vastes attributions : chargée des femmes emprisonnées à Saint-Lazare au lendemain des journées de 1848, elle s'occupe également de leurs enfants ; elle organise aussi des ateliers nationaux, y travaillant avec Marie Pape-Carpentier, déléguée générale des salles d'asile.

Dans un premier temps, ces nominations ne reposent sur aucune base statutaire. En 1901, un décret unifie cette inspection générale de l'administration, la plaçant directement sous l'autorité du ministère de l'Intérieur, mais ne prévoit qu'un seul poste d'inspectrice générale des services administratifs, pour quinze inspecteurs généraux. Six ans plus tard, lors d'une réorganisation, leur nombre passe à trois, un concours spécial est créé pour leur recrutement, sans d'ailleurs que leurs traitements soient alignés sur ceux des hommes. Pourtant, ces femmes sont fort diplômées, puisque par exemple la dernière inspectrice générale, recrutée en 1914, est licenciée en droit et inscrite au barreau de Paris, quand d'autres ont été inspectrices des écoles maternelles. L'une d'entre elles définit son métier dans une interview au *Petit Parisien* : « J'aurai à visiter des établissements d'assistance, les hospices de vieillards, les prisons de femmes, les maisons de refuge, à me préoccuper de tout ce qui touche à l'assistance maternelle : établissements pour femmes en couches, pouponnières, etc. » [1919, cité par Pion, 1986]. Aux lendemains de la Seconde Guerre mondiale, leur recrutement cesse et c'est désormais parmi les énarques que sont choisis les membres de l'Inspection générale de l'administration. Bien que l'ENA soit mixte, il faudra attendre 1984 pour qu'une femme, Sylvie Charles, y soit à nouveau nommée, comme inspectrice adjointe, œuvrant aux côtés de quarante-quatre confrères.

---

1. La laïcisation du personnel des prisons est presque achevée en 1907.

Quinze ans plus tard, les femmes sont le cinquième du corps [Colmou, 1999].

Autorité de contrôle et de conseil encore avec *les inspectrices déléguées générales des salles d'asile*, également nommées par le pouvoir central. On a dit comment le métier de maîtresse des jeunes enfants ayant exclu les hommes, elles n'inspectent que des femmes. La première déléguée est nommée en 1837, juste quand, dans les grandes villes, commencent à se multiplier les salles d'asile ; en 1879, elles sont huit déléguées générales, secondées par seize déléguées spéciales dans chacune des académies. À partir de 1860, elles peuvent inspecter les écoles primaires de filles. Les conditions d'exercice sont rudes : en 1852, Eugénie Chevreau-Lemercier parcourt 3 700 kilomètres pour visiter 119 établissements dans dix-sept départements. Cependant, même nommées par le chef de l'État, les déléguées générales peuvent être très mal acceptées par leurs interlocuteurs masculins : en 1858, le recteur de Strasbourg juge qu'il « faut du temps pour façonner une tête féminine à l'exactitude et à la précision qu'exige un rapport d'ensemble, embrassant dans sa totalité un service vaste et multiple » [cité par Luc, 1997]. Le maire d'une commune estime, quant à lui, ne pouvoir accepter de remarques que du préfet. Parmi ces déléguées, Marie Pape-Carpentier, également directrice de l'École normale des salles d'asile entre 1848 et 1874 et rédactrice d'une quarantaine d'ouvrages de pédagogie. Elle est la première femme à parler à la Sorbonne, y tenant, à la demande de Victor Duruy, cinq conférences lors de l'Exposition universelle de 1867. Libre penseuse, fouriériste, elle revendique l'égalité des cursus et des métiers entre les femmes et les hommes [Luc, 1997].

L'inspection générale rénovée par l'administration de Ferry prend la place des délégations générales des salles d'asile, tout comme les inspectrices départementales remplacent les déléguées spéciales. Après quelques débats qui brassent toujours les mêmes thèmes — faiblesse physique incompatible avec les déplacements, émotivité antinomique de la raison, douceur contraire à l'autorité —, les fonctions des inspectrices et inspecteurs départementaux sont délibérément sexuées. Aux hommes toutes les écoles primaires, de garçons, de filles et mixtes, aux femmes, les écoles maternelles et les écoles primaires de filles. Si inspectrices et inspecteurs peuvent évaluer les enseignant-e-s, muter, promouvoir, recommander des mesures disciplinaires et conduire des enquêtes, seuls les hommes peuvent négocier avec les municipalités ou le ministère de l'Instruction publique pour créer de nouveaux établissements, construire des bâtiments et ouvrir des cours pour adultes. D'autre part, l'inspectorat dépend de l'obtention d'un certificat d'aptitude, où les candidat-e-s ne font pas défaut. Même si la tâche des inspectrices est plus lourde, puisqu'en principe leur reviennent les écoles maternelles, on qualifie et on nomme bien moins de femmes : entre 1891 et 1914, on compte environ 450 inspecteurs, quand le nombre de postes d'inspectrices passe de un à huit, et qu'elles sont toutes cantonnées dans la Seine et la Seine-et-Oise. Si la Première Guerre accroît leur nombre (quinze), celui-ci régresse très rapidement à dix en 1922, pour monter à vingt-sept en 1938. D'ailleurs, les ambitieux ne manquent pas de souligner que ces femmes bloquent leurs carrières et que, mères pour un quart d'entre elles seulement, elles ne peuvent guère apprécier l'éducation donnée aux enfants [Clark, 1989]. Pour le reste, l'Inspection générale, cette corporation restreinte essentiellement tournée vers les facultés, lycées et collèges, est exclusivement masculine. À la fin des années 1990, les proportions de femmes y restent faibles avec 15 % pour l'inspection générale, 26 % pour l'inspection régionale, 15 % pour l'inspection d'académie et 30 % pour l'inspection départementale.

Inspectrices générales des salles d'asile et inspectrices des écoles maternelles et primaires sont des figures de contradictions sociales. En effet, d'une part le code civil réduit pour les femmes mariées la compétence et l'autorité en matière de gestion de la vie privée, d'autre part les constitutions républicaines successives les privent tant d'élire les législateurs que d'être élues pour élaborer les lois. Et pourtant l'État les emploie à vérifier leur application, même s'il se réfugie dans le prétexte que seules des femmes peuvent contrôler des femmes. Mais, en même temps, leur trop faible nombre implique de fait que des hommes aussi remplissent les tâches qui leur sont en principe dévolues. Les résistances ont été plus fortes pour permettre l'autorité sur des hommes.

L'autorité sur les hommes : de fortes résistances

À partir de 1908, quand les filles sont autorisées à accéder aux universités, l'administration, qui embauche ses cadres, *les rédacteurs*, sur concours au niveau de la licence, est confrontée à des candidatures féminines. Les oppositions sont argumentées dans l'inaptitude des femmes au commandement et leur exemption du service militaire, quand les candidats réformés sont bien admis sans autre forme de procès. Chaque ministère est encore autonome pour gérer les cursus qui vont de rédacteur à sous-chef de bureau, puis chef de bureau. Juste avant la Première Guerre mondiale, le service de la Statistique du travail s'ouvre aux femmes, sous l'impulsion de son ministre Arthur Fontaine, qui raconte « qu'il n'en est pas résulté d'inconvénients. On dit : si elles sont rédactrices, pourquoi ne deviendraient-elles pas sous-chefs ? Oui, si elles le méritent. Et chefs ? Mais oui, si elles le méritent et sont aptes à l'emploi. Et directeurs, préfets, ministres ? Je m'arrête, pour ne pas empiéter sur le domaine du féminisme politique » [cité par Thuillier, 1988].

En 1919, les ministères du Commerce et de la Guerre, suivis d'autres, comme l'Intérieur, l'Agriculture, ont ouvert le grade de rédacteur. En 1931, un décret organise la résistance, stipulant la fermeture du concours aux femmes dès que le nombre de femmes rédacteurs atteindra la moitié des effectifs. Pourtant, elles ne sont pas vraiment numériquement menaçantes : au ministère de la Guerre, en 1934, elles sont vingt-huit rédacteurs (sur 120), cinq sous-chefs sur quarante-sept. Quand les règles de l'avancement ont posé la question de leur promotion au grade de chef de bureau, un texte, non voté, fut argumenté en trois points. Le premier montrait qu'il n'était désormais plus possible de leur dénier la faculté de penser : « La valeur intellectuelle des femmes ne saurait être mise en question. Leur succès aux concours et examens montrerait, s'il en était besoin, que beaucoup d'entre elles possèdent les plus brillantes facultés. »

Le deuxième attaquait leur manière de travailler : « Il leur est reproché en revanche un manque de méthode et d'esprit de suite, et une tendance regrettable à se désintéresser des affaires. » Enfin, le troisième point était explicite référence à la concurrence des sexes sur le marché du travail : « À l'heure où de nombreux jeunes gens diplômés, futurs chefs de famille, rencontrent les plus grandes difficultés dans la recherche d'un emploi, l'administration doit réserver sa préférence aux candidats plutôt qu'aux candidates » [cité par Thuillier, 1988]. En écho, deux ans plus tard, lorsque est discutée la création d'une École supérieure d'administration, elle est prévue non mixte.

Si l'on reste dans le cadre de la fonction publique, le statut des fonctionnaires de 1946 énonce l'égalité des deux sexes, mais les discriminations y subsistent largement et longtemps, puisque n'est pas prévue la mixité des concours de recrutement. Aux PTT, par exemple, le premier concours féminin pour le grade d'inspecteur n'est ouvert qu'en 1959, quand le concours masculin recrute tous les ans : quand s'ouvre le premier concours pour les femmes, on a déjà recruté plus de 3 000 hommes. Ailleurs la difficulté est contournée par les quotas, qui portent parfois sur l'ensemble du concours : en 1957, le recrutement d'inspecteur élève des douanes porte sur trente-huit places, toutes réservées aux candidats masculins, celui d'inspecteur élève du cadastre, quatorze tout autant réservées ; cette même année, pour celui d'inspecteur élève des impôts, sur 400 places, 322 sont réservées [Michel et Texier, 1964]. Ces options perturbent pour longtemps la parité dans les emplois supérieurs : dans les années 1990, dans les emplois de direction de la fonction publique, on compte seulement 15 % de femmes. Pourtant, des changements récents peuvent faire basculer les équilibres d'ici quelques années ou décennies : en 1992, aux concours de cadres de la fonction publique ont été reçues 13 400 femmes, contre 7 700 hommes, deux fois plus. Ce qui, bien sûr, ne saurait évacuer la question de l'accès au « dernier cercle », qui se fait par une cooptation, qui obéit à d'autres logiques que celles de la compétence scolaire [Fortino, 1996].

Dans les entreprises, le recul manque toujours pour savoir ce qui est le plus déterminant dans la construction des inégalités, qu'elles soient des postes occupés, de la valorisation des diplômes, des salaires. Faut-il mettre en cause la division familiale du travail, la priorité donnée par les femmes à leur famille au détriment de la carrière ? Expriment-elles un refus d'alignement sur les modes de progression définis par les hommes, seraient-elles peu enclines à valoriser le modèle traditionnel imposé par eux ? Ou ne s'agit-il que de la permanence d'une gestion sexuée des carrières, de pratiques managériales alimentées dans la discrimination et ses stéréotypes ? [Laufer, 2000]. Ces femmes sont les plus nombreuses dans les fonctions d'études et d'organisation, dans l'information (80 % des documentalistes), la gestion du personnel, les relations publiques (50 %) ou le marketing, tous métiers apparaissant comme féminisables, à cause de leur dimension esthétique ou créative, ou en raison de l'importance des capacités relationnelles qu'ils mobilisent. De plus, ces métiers sont aussi nouveaux, tant il est vrai que les métiers anciens et considérés comme techniques sont difficiles à pénétrer : les femmes ne sont que 14 % des cadres de vente des grandes entreprises. En 1994, elles sont 300 000 cadres d'entreprise (contre 125 000 en 1982), soit 33 % des cadres administratifs et commerciaux d'entreprise, mais seulement 13 % des cadres techniques [Laufer, 1982, 1997].

Dans ce contexte, il faut pourtant bien constater les fortes discriminations dans l'exercice du pouvoir de décision, même si les femmes sont 27 % des chefs d'entreprise, toutes tailles confondues. Parmi les dirigeants des 200 plus grandes entreprises françaises, pourtant renouvelés à 80 % entre 1985-1996, on ne compte, en 1996, aucune femme. Dans les conseils d'administration des firmes phares, c'est une douzaine de femmes pour 377 administrateurs, qui, par ailleurs, cumulent les mandats, ce qui n'est jamais le cas des administratrices. Quant aux états-majors des 200 plus grandes entreprises, où par ailleurs tous les titres sont déclinés au masculin, sur 2 000 personnes, on compte 6 % de femmes. Ailleurs que dans les très grandes firmes, les femmes sont 12 % des états-majors en 1997 et d'autant plus souvent que ces entreprises recouvrent des segments où la place des femmes est traditionnelle : hôtellerie, habillement, cosmétiques [Bertin-Mourot, 1997].

La souveraineté publique : une difficile conquête

Alors que les femmes ne sont ni électrices, ni éligibles, le XIXᵉ siècle installe pourtant des fonctionnaires d'autorité chargées de contrôler l'application des lois — en particulier celle de 1892 sur le travail de nuit des femmes — *les inspectrices* et inspecteurs *du travail*. Cependant, dans un premier temps, ce n'est que pour surveiller les ateliers employant des femmes et des adolescent-e-s que sont recrutées les inspectrices du travail. Le préfet de la Seine dit comment « il paraît convenable à tous égards de confier à des femmes la surveillance des ateliers exclusivement occupés d'ouvrières ». Parce qu'elles sont femmes, les inspectrices paraissent les mieux placées pour observer et défendre l'univers de travail féminin. Néanmoins, leur admission à ces fonctions divise : d'un côté, ce travail serait trop ardu pour « ces dames peu habituées d'ordinaire à porter leur regard sur des détails aussi nombreux que ceux que comporte l'inspection » ; de l'autre, on pense « qu'il faut faire aux femmes une place à part dans nos sociétés démocratiques, leur réserver, chaque fois que nous le pouvons, certains avantages et certaines situations » [cités par Viet, 1994]. Évidemment, les mêmes arguments que pour tous les autres métiers d'autorité reviennent : manque de patience, de sang-froid, d'esprit d'équité, bref irritabilité et partialité ; en revanche, souplesse, tact et habileté peuvent plaider en leur faveur.

Une fois encore, la solution est trouvée dans l'inégalité numérique et dans l'attribution limitée des tâches : jusqu'en 1908, les femmes ne doivent pas aller dans les ateliers qui comportent des machines et en référer alors à un collègue masculin ; dans les années 1920, elles sont toujours exclues des grandes usines et de toutes celles qui possèdent des « moteurs complexes ». Pour leur nombre, il ne peut compléter le contrôle des inspecteurs. En 1893, on recrute en effet quatre-vingt-seize inspecteurs pour vingt et une inspectrices. Leur répartition est tout à fait symptomatique de l'importance accordée à la capitale, puisque Paris compte onze femmes et onze hommes, une parité trompeuse parce que héritée ; en effet, le département de la Seine avait recruté inspectrices et inspecteurs dès 1878 et en nombre égal. Dans la banlieue, il y a, en 1893, quatre femmes et deux hommes. Enfin, cinq autres inspectrices sont saupoudrées en province, contre cinquante-huit inspecteurs, à Lille, Nantes, Bordeaux, Marseille et Lyon, soit de grandes régions industrielles aux très nombreuses salariées. Dans la première moitié du XXe siècle, les proportions sont en net recul : quarante-trois inspectrices en 1937 et ce n'est que dans les années 1980 que les proportions atteignent un tiers du corps, puis la moitié aujourd'hui. Entre-temps, les fonctions se sont nettement sédentarisées, avec par exemple le rôle de l'inspection dans l'ANPE ou dans le contrôle des formations professionnelles.

Par ailleurs, l'avancement est longtemps discriminant. L'accès au statut d'inspecteur divisionnaire (chapeautant une division administrative) est statutairement interdit jusqu'à la deuxième moitié du XXe siècle. Il n'empêche que ces femmes expliquent la loi, tant aux salariés qu'aux employeurs, et, pour la faire appliquer, l'institution ne craint pas de les mettre en rapport avec des commissaires de police, des maires, des juges, tous des hommes à l'époque. Comme eux, elles ont prêté serment devant le préfet et leur métier les investit de pouvoirs répressifs, elles peuvent dresser des procès-verbaux et faire entamer des poursuites devant le parquet. Le statut de la fonction publique de 1946, comme ailleurs, n'a pas introduit là de grands changements : jusqu'en 1974, à l'interne comme à l'externe, les concours de recrutements n'ont pas été mixtes. En revanche, la diminution théorique des discriminations se lit dans la taxinomie de l'après-Seconde Guerre mondiale : disparaît alors le terme « inspectrice », remplacé par le masculin neutre, qui leur permet de concourir pour les grades supérieurs, déclinés au masculin. Cela dit, quand, en 1975, la fusion fut faite entre les trois corps de l'inspection, le Travail, l'Agriculture et les Transports, les inégalités étaient criantes entre les trois ministères : ni l'Agriculture, ni les Transports ne comportaient de femmes de rang A, l'accès à la fonction d'inspecteur leur étant jusque-là interdit. Enfin, au ministère du Travail, si les femmes peuvent devenir directeur départemental depuis l'après-guerre, elles restent fort peu nombreuses à y accéder. En 1998, on comptait seulement cinq directrices départementales et deux directrices régionales, le haut de la pyramide [Schweitzer, 2001].

Figures de la souveraineté publique encore, *les magistrates*. Là, en revanche, la lutte a été longue. Au début du XXᵉ siècle, les femmes ont obtenu, non sans mal, le droit de plaider. À la première avocate, Jeanne Chauvin[1], docteure en droit en 1892, fut, dans un premier temps, refusée l'inscription au barreau, au motif qu'elle n'était pas citoyenne. En 1900, ce fut chose faite, même si ensuite le nombre de femmes avocates n'a guère été élevé : 1 000 en 1947 (15 % de la profession), 1 600 en 1960, le quart. Comme ailleurs, c'est la fin du XXᵉ siècle qui signe la progression numérique, puisqu'elles sont en 2000 65 % des avocat-e-s stagiaires. Si, assez rapidement, la corporation leur a reconnu certaines qualités, car « elles peuvent exceller dans cette profession, qui demande de la promptitude d'esprit, de la facilité d'assimilation et de la chaleur des convictions », il en fut autrement pour le rendu de la justice. Ainsi, « juger est moins leur fait, car il faut, pour être un bon juge, une objectivité très rare dans ce sexe, de même que pour légiférer. Les lois sont faites pour des moyennes et les femmes voient rarement autre chose que des cas particuliers » [cité par Thuillier, 1988].

La première initiative parlementaire pour leur autoriser la magistrature date de 1930. Pour la défense du projet, l'argumentaire s'ancre dans plusieurs constatations : l'absence de cataclysme à la suite de l'accès des femmes au barreau, l'exemple d'autres pays qui ont déjà des femmes magistrates, l'exercice d'autres fonctions de juges, puisque les femmes siègent aux conseils de prud'hommes depuis 1908 et dans les tribunaux de

---

1. Même si c'est Jeanne Chauvin dont la mémoire collective a retenu le nom, d'un strict point de vue chronologique, elle n'est en fait que la deuxième derrière Balachowsky-Petit, qui prête serment quelques semaines avant elle [Catinat, 1998].

commerce depuis 1931 ; et encore la pénurie de candidats, recrutés alors parmi les avocats. Refusé, le projet est à nouveau déposé sans succès en 1932 et 1937. Là, les fonctions proposées sont pourtant limitées et socialement tolérables, réservées qu'elles sont aux postes de juges assesseurs dans les tribunaux pour enfants. Il est alors avancé que les qualités propres des femmes les rendraient particulièrement utiles dans le processus de rééducation, d'amendement, de retour sur le droit chemin de l'enfance coupable. Soutenu par les féministes, le projet est retiré par le ministre de la Justice. Le premier argument est toujours d'ordre doctrinal : attribut de la souveraineté publique, la justice est liée à l'exercice de la citoyenneté. En vertu de quoi, d'ailleurs, quand les femmes avaient été admises au barreau, il avait été spécifié qu'elles ne pouvaient, contrairement à leurs collègues, siéger pour compléter un tribunal. Mais d'autres arguments sont bien sûr utilisés, ceux qui s'ancrent dans les représentations de la nature des femmes : leur sentimentalité, leur fragilité, leurs faiblesses seraient l'exacte antinomie des attributs du magistrat, la rigueur, l'impartialité et l'autorité [Boigeol, 1996]. À la même époque, le Parlement refuse tout autant l'accès de femmes à deux charges d'officier public, notaire et huissier de justice, et au Sénat, Raymond Duplantier ne recule pas devant une certaine vulgarité : « Autrefois il y avait des huissiers à verge. Il est vraiment fâcheux que ce titre soit aujourd'hui supprimé, car il n'est pas douteux que les femmes l'auraient revendiqué. [...] Ce sont les femmes qui, en signant et délivrant les grosses, vont mettre en mouvement les divers agents de la force publique ? Lorsque la notairesse aura signé avec les parties, lorsqu'elle aura apposé au bas de l'acte ses seing et sceau... » [cité par Klejman et Rochefort, 1993]. Ces offices ministériels ne sont ouverts que tardivement, en 1948[1].

---

1. Et sont encore peu féminisés : en 2000, les femmes sont 17 % des huissiers de justice, 12 % des notaires, 30 % des avoués. La charge de commissaire priseur s'était ouverte en 1924 et la première femme y entrait en 1928.

Il faut donc attendre les lendemains de la Seconde Guerre mondiale et l'octroi aux femmes des droits de vote et d'éligibilité, pour que les débats puissent reprendre pour l'ouverture de la magistrature. La loi votée en avril 1946 est précédée de certaines résistances : dès fin 1944, Marianne Verger, radicale, proche des féministes laïques, a déposé une résolution contresignée de toutes les déléguées à l'Assemblée consultative et approuvée par la Commission de la justice et de l'épuration. En mars 1945, Édouard Dupreux, socialiste, doit interroger le garde des Sceaux, François de Menthon (MRP) sur les suites de la résolution ; celui-ci promet une ordonnance dans les plus brefs délais et en dépose le projet au Secrétariat général du gouvernement : le Conseil des ministres l'ajourne en avril. En juin, Robert Lecourt rapporte la proposition devant l'Assemblée qui, après une longue discussion, l'adopte à l'unanimité. Pourtant, le gouvernement de Gaulle n'en tient aucun compte. En janvier 1946, c'est une nouvelle proposition de loi, où les femmes sont d'emblée présentées comme les plus compétentes pour occuper les nouvelles fonctions de juges pour enfants, créées par une ordonnance de février 1945, mais où elles devraient se contenter de la magistrature assise et ne pourraient donc être procureurs. Germaine Poinso-Chapuis, qui préside la commission, balaye les restrictions et le texte adopté en avril donne enfin aux femmes la plénitude des fonctions juridiques [Boigeol, 1996 ; Chaperon, 2000].

Il n'empêche que trois ans plus tard, une motion des états généraux de la magistrature, repoussée à une faible majorité, propose encore de retirer aux femmes les fonctions de police judiciaire et de juge d'instruction. Parallèlement, les jurys de recrutement se font fort de largement souligner les contraintes biologiques qui handicaperaient l'exercice du métier, comme la lenteur dans le travail, la voix trop sourde : « Desservies par le timbre de leur voix, trop timides ou trop nerveuses, elles réussissent moins bien que les hommes à traiter avec succès la question qu'elles ont dû préparer dans le bref délai d'une heure qui leur est imparti » [1956, cité par Boigeol, 1996]. L'oral est d'ailleurs probablement le lieu où s'effectuent les sélections, puisque certaines années la parité est atteinte et même dépassée pour les candidatures, quand le taux de réussite des femmes est plus de trois fois inférieur à celui des hommes. Quand une décrue des candidatures féminines s'amorce provisoirement dans les années 1960, c'est le soulagement : la magistrature ne peut bien être qu'exceptionnellement une profession pour les femmes. En revanche, quand dans les années 1980 commence l'inéluctable partage, le président du jury note combien ce « phénomène n'est pas sain du point de vue social ; autant il a pu être anormal qu'au nom de l'ensemble du peuple français une majorité d'hommes rende la justice, autant il le serait qu'une majorité de femmes le fasse à l'avenir », tablant visiblement sur un troisième sexe pour arbitrer la situation [cité par Boigeol, 1996].

Aujourd'hui, les femmes sont déjà la moitié des magistrat-e-s, mais les trois quarts des auditrices et auditeurs de l'École nationale de la magistrature. Le corps réagit surtout par une différenciation des fonctions, les femmes s'orientant, ou étant orientées, vers les fonctions du siège, où le travail est plus jurisprudentiel, plus solitaire, exige moins de disponibilité et n'implique que des contacts distanciés avec les justiciables. Parallèlement, le parquet, qui exige une forte présence au tribunal, des contacts avec la police et la grande délinquance, est longtemps resté un bastion masculin, comme les fonctions de juge d'instruction[1]. En 2001, à peine 11 % des procureur-e-s sont des femmes et elles sont 13 % seulement à être présidentes de tribunal, tout en restant encore éloignées de la Cour de justice européenne. Pour les postes de pouvoir, ce n'est qu'en 1984 que Simone Rozès est devenue la première femme présidente de la Cour de cassation, le poste le plus élevé de la hiérarchie administrative, couronnant là une exceptionnelle carrière : elle fut aussi la première femme à diriger une Direction du ministère de la Justice, la première à avoir été présidente au tribunal

---

1. En 1995, la féminisation des fonctions de début de carrière se répartit ainsi : juge des enfants, 72 % ; juge de tribunal de grande instance, « siège pur » : 68 % ; juge d'instance : 63 % ; juge de l'application des peines : 62 % ; juge d'instruction : 48 % ; substitut : 48 % [Boigeol, 1997].

de grande instance de Paris. Quinze ans plus tard, les femmes n'étaient, à la Cour de cassation, que quatorze conseillères sur cent [Boigeol, 1997, 1999].

La question de l'exercice de la souveraineté publique est tout aussi lisible dans la longue interdiction d'accès des femmes à la police et aux armées, en particulier dans le rôle *d'officières*. Jusqu'il y a peu, leur place y était résolue par l'exclusion totale. Dès 1793, le port des armes et de l'uniforme, attributs de la citoyenneté, leur avait été retiré et au procès des pétroleuses de la Commune de Paris, le procureur s'écria : « N'a-t-on pas tout fait pour tenter ces misérables créatures ? Fait miroiter à leurs yeux les plus incroyables chimères ? Des femmes avocats ! Magistrats ! Membres du barreau ! Ou ? Députés peut-être ! Et que sait-on ? Des commandants ? Des généraux d'armée ! » [cité par Albistur et Armogathe, 1977]. Armes et uniformes masculins ne sont à nouveau autorisés que deux siècles plus tard, avec, en 1972, l'ouverture de l'École polytechnique et une loi sur l'autorisation du port des galons. Cette révision du statut des militaires permet l'accès des femmes à tous les grades, abrogeant pour partie la clause du statut de la fonction publique de 1946, ces « dispositions spéciales » pour l'inégalité entre les sexes. Si, en 1973, les femmes obtiennent aussi le droit de concourir pour devenir commissaires de police, partout, des quotas sont installés : l'armée de terre limite l'accès des femmes à 8 %, la gendarmerie à 5 % (puis 7,5 % en 1988) et chez les commissaires de police, elles ne peuvent être plus de 30 %. Par ailleurs, et jusqu'en 1976, l'emploi des femmes aux armées est limité aux états-majors et aux services, autrement dit aux papiers des bureaux et aux soins ; pourtant, et de manière tout à fait notable, les femmes médecins sont à peine 8 %[1]. La tolérance est, comme toujours, articulée dans les qualités dites féminines et dans une partition des rôles, comme pour les inspectrices du travail ou les magistrates : « Les gendarmes féminins sont très

---

1. La féminisation du secteur de santé aux armées est pourtant bien au-dessus de ce pourcentage : 37,6 % avec les infirmières, les techniciennes des hôpitaux, les pharmaciennes chimistes, les vétérinaires biologistes.

276

appréciés dans l'exercice des missions de police judiciaire, domaine où ils *[sic]* ont incontestablement apporté un plus : auditions de femmes ou de mineurs victimes ou acteurs, filatures, surveillances, fouilles de personnes du sexe féminin, sens du détail, etc.[1] »

Incontestablement, les armées sont le dernier et emblématique bastion de la résistance pour l'accès des femmes aux formations supérieures et donc au commandement, à l'autorité conférée par le savoir. C'est seulement en 1983 que l'École militaire supérieure de Saint-Cyr s'est ouverte aux femmes, avec un quota bien pingre, 5 %, et en 1992 que l'École navale a fait de même, avec le quota à 10 % [Reynaud, 1988]. On en est donc là, encore, à célébrer les premières : en 1981, Valérie André accède au rang de générale, puis en 1993 Colette Heftre dirige une brigade de gendarmerie et une autre femme un bâtiment de la Marine nationale, en 1998. En 1999, la polytechnicienne Caroline Aigle est pilote de chasse ; en juillet 2001, une gendarmesse investit un dernier bastion, celui du Groupe de sécurité de la présidence de la République.

Le basculement définitif a lieu seulement en février 1998, quand, devant la résistance à la loi des divers corps d'armées, le gouvernement supprime, par décret, l'ensemble des quotas, quels que soient les grades. Ultime résistance symbolique masculine à la participation des femmes à la gestion des affaires de la nation, ce décret a été, trois mois plus tard, complété par un arrêté qui réserve aux seuls hommes « les emplois impliquant la possibilité d'un contact direct et prolongé avec les forces hostiles », autrement dit, le front. Pour sa légitimation, on en appelle à la hiérarchisation biologique : les femmes donnant la vie, elles ne pourraient donner la mort[2]. Ensuite, des officiers généraux disent redouter la pression de l'opinion publique au cas où ces combattantes tomberaient aux mains de l'ennemi : « De combien

---

1. *Libres opinions*, 2000.
2. Cet interdit peut momentanément tomber dans des moments historiques de conquête de l'indépendance nationale : c'est l'exemple de l'armée d'Israël où les femmes furent combattantes, mais ne sont plus qu'instructrices.

de soldats faudrait-il risquer la vie pour aller les tirer d'affaire[1] ? » Face à un tel argument, on ne peut que se poser une autre question : pourquoi donc serait-il plus dérangeant de risquer des vies de soldats pour des femmes que pour des hommes ? La guerre tue, on le sait, dans les engagements offensifs, défensifs ou de secours. Quand au XXe siècle les militaires décidèrent que les populations civiles devenaient des cibles légitimes dans les conflits, les femmes furent directement confrontées à la violence des armes. Pourquoi alors, si on les admet comme victimes et comme soldats, les exclure des combats ? Ensuite, pourquoi ne participeraient-elles pas à la défense de la nation ? Comme le souligne une officière : « Une femme connaît mieux que personne le poids de la vie, elle le porte dans sa chair. Qui mieux qu'elle peut mesurer l'écrasante responsabilité de la retirer ? Vous demandez si le droit de tuer légalement est un progrès pour les femmes ? Posez-vous la même question aux hommes[2] ? » La limite supérieure des pouvoirs est, aussi, celle de la participation à la défense de la nation. Serait-ce que les hommes craignent que les femmes les conduisent vers une autre gestion des conflits ?

FEMMES DU POUVOIR POLITIQUE : LE DERNIER CERCLE

Malgré d'incontestables lenteurs parlementaires, les femmes deviennent éligibles en 1944, dans le cadre municipal, départemental et des circonscriptions parlementaires. Dans l'esprit des traditions républicaines, elles sont donc également susceptibles d'occuper des fonctions ministérielles, ce qui ne se fera que lentement ; il est d'ailleurs notable que le gouvernement de Gaulle ne leur ait accordé aucune place au lendemain de la conquête de ce droit. De fait tout ne sera pas si simple, députées, sénatrices, ministres étant encore, à la fin du XXe siècle, très minoritaires,

---

1. *L'Express*, 17 juin 1999.
2. *L'Express*, 17 juin 1999.

attendant de la loi sur l'obligation de parité dans les listes électorales un changement du cours de leur exclusion. On est là, bien sûr, au cœur du pouvoir, où les hommes sont arc-boutés, tout comme ils le sont sur les grands corps de l'État.

Hautes fonctionnaires : le plafond de verre

Longtemps, l'accès à une partie de la haute fonction publique se fait par des concours dispersés. Avant la création de l'École nationale d'administration (ENA), le cursus privilégié est celui de l'École libre des sciences politiques, avec, sous la Troisième République, l'admission sur concours pour les grands corps administratifs et financiers, mais aussi pour les grands corps techniques, les écoles d'application de Polytechnique, comme les Mines et les Ponts et Chaussées.

En 1936, pour essayer de lutter contre l'hérédité professionnelle dans les grands corps administratifs et financiers, les socialistes ont présenté un projet de création de l'École d'administration, pendant de Polytechnique. À la question de savoir si les femmes y seraient admises, le refus est argumenté en quatre points. Un, les carrières offertes sont, pour la plupart, fermées aux femmes « et il paraît difficile qu'il en soit autrement ». Deux, l'école est prévue en internat : la promiscuité n'est pas envisageable. Trois, comme à Polytechnique, l'École d'administration imposerait des cours de préparation militaire supérieure et « il faudrait prévoir pour les jeunes filles un régime spécial qui ne paraît pas souhaitable », pour une fois. Quatre, les élèves s'engageraient à demeurer au service de l'État durant un certain nombre d'années, « obligation fâcheuse pour les jeunes filles », futures épouses et mères [cité par Thuillier, 1988]. Le projet ne voit pas le jour et quand l'ENA ouvre aux lendemains de la guerre, c'est sur d'autres modes et dans la mixité. Cela n'a d'ailleurs pas été sans des difficultés qui disent combien ni la Constitution, ni le récent octroi du droit de vote ne présumaient du droit des femmes à la décision. Michel Debré, promoteur du programme, raconte : « Lorsque j'annonçai mon projet aux directeurs des personnels, secrétaires généraux des ministères et chefs de service des grands corps, un grand silence s'établit. La petite minorité favorable observa la majorité hostile. [...] Mise aux voix, ma proposition aurait certainement été écartée » [cité par Colmou, 1999].

Droit public et administratif, histoire, sciences politiques, langues... Les disciplines enseignées à l'ENA seraient-elles, là, inaccessibles aux filles, quand, dans le cadre des universités, rien n'y fait obstacle ? Toujours est-il que, pendant des décennies, le nombre de femmes énarques avoisine *epsilon* : cinq reçues en 1946 sur 134 candidat-e-s, aucune en 1948, deux en 1953, soit cinquante et une en tout et pour tout dans les vingt premières années [Bodiguel, 1978]. Dans les années 1990, même si le taux de réussite des jeunes filles avoisine celui des jeunes gens, c'est le nombre des candidates qui reste bas : une pour deux, soit une dizaine de reçues par an jusqu'en 1996, où l'on commence à approcher la vingtaine [Colmou, 1999]. Et ce n'est qu'en septembre 2000 qu'une ancienne élève, Marie-Françoise Bechtel, est devenue la première directrice de l'école. Pour leurs carrières et les postes d'administratrices civiles, les énarques ne les trouvent que dans des secteurs qui n'étonnent guère : en 1969, elles comptent pour 30 % aux Affaires sociales, 33 % aux Anciens combattants, 15 % à l'Éducation nationale. En filigrane se lisent les secteurs barrés aux femmes, là où, en 2001 encore, aucune ministre n'a toujours été nommée : zéro administratrice aux Affaires étrangères, zéro à l'Intérieur, zéro aux Postes et Télécommunications. En 1998, la situation a peu évolué : Emploi et Solidarité, 39 % de femmes aux postes de direction ; Anciens combattants : 27 %, quant à l'Intérieur, elles ne sont que 2 % [Thuillier, 1988 ; Colmou, 1999].

De l'ENA sont issu-e-s les haut-e-s fonctionnaires qui constituent les grands corps de l'État : la Cour des comptes, le Conseil d'État et l'Inspection des finances, avec leur fonction de contrôle de l'administration et de conseil du pouvoir politique ; les corps diplomatique et préfectoral sont, eux, l'incarnation du pouvoir central, détenteurs de l'autorité de l'État et représentants du gouvernement. Pour la présence dans ces grands corps, il faut attendre 1974-1975 pour qu'une — mince — partie de ces femmes énarques accèdent à des carrières familières à leurs excondisciples. Alors, Nicole Briot est nommée inspectrice des finances, Françoise Chandernagor-Jurgensen membre du Conseil d'État, Florence Hugodot sous-préfète[1]. En 1998, le Conseil d'État est le plus féminisé avec 20 % de femmes, contre 13 % à la Cour des comptes et 12 % à l'Inspection des finances mais il a fallu attendre 1981 et un président de la République socialiste pour qu'Yvette Chassagne devienne la première préfète. En 1979, pourtant, Marcelle Campana avait été nommée première ambassadrice de France au Panama et Marie-Madeleine Dienesch au Luxembourg. Elles récupéraient un flambeau laissé, bien malgré elle, par Suzy Borel, en 1930 : reçue au concours des carrières diplomatiques et consulaires ouvert aux femmes en 1928, celle-ci s'était vu refuser une affectation à l'étranger, la France ne pouvant être représentée par une femme. Et encore ne s'agissait-il pas d'une ambassade ; Suzy Borel resta affectée à Paris, où elle épousa Georges Bidault [Thuillier, 1998]. En 2001, les femmes continuent à n'être que bien peu présentes dans la représentation officielle du gouvernement et de l'état : 3,7 % des ambassadeurs en 1994, cinq préfètes, sur 109, en 1997.

Dans une enquête menée en 1998 sur l'encadrement dans la haute fonction publique, la rapporteuse faisait état, d'une part, de l'étonnement de ses interlocuteurs sur la nécessité d'une telle mission et, d'autre part, d'une idée fortement répandue selon laquelle si les femmes sont absentes de l'encadrement supérieur, c'est qu'elles le désirent. Enfin, ce rapport notait que l'absence encore criante des femmes ne pouvait que handicaper la modernisation de l'État et l'empêcher de répondre aux besoins d'un public mixte, composé de citoyennes et de citoyens [Colmou, 1999].

Les cabinets ministériels : des femmes-alibis au vrai pouvoir

C'est par la toute petite porte que des femmes accédèrent aux cabinets ministériels. Dans le gouvernement Ribot formé en

---

1. Conseil d'État : 200 membres en tout en 1980 ; Cour des comptes : 250 ; Inspection des finances : 107 ; 185 préfets ; Ponts et Chaussées : 835 ; Mines : 215.

mars 1917, Jeanne Tardy, licenciée en droit, faisait partie du sous-secrétariat aux Finances d'Albert Métin et Berthe Millard, ancienne élève de l'École normale supérieure de Sèvres, était dans le cabinet du ministre du Travail, Léon Bourgeois [Thébaud, 1986]. Promu président du Sénat, celui-ci la garde comme cheffe de son cabinet, après qu'elle eut fait un passage à la section juridique de la Société des nations, au Quai d'Orsay. Gabriel Hanoteaux s'en indigna, brassant les stéréotypes : « Bourgeois est absolument dominé par une secrétaire aux dents longues, plus ou moins sévrienne, intelligente, appliquée, ambitieuse et volontaire, qui a vendu son âme aux internationalistes et aux radicaux soviétiques avec l'espoir de tirer un avantage personnel de cette manœuvre […]. L'intrigue des femmes sera le grand écueil politique de demain. Du moins au temps de Mlle de Chevreuse étaient-elles jolies » [cité par Thuillier, 1988].

La première tentative est celle du gouvernement de Léon Blum, lors du Front populaire en juin 1936. Il nomme trois femmes sous-secrétaires d'État. Deux d'entre elles sont rattachées au ministère de l'Éducation de Jean Zay : Irène Joliot-Curie, proche du parti communiste, qui a obtenu l'année précédente le prix Nobel de chimie[1], Cécile Brunschvicg, proche des radicaux ; la troisième, Suzanne Lacore, militante SFIO, est rattachée à celui de la Santé d'Henri Sellier, où elle est déléguée à l'enfance. Éducation, santé : ces femmes restent bien dans les marges où la société les tolère. Irène Joliot-Curie est fort connue et identifiée comme telle par la presse, qui fait l'éloge de « cette savante célèbre dont les travaux font honneur à la France ». Il n'en reste pas moins qu'elle n'a guère les moyens de travailler, comme elle le notifie à son ministre de tutelle : « Une fois de plus, je viens pour vous signaler que je n'ai toujours ni huissier, ni dactylographe ; mes services, dans ces conditions, ont la plus grande difficulté à fonctionner. » Elle démissionne dès octobre 1936. Pour Cécile

---

1. Elle est la fille de Marie et Pierre Curie et le prix Nobel a été obtenu avec son mari, Frédéric Joliot. Deux générations successives de femmes de tête, voilà qui est socialement difficilement acceptable et, du coup, les rôles sociaux sont rebattus : on dit donc que, pendant que sa mère travaillait sa thèse, Irène était gardée par son grand-père maternel, le docteur retraité Eugène Curie, aidé d'une nourrice.

Brunschvicg, militante féministe, présidente de l'Union française pour le suffrage des femmes, présidente de la section du travail du Conseil national des femmes françaises et directrice de l'hebdomadaire féministe *La Française*, la presse joue pourtant d'un autre registre, la présentant comme « la femme du célèbre philosophe » — Léon Brunschvicg est en effet professeur à la Sorbonne, président depuis 1932 de l'Académie des sciences morales et politiques et encore membre influent du parti radical. Quant à Suzanne Lacore, militante socialiste, c'est la condescendance pour la « petite institutrice, militante de toujours ». Aucune de ces trois femmes n'a, de fait, une place de secrétaire d'État pleine et entière ; manquant de moyens techniques et financiers, sans expérience ni autorité, elles se heurtent aux grands directeurs des services administratifs. On les avait d'ailleurs prévenues : « Vous n'aurez pas à diriger, mais à animer » [cités par Reynolds, 1999]. Quittant le gouvernement avec Blum en juin 1937, elles n'y reviendront plus.

Si des femmes ministres en nombre sont une innovation des années 1990, quelques autres les avaient précédées. La première a été Germaine Poinso-Chapuis, responsable de la Santé publique et de la Population dans le gouvernement de Maurice Schumann, au pouvoir de novembre 1947 à juillet 1948 ; elle y avait formé un cabinet paritaire de cinq hommes et cinq femmes. Avocate au barreau de Marseille dès le début du siècle, elle y avait alors fait figure d'exception et s'était spécialisée dans la défense des enfants, créant avec Albert Vidal-Naquet le Comité de protection de l'enfance. Catholique militante, élue MRP à Marseille de 1945 à 1956, elle avait été très active à la Chambre des député-e-s : c'est elle qui avait balayé les restrictions lors du vote de la loi pour l'accès des femmes à la magistrature, déposé les premiers textes proposant la protection des femmes divorcées et des enfants naturels, la réforme des régimes matrimoniaux avec la séparation de biens, la limitation de la puissance paternelle, toutes mesures paraissant dissidentes à sa famille politique. Peut-être parce qu'on lui accordait « une intelligence masculine », elle fut plusieurs fois vice-présidente de l'Assemblée nationale [Knibiehler, 1998]. Ensuite, ce ne furent que secrétaires, voire sous-secrétaires d'État : en 1957, Jacqueline Thome-Patenôtre est sous-secrétaire d'État à la Construction et au Logement, en 1959, Néfissa Sid-Cara est secrétaire d'État chargée des questions sociales en Algérie, en mai 1968, Marie-Madeleine Dienesch est sous-secrétaire d'État à l'Éducation nationale, puis aux Affaires sociales et enfin à la Santé publique, poste qu'elle garde jusqu'en 1974 ; en 1973, Suzanne Ploux l'avait rejointe comme secrétaire d'État à l'Éducation nationale.

On le voit, ce ne sont que des postes proches des tâches féminines, tout comme ceux consentis par Valéry Giscard d'Estaing en 1974. Le nouveau président de la République avait annoncé une importante participation féminine : or, dans son premier gouvernement, elles seront trois, pour vingt-neuf hommes, dont une secrétaire d'État à l'enseignement préscolaire, une autre aux prisons ; Simone Veil, magistrate, aurait pu être garde des Sceaux, mais elle n'aura que la Santé, comme ministre de plein exercice cependant. Trois mois après elles, une quatrième femme est nommée secrétaire d'État à la Condition féminine, Françoise Giroud, dite « la femme des femmes », chargée de promouvoir toutes mesures destinées à améliorer la condition féminine, de favoriser l'accès des femmes aux différents niveaux de responsabilité dans la société française et d'éliminer les discriminations dont elles peuvent faire l'objet. Et son passage marque effectivement le début des nuances dans les discriminations. 1974 : nomination de hautes fonctionnaires, vote de la mixité de tous les concours de la fonction publique et suppression de la plupart des *numerus clausus*. 1975 : instauration du divorce par consentement mutuel, interdiction de rédiger des offres d'emploi sexistes, de refuser une embauche, de licencier en fonction du sexe ou de la situation de famille, « sauf motif légitime ». 1976 : ouverture aux femmes de l'École de l'air de Salon-de-Provence.

Françoise Giroud a été la première à avoir ce titre de secrétaire d'État à la Condition féminine, supprimé lors du remaniement ministériel de 1976. Puis sont mis en place des ministères chargés de la Condition féminine, entre autres, qui marquent une nette différence, en particulier dans le regard porté sur le travail des femmes ; l'une de ses titulaires, Monique Pelletier, en 1978, estime par exemple que « le travail n'est pas un besoin impérieux pour les femmes mariées dont le mari a un métier » [cité par Lurol, 1999]. C'est en 1981 que François Mitterrand installe un ministère des Droits de la femme, confié à une ministre issue des mouvements féministes, Yvette Roudy, qui l'occupe jusqu'en 1986, avec un budget propre, des personnels et des services[1]. Elle y fait voter diverses lois pour mieux protéger les femmes au travail : le statut professionnel des travailleuses indépendantes mariées, l'égalité professionnelle entre hommes et femmes.

Si ce n'est ce ministère, les années 1974-1991 sont relativement plates, quand la décennie 1991-2001 est marquée par deux dates, la nomination d'Édith Cresson Première ministre en 1991 et le gouvernement formé par Lionel Jospin en 1997. Entre mai 1991 et avril 1992, Édith Cresson est la première femme cheffe du gouvernement. Ancienne élève d'HEC, proche du président socialiste de la République, François Mitterrand, elle a successivement été ministre de l'Agriculture, du Commerce extérieur, des Affaires européennes ; elle se trouve rapidement en butte à l'hostilité des grands commis de l'État et à celle de la presse, qui la contraignent à un départ brusqué. Le vrai changement se situe dans le cadre du gouvernement constitué par Lionel Jospin en 1997. Les femmes y sont nombreuses, jusqu'à 30 % et, surtout, Martine Aubry, Élisabeth Guigou comme Ségolène Royal sont issues du traditionnel vivier des ministres, l'ENA. Sorties de l'exception — et même si la presse continue longtemps de les traiter différemment des hommes politiques, faisant par exemple sans cesse référence à leur vie privée, à la

---

1. En 1988 (gouvernement de gauche), Michèle André a un secrétariat d'État au Droit des femmes auprès du Premier ministre ; en 1991, Véronique Neiertz est aussi secrétaire d'État ; en 1993 (gouvernement de droite), Simone Veil est ministre des Affaires sociales, de la Santé et de la Ville, chargée des Droits des femmes ; en 1995, dans le gouvernement Juppé (droite) Colette Codaccioni, ministre de la Solidarité entre les générations, est chargée du Service des droits des femmes ; puis Jacques Barrot prend ce service dans son ministère du Travail et des Affaires sociales.

couleur de leur tailleur ou à la coupe de leurs cheveux —, ces ministres-là ne se sentent plus réduites au rôle de mère ou d'assistante sociale, ne se justifient plus de faire de la politique par altruisme et vocation, ni ne cherchent à légitimer leur présence. Femmes politiques, qui peuvent désormais dire leurs ambitions, elles ne revendiquent plus de modèles masculins, n'en rajoutent plus dans le conformisme viril et, au contraire, dénoncent le sexisme de leur monde [Helft-Malz et Lévy, 2000 ; Bard, 2001].

De bien rares élues

Lieux de pouvoir encore que les différentes instances élues d'une république démocratique. Pouvoir de gestion communal, départemental et régional, pouvoir législatif pour les député-e-s, les sénatrices et sénateurs. L'ordonnance du 21 avril 1944 donne aux Françaises le droit d'éligibilité. Plus d'un demi-siècle plus tard, en juillet 2000, une autre loi impose la parité sur les listes électorales, pour certains scrutins et avec diverses limitations[1].

De fait, la présence des femmes dans les instances élues n'a fait que décroître depuis la Libération, devenant l'une des plus basses du monde. L'ordonnance qui organisait le droit de vote prévoyait la dissolution des assemblées communales et des délégations municipales créées par Vichy et des Français-e-s résistant-e-s complétèrent les municipalités reconstituées. Partout des femmes entrèrent dans les municipalités et en septembre 1944 la région parisienne comptait plus de cent conseillères municipales, souvent ouvrières, vendeuses, employées, infirmières, et parfois des mairesses adjointes. En même temps, douze femmes étaient déléguées par leur organisation de résistance pour siéger à l'Assemblée consultative provisoire [Chaperon, 2000]. Le premier vote des Françaises fut pour élire les maires et les conseillers municipaux, en avril 1945 : neuf femmes siégèrent au conseil municipal de Paris. Puis, 1945 et 1946 voient

---

1. La loi sur la parité concerne les communes de plus de 3 500 habitants, sans obligation de listes alternées, mais une parité par groupes de six éligibles.

trois élections d'assemblées, dont deux constituantes. En novembre 1946 l'Assemblée nationale de 518 député-e-s compte trente-cinq femmes, 5,5 %, ce qui n'empêche pas le doyen, Paul Cuttoli, d'ouvrir la session en parlant « de l'Assemblée la plus hautement représentative qui ait jamais existé, puisque les femmes françaises y sont largement et justement représentées » [cité par Helft-Malz et Lévy, 2000]. Vingt pour cent de femmes sur les listes du parti communiste, 12 % à la SFIO comme au MRP : sauf au PC, elles n'étaient guère en position d'éligibilité. De fait, inlassablement, leur nombre baisse : vingt-deux en 1951, dix-neuf en 1956, puis neuf sur 586 en 1958, huit en 1962, 1,6 %.

Les politologues peuvent bien expliquer que le scrutin majoritaire handicape les femmes, les raisons de leur si faible présence sont évidemment ailleurs. Pour sûr, les femmes ne sont pas, comme on le souligne abondamment, indifférentes à la politique. Elles ne sont pas non plus hostiles aux candidates de leur sexe et ce serait bien plutôt la confiance des électeurs qui manque à ces dernières. En revanche, les dirigeants des partis politiques sélectionnent des hommes parce que, bien souvent, leur idéal est celui de la femme au foyer. Le monde politique serait ainsi le dernier refuge de l'homosocialité qui vit les femmes comme des intruses [Bard, 2001]. Cependant, les femmes sont aussi prises dans un réseau de représentations sociales qui ne font, depuis cent cinquante ans, que leur renvoyer d'elles-mêmes l'image de l'incapacité, surtout dans le registre du pouvoir : en 1954, un sondage montre qu'à peine 22 % des femmes penseraient possible qu'une femme soit présidente de la République, quand, en 1997, 84 % des Français-e-s y sont favorables et la première candidate à cette fonction fut, en 1974, Arlette Laguiller, figure emblématique du mouvement trotskyste Lutte ouvrière.

C'est en juin 1997 seulement que, pour la première fois, la représentation féminine à l'Assemblée nationale passe la barre des 10 % et y reste : 63 femmes pour 514 hommes, en attendant la mise en œuvre de la parité en 2002. Au Sénat, il en a été à peu de même : vingt et une femmes en décembre 1946, avec une vice-présidente, Gilberte Pierre-Brossolette, cinq en 1962 et, en tout, quarante-quatre élues entre 1958 et 1998 : la France est là au dernier rang de l'Union européenne, où la féminisation atteint en moyenne 18 %. Dans les instances non parlementaires, c'est pire. En 1960, sur les 3 028 élus des conseils généraux, il y a seulement 17 femmes ; quant aux mairies, sur 36 276 postes, elles ne se comptent que 250, 0,7 %. Au milieu des années 1980, elles sont 10 % des conseillers régionaux, mais seulement 4 % des conseillers généraux ; à peine 4 % des mairies ont alors une femme à leur tête [Sineau, 1988]. On comprend dès lors mieux la révolution introduite par la parité.

Mais, avant la parité, il y eut les quotas. Dans les années 1970, quand au PS il n'y avait que quatre femmes sur les quatre-vingt-un membres du Comité directeur, zéro au Comité exécutif, zéro au Secrétariat national, zéro à l'Assemblée et une au Sénat, Marie-Thérèse Eyquem revendiqua, sans succès, un quota féminin de 10 % pour les élections. Ce n'est qu'en 1978, dans le courant mené par Françoise Gaspard, une jeune énarque mairesse de Dreux, qu'est demandé un quota, de 50 % cette fois, pour les listes des élections européennes. Sans succès non plus. Seul le PSU a porté une femme à sa tête, Huguette Bouchardeau, militante du Mouvement pour la libération de l'avortement et de la contraception (MLAC) et du Planning familial, qui reconnaissait elle-même que, depuis le départ de Michel Rocard, ce parti n'était plus un enjeu de pouvoir. Pour les quotas, un article de la loi municipale de 1982 instituait un maximum, 75 %, sur les listes des communes de plus de 3 500 habitants. Voté presque à l'unanimité, il fut invalidé par le Conseil constitutionnel au nom de l'égalité de tous les citoyens devant la loi. On sait que cet argument, dit universaliste, a depuis été repris par les adversaires de la parité en politique, en particulier parce qu'il signifiait une entorse au principe de l'égalité et à celui de l'universalité des droits [*Le Piège de la parité*, 1999].

C'est en 1995 que la parité devient un thème de campagne électorale, soutenu par les femmes de tous bords politiques. Dès novembre 1993 est paru dans la presse le « Manifeste des 577 pour une démocratie paritaire », 577 comme le nombre de député-e-s, signé par 289 femmes et 288 hommes, dont nombre d'intellectuel-le-s. Durant les semaines qui précèdent la victoire de la gauche en 1997, Lionel Jospin s'engage à une révision constitutionnelle, quand le PS présente 133 candidates, et pas seulement dans des circonscriptions réputées ingagnables. Le texte adopté en congrès des deux assemblées en juin 1999 stipule qu'est favorisé l'égal accès des femmes et des hommes aux mandats et fonctions ; la loi votée un an plus tard dit que les listes aux élections municipales, régionales, européennes et sénatoriales devront être paritaires. En sont exclus les votes départementaux pour les conseillers généraux. En mars 2001, ces contraintes différenciées sont très lisibles dans les résultats des scrutins : aux élections municipales, les femmes obtiennent 47,5 % des sièges de conseillers (contre 22 % auparavant), mais pas vraiment les fauteuils des maires : sur trente-sept villes de plus de 100 000 habitants, à peine quatre sont dirigées par des femmes. En revanche, les femmes ne sont que 9,8 % des conseillers généraux renouvelables et une seule est présidente d'un conseil général, Anne d'Ornano dans le Calvados[1]. En 1966, Évelyne Sullerot écrivait déjà : « Je dis seulement que si réellement on voulait intégrer les femmes dans la politique après des siècles de mise à l'écart, il faudrait leur réserver un siège sur deux, partout, à tous les échelons. Voilà. Cela fait rire » [cité par Chaperon, 2000].

Comment ne pas verser dans l'optimisme en retraçant ces mutations qui, pour avoir été longues, n'en sont pas moins claires ? Il y a d'abord eu les temps des exceptions, avec les inspectrices des prisons, des écoles, du travail. L'entorse à l'organisation sociale qui voulait que toutes les responsabilités soient réservées aux hommes ne fut acceptée que parce que la ségrégation des sexes était maintenue, ces femmes n'exerçant leurs compétences que sur d'autres femmes. Par contre, quand savoir et pouvoir durent se déplacer dans le cadre de la mixité, comme pour les métiers du droit, de la médecine ou de l'enseignement de haut niveau, il en fut tout autrement. Le premier

---

1. *Le Monde*, 27 avril 2001. Il y avait à la veille du scrutin 6,3 % de femmes parmi les conseillers généraux.

réflexe de la domination masculine fut de rendre difficile l'obtention des diplômes nécessaires à ces professions. Si quelques-unes bataillèrent pour s'en faire ouvrir les portes, certains lieux, et parmi les plus prestigieux comme les grandes écoles, restèrent hermétiquement clos. La solution fut alors d'ouvrir des lieux de formation réservés aux femmes, futures ingénieures et cadres. Cependant, leur nombre resta faible et peu menaçant pour les hommes, qui commencèrent pourtant à pressentir et formuler l'essentiel : la concurrence dans les lieux de décision. Concurrence et partage donc pour l'élaboration et l'application des lois, pour la politique nationale ou les relations internationales, pour les choix économiques et la répartition des richesses, bref dans les lieux qui régulent l'organisation sociale et décident de l'avenir du monde. Certes, et en particulier pour les femmes politiques, le volontarisme s'est avéré nécessaire et la loi sur la parité en témoigne. Mais, au fond, celle-ci peut aussi être lue comme le signe d'une impatience sociale face à une large sous-représentation féminine, quand, partout ailleurs dans les sphères du pouvoir et du savoir, la progression des dernières générations était indéniable et probablement irréversible.

On ne peut cependant manquer de relever la lenteur de ces évolutions, qui ne prennent une réelle ampleur numérique que depuis les années 1990, alors que, légalement, rien ne s'opposait à une plus forte présence des femmes. Sans doute faut-il voir là l'expression de phénomènes générationnels, qui découpent le temps historique sur le long terme, dans une autre logique que celle des chronologies formelles. Acquise au milieu des années 1970, la mixité des formations et des recrutements est au cœur des mutations sociales des dernières années du XXe siècle. Il a donc fallu deux décennies supplémentaires, soit une génération, pour que les femmes tirent profit des mutations légales. Pourquoi ? Probablement parce que l'on est là au cœur des systèmes de représentations séculaires de soi et de l'autre, de discours et de pratiques qui ont fortement marginalisé et assujetti les femmes, en particulier dans le cadre de la vie publique. Comment faire pour ne pas intégrer ces valeurs discriminantes et dévalorisantes ? Quelle difficile tâche que de ne pas les transmettre à ses filles ! Voilà sans doute pourquoi toutes les enquêtes socio-logiques continuent de montrer que les parents pensent sciences et mathématiques plus nécessaires pour les fils que pour les filles. Après des siècles d'argumentation sur l'infériorité des femmes, on est là au cœur des phénomènes d'opinion publique, de l'imaginaire social au bien difficile délitement [Laborie, 2001].

CONCLUSION

Au terme de ces pages, j'espère avoir convaincu : les femmes ont toujours travaillé. À en rassembler les données, j'ai souvent été partagée entre la révolte face à une si longue ségrégation, la stupeur devant son organisation si délibérée et un lâche soulagement : mieux vaut être née dans les années 1950, et surtout après 1970, plutôt que n'importe quand auparavant. Tout de même... Où que se porte le regard, prime dans cette histoire la différence de traitement d'avec les hommes. Comment une société, un État même, peuvent-ils admettre payer moins les enseignantes que les enseignants ? Comment laisser les ouvrières travailler sur des postes toxiques et épuisants, pour de si mauvais salaires, tout en leur interdisant de travailler la nuit ? Comment construire délibérément des métiers n'offrant aucune perspective de promotion ? Comment refuser de comptabiliser ces paysannes et commerçantes ? Comment ? Et surtout pourquoi ?

Les raisons en paraissent enchevêtrées dans un ensemble de faits et de représentations. La première raison, tout étrange

293

qu'elle paraisse aux jeunes générations, puise sa source dans la domination masculine, la longue subordination des femmes aux hommes. La société comme les métiers étaient hiérarchisés, au motif que les femmes étaient différentes et par là même inférieures, et cette organisation sociale différenciée était soutenue par des lois, dont on peine à croire qu'elles aient été si pérennes. Articulée à de réelles différences biologiques, essentiellement fondées sur la maternité, cette subordination était difficilement contestable par les femmes elles-mêmes. L'organisation sociale avait d'ailleurs pris soin de les écarter de la parole et de l'écrit publics, mais aussi des lieux qui leur auraient permis de démonter ces mécanismes de pensée et de représentations. Les voilà donc potentiellement toujours enceintes, assignées à des tâches domestiques qu'elles seules pourraient remplir, chargées de la maintenance de la vie privée quand les hommes prenaient la responsabilité des questions publiques, et surtout soumises à d'insidieuses représentations d'elles-mêmes, à des stéréotypes revêtus des oripeaux du rationnel, transmis de génération en génération. Si les vraies mutations s'organisent à partir de 1965, c'est bien parce qu'alors les femmes deviennent citoyennes à part entière, au moment où la contraception relègue dans le passé la plus pesante des contraintes biologiques. Si le droit de vote n'avait pas immédiatement changé la condition féminine, c'est aussi que vingt ans, une génération, ont été nécessaires pour que les élu-e-s amendent les dernières lois discriminantes.

Mais si droits civiques et civils, maîtrise de la maternité et volonté féministe furent fondamentaux, ils ne changèrent pas instantanément les représentations sociales sur la nature féminine, ni leurs incidences sur le travail des femmes. En effet, les définitions de la féminité avaient bien d'autres conséquences, comme de penser que les femmes seraient incapables d'un effort intellectuel créatif ou qu'elles manqueraient même l'esprit d'équité nécessaire au commandement. Les capacités de suivre des études reconnues à la fin du XIXe siècle, la discrimination s'était réfugiée dans les arcanes de la morale, qui, à propos de la sexualité des unes et des autres était d'ailleurs toujours une référence aux différences biologiques. Plus grave pour l'histoire du travail des femmes, c'est au nom de cette même morale que l'on a séparé les sexes dans les usines et les bureaux, muselant ainsi la combativité féminine face à de très inéquitables organisations des postes, des rémunérations et des hiérarchies.

Cet ensemble a aussi légitimé une série d'assignations dans les métiers du maternage comme dans ceux où aucune promotion, en particulier dans le cadre de l'autorité sur les autres, n'était prévue, qu'il s'agisse de l'autorité conférée par le pouvoir médical, juridique, intellectuel comme de celle pour la conduite de la politique de la nation. Là encore, des contradictions apparurent, avec les inspectrices des écoles ou du travail. Enferrée dans son système de discrimination, la société se devait de l'avaliser en nommant des femmes pour surveiller les femmes, veillant cependant à ce qu'elles soient en suffisamment petit nombre pour ne pas exclure les hommes de ces responsabilités. Là, la présence féminine et les débats qui l'ont précédée indiquent aussi que les hommes ne formaient pas un bloc uni sur la place à concéder aux femmes. Une partie d'entre eux les considéraient comme des égales, trouvant normales leur présence et leur concurrence sur le marché du travail.

Cette concurrence est fondamentale et tire le fil rouge de l'histoire des partitions du marché du travail. Elle explique les longues résistances à l'accès des filles au baccalauréat, alors qu'on leur créait un enseignement primaire supérieur. Ce n'est pas le travail des femmes qui était refusé, mais bien certaines professions, celles qui permettaient la décision et donc l'organisation des mutations sociales. D'ailleurs cette crainte de la rivalité a toujours été énoncée quand le nombre de femmes menaçait de croître. Il est vrai que dans le monde du XIXe siècle libéré des anciennes pesanteurs sociales fondées sur la naissance, l'ouverture aux talents individuels était proclamée et réelle. Et le raisonnement valait pour les deux sexes. Quand on ne criait pas à la concurrence indue, on cédait à des arguments sur le manque d'hommes, soit qu'ils soient morts au front, soit qu'ils se fassent trop rares dans des métiers peu valorisants.

D'ailleurs, pourquoi parler au passé ? Ce sont bien ces arguments qui sont encore utilisés pour les métiers qui deviennent paritaires après avoir longtemps résisté. Ainsi, quand la mixité finit par faire son chemin, les capacités féminines à occuper les métiers autrefois réservés sont insidieusement minimisées, noyées dans d'autres contraintes. L'examen de l'état du marché du travail aujourd'hui montre bien que les femmes avaient toutes les facultés requises et que, en écho à leurs compétences désormais reconnues dans le travail scolaire, elles sont même majoritaires dans les premiers échelons de ces métiers.

Reste à comprendre pourquoi il a fallu attendre la fin du XXe siècle pour en arriver là, alors que l'enseignement des filles s'est débloqué dès les années 1920. Quatre-vingts ans se sont écoulés... Sans doute faut-il faire appel à la notion de succession des générations et à la prégnance des représentations sociales. Ces femmes qui sont la moitié des avocat-e-s ou des étudiant-e-s en médecine sont les arrière-petites-filles de celles qui ont eu accès au baccalauréat, les petites-filles des premières citoyennes, les filles de celles pour lesquelles s'est désagrégée l'ancienne gangue sociale ; leurs mères leur ont transmis la nouvelle donne qu'elles ne pouvaient guère utiliser, prises qu'elles étaient dans les schémas transmis par leur propre mère : les hommes nous sont supérieurs en tout, sauf en maternité. Les brillantes jeunes femmes d'aujourd'hui bénéficient donc à la fois du droit de vote obtenu par leurs grands-mères, de droits civils égalitaires et du contrôle de la maternité obtenu par leurs mères, et de la mixité de tous les niveaux de l'enseignement, qu'elles ont connu les premières. Libérées de pesanteurs dont elles sont souvent loin d'imaginer combien elles ont pu être handicapantes, elles peuvent être conquérantes. Cette notion de cohorte est aussi utile pour expliquer la lenteur de l'accès des femmes aux responsabilités. En effet, chaque classe d'âge qui arrive sur le marché du travail ne peut peser que son poids démographique : quarante ans de vie active en moyenne pour chacun-e signifient que, chaque année, un quarantième des individus part en retraite pour un autre quarantième qui arrive sur le marché du travail, les deux sexes confondus ; pour les femmes, il ne reste donc qu'un quatre-vingtième des opportunités pour se faire embaucher et entendre. On ne peut alors penser l'avenir qu'en termes de cumul de ces nouvelles générations, sans perdre de vue que sont encore présentes aux postes de décisions les générations d'hommes nés dans les années 1940, encore bien imprégnées de réflexes discriminants.

Est-ce à dire que les différenciations entre métiers d'hommes et métiers de femmes s'effacent ? Pour l'instant, ce n'est guère le cas, les représentations sociales sur ce qui qualifie les unes et les autres pèsent d'un poids encore important : les rares maïeuticiens font écho aux rares routières, les formations de secrétaires restent féminines quand celles des programmateurs de machines sont masculines. Se perpétue donc la naturalisation des identifications, avec des métiers masculins définis par la force, le sens des machines et de la technologie, et des métiers féminins caractérisés par le dévouement, la minutie, voire le goût pour la répétitivité des tâches. Quel sens cela peut-il avoir à l'aube du troisième millénaire, quand se multiplient les robots et les directions assistées ? Comment peut-on, aujourd'hui, opposer deux types d'activité, si ce n'est en recourant à une division sexuelle du travail qui renvoie à une organisation sociale archaïque ?

Si les recensements ont cessé de dire que les femmes ne travaillent pas, la statistique comme la sociologie n'imaginent pas toujours qu'un homme sur deux est une femme. On continue à ne pas toujours prendre en compte les métiers des mères quand on raisonne sur le devenir des enfants, à ne pas formuler les longues inégalités scolaires quand elles signent les spécificités des formations d'une population active. Pas de formations, pas de professions. Si, dans cette conclusion, cette remarque semble un truisme, j'en serai satisfaite. Car les inégalités de l'enseignement ne sont généralement pensées qu'au masculin, pour analyser les différences entre les groupes sociaux. Faut-il prendre l'exemple des grands cuisiniers ? Quand on fait mine de s'étonner que la quasi-totalité des toques connues soient des hommes, alors que ce sont les femmes qui sont assignées aux

297

fourneaux ordinaires, on oublie trop vite que l'apprentissage de la grande cuisine ne leur était guère autorisé. Comment donc a-t-on pu entériner l'idée que les femmes ne savent pas tourner les sauces ? Tant que l'invisibilité des femmes continuera d'être organisée à divers niveaux, on ne pourra éradiquer les anciennes attitudes et les anciens réflexes.

Dans des moments où changent ces anciennes réalités, l'histoire du travail des femmes apparaît organisée en quatre grandes phases. La première court jusqu'aux premières décennies du XIXe siècle, c'est celle du travail des paysannes, des commerçantes, des patronnes de l'industrie, des domestiques, de certaines ouvrières. Ce travail est pour partie seulement rémunéré et déjà organisé dans une partition des tâches entre hommes et femmes.

Puis, le milieu du XIXe siècle voit le deuxième temps, celui de l'extension de la société industrialisée et du durcissement des rapports entre les groupes sociaux comme entre les sexes. C'est l'éviction des femmes de certains lieux, comme la direction des affaires ou les métiers qualifiés, c'est leur assignation à d'autres, par exemple dans ces écoles maternelles d'où sont exclus les hommes. Dans les nouvelles industries qui s'élaborent, dans les nouveaux bureaux qui se peuplent, les femmes ne seront qu'exécutantes, dans une grande hypocrisie sociale qui conduit à affecter de s'en indigner, tout en ratifiant leurs faibles rémunérations, ces salaires dits d'appoint. Là, la société feint de croire que toutes les femmes sont mariées, ce qui est loin d'être le cas. C'est le temps de l'enracinement de tous les stéréotypes et de toutes les discriminations. On construit des métiers pour les femmes et exclusivement pour elles, des métiers qui requièrent des qualités définies comme typiquement féminines, innées et non susceptibles de rémunérations spécifiques, comme la dextérité, la minutie, la résistance à la monotonie et à la fatigue. Parallèlement, des travaux, ceux de l'enseignement, des soins et des secours, restent bénévoles, assumés par les congréganistes et les dames d'œuvres. Qui niera que le développement économique est plus rentable avec des mains-d'œuvre mal payées ? Pendant la deuxième industrialisation est avalisée l'idée que les femmes peuvent et même doivent occuper les nouveaux emplois peu qualifiés et mal rémunérés. Serait-ce dans la culpabilité ou le désarroi ? En tout cas et parallèlement, s'élaborent des discours qui préconisent que les femmes demeurent dans leur foyer et des statistiques qui s'efforcent de rendre compte de leur faible place dans le travail.

Dans un troisième temps, entre 1920 et 1960, sous l'action conjuguée de la guerre et de la laïcisation, quelques ajustements se font jour. On transforme les tâches bénévoles en de vraies professions, qui restent pourtant pensées comme intrinsèquement féminines. Avec d'autres métiers des secteurs secondaire et tertiaire dont le nombre ne fait que croître, s'enracine alors, et définitivement, le salariat, ce mode de rémunération du travail qui signifie l'autonomie. Globalement, le travail devient de plus en plus du ressort des espaces publics. En même temps, on égalise les métiers de certaines fonctionnaires, comme les enseignantes, et, timidement, on commence à penser la formation supérieure des femmes : accès à l'Université, à certaines écoles d'ingénieurs et de cadres commerciaux. L'accès des femmes aux fonctions d'encadrement commence alors à être possible, des interdits professionnels se lèvent. Le discours social le plus prégnant continue cependant de les identifier comme largement inactives et mères de familles nombreuses.

Le quatrième temps, réellement amorcé au milieu des années 1960, est celui de l'égalité proclamée des droits. Il reste cependant à comprendre pourquoi se dénoue si rapidement ce qui semblait devoir s'imposer depuis fort longtemps. Sûrement, les fortes mutations enregistrées sont parallèles à la fissuration de la société occidentale des années 1960, dont la trace événementielle la plus marquante est celle de mai 1968 et de la révolte étudiante. La contestation touche d'abord l'autorité, sous toutes ses formes, celle des pères et des mères, des maîtres et des patrons, de l'État et de ses institutions. Dans cette mise en cause, les féministes trouvent leur place, dans une forte radicalisation et un refus de la mixité dont elles pensent qu'il garantit leur droit à la réflexion et à la mise en cause de l'ordre masculin, celui la vie publique, de la vie privée comme de la sexualité. Très symboliquement, les identifications masculin-féminin se lisent dans le renouvellement des normes de l'apparence, comme les cheveux longs pour les hommes, l'adoption du pantalon par les femmes et, surtout, le triomphe du blue-jean unisexe.

Mais 1968 et les années qui suivent ne sont pas seulement le temps de la dénégation de l'autorité par les jeunes générations, elles portent aussi la crise des organisations, religieuses, syndicales, politiques, avec la mise en cause de structures anciennes, autrefois incontestées. C'est encore l'allongement de l'espérance de vie et le renversement de la natalité qui amorce une décroissance résolue dans la forte augmentation de l'immigration. En 1973, commence une grave crise économique, qui signe d'une part la fin de la toute-puissance occidentale sur les ressources énergétiques et d'autre part l'entrée dans une troisième phase de l'industrialisation, celle du ralentissement de la croissance, de l'électronique, de la mondialisation et d'une demande sociale de plus en plus exigeante tant pour les produits consommés que pour leur devenir écologique. Aux 6 % de paysan-ne-s font écho les 85 % de salarié-e-s et les 20 % de cadres qui espèrent une possible mobilité sociale. Ainsi, l'emploi se transforme, par ses flexibilités, bien sûr, mais aussi dans ses secteurs : à la fin des paysans correspond bien aussi l'extension des secteurs tertiaire et quaternaire, ces segments privilégiés de l'emploi des femmes. Les mutations économiques, culturelles, sociales, politiques sont complètes. La nouvelle donne sociale entre les hommes et les femmes prend aussi place dans cette recomposition rendue possible par la désagrégation des anciennes valeurs. Sans négliger toutes les formes évidentes de sexisme, dans les modes d'emploi, les rémunérations, les faux-semblants, cette société où progresse la mixité est incontestablement en mouvement. La mutation des rôles sociaux attribués aux hommes et aux femmes se réalise donc au sein d'un ensemble aux dimensions complexes et multiples.

Alors seulement peut commencer l'ère du partage du travail avec les hommes, quand jusque-là nulle vraie concurrence n'était installée. Alors, dans les discours, le travail des femmes n'est plus présenté comme un choix. Parallèlement, les femmes laissent déjà leur trace dans le monde du travail, en revendiquant de nouvelles normes, en particulier celles de l'existence d'une vie hors travail, privée et familiale. Si celle-ci a toujours existé, y compris pour les hommes, on tâchait de l'ignorer. Cependant, si, depuis bientôt trente ans, les femmes ont accès à toutes les fonctions, la mixité est loin d'être acquise, puisque les assignations demeurent dans tous les lieux anciennement construits. Dans l'état actuel de la division du travail, les femmes se sont glissées dans les métiers autrefois masculins, en abandonnant les premières les guenilles taillées par la société du XIXᵉ siècle. Mais les hommes renâclent, eux, à délaisser leurs vieux habits tout autant socialement construits, refusant encore d'investir les métiers tellement bons pour les femmes qu'ils pourraient bien, aussi, l'être pour eux. Il y a loin de l'égalité formelle à l'égalité réelle, la division du travail entre les hommes et les femmes reste patente. La cinquième phase de l'histoire du travail des femmes, celle qui s'invente sous nos yeux, la résoudra-t-elle ?

BIBLIOGRAPHIE

Accampo Elinor, *Industrialization, Family Life and Class Relations : Saint-Chamond, 1815-1914*, Berkeley, University of California Press, 1989.

Adler Laure, *À l'aube du féminisme, les premières journalistes, 1830-1850*, Paris, Payot, 1979.

Adler Laure, *Les femmes politiques*, Paris, Seuil, 1993.

Albistur Maïté, Armogathe Daniel, *Histoire du féminisme français*, 2 tomes, Paris, Éditions Des femmes, 1977.

Allart Marie-Christine, « Les femmes de trois villages de l'Artois : travail et vécu quotidien, 1919-1939 », *Revue du Nord*, n° 250, 1981, p. 703-724.

Alligier Vincent, « Instituteur, institutrices » [Schweitzer, 1999], p. 51-64.

Alonzo Philippe, « Employés de bureau : le genre masculin n'est pas neutre », *Cahiers du Mage*, n° 1, 1995, p. 43-51.

Alonzo Philippe, *Femmes employées, la construction sociale du salariat*, Paris, L'Harmattan, 1996.

Alonzo Philippe, Liaroutzos Olivier, « Secrétaires, des carrières à la traîne » [Maruani, 1998], p. 59-70.

Ambraisse Audrey, *Les Femmes dans la police à Lyon de 1937 à 1956*, maîtrise dactylographiée, Lyon-II, septembre 2000.

Andréani Edgard, *Les Retraites*, Paris, La Découverte, 1986.

Angeloff Tania, « Des miettes d'emploi : temps partiel et pauvreté », *Travail, Genre et Société*, n° 1, 1999, p. 43-70.

Angeloff Tania, *Le Temps partiel : un marché de dupes ?*, Paris, Syros, 2000.

Angleraud Bernadette, *Les Boulangers lyonnais aux XIXe et XXe siècles*, Paris, Éditions Christian, 1998.

303

ARBORIO Anne-Marie, *Un personnel invisible. Les aides-soignantes à l'hôpital*, Paris, Anthropos-Économica, 2001.

ARNAUD-DUC Nicole, « Les contradictions du droit » [Perrot et Fraisse, 1991], p. 87-116.

ARON Jean-Paul (éd.), *Misérable et glorieuse, la femme du XIXᵉ siècle*, Paris, Fayard, 1980.

AUBERT Nicole, *Le Pouvoir usurpé ? Femmes et hommes dans l'entreprise*, Paris, Robert Laffont, 1982.

AUSLANDER Léora, ZANCARINI-FOURNEL Michelle (éd.), *Différence des sexes et protection sociale, XIXᵉ-XXᵉ siècle*, Saint-Denis, Presses Universitaires de Vincennes, 1995.

AUZIAS Claire, HOUEL Annik, *La Grève des ovalistes, Lyon, juin-juillet 1869*, Paris, Payot, 1982.

BACHRACH Susan, *Dames employées : The Feminization of Postal Work in XIXᵗʰ Century France*, Bringhampton, The Haworth Press, 1984.

BACHRACH Susan, « La féminisation des PTT au tournant du siècle », *Le Mouvement social*, n° 140, 1987, p. 69-88.

BARAU Denys, *Les assistantes sociales à la Compagnie des mines de Roche-la-Molière et Firminy, 1940-1944*, Saint-Étienne, Presses de l'Université de Saint-Étienne, 1984.

BARBIZET Claude, LEGUAY Françoise, *Blanche Edwards-Pillet, femme et médecin*, Paris, Cénomane, 1988.

BARD Christine, « L'apôtre sociale et l'ange du foyer : les femmes et la CFTC à travers le *Nord social*, 1920-1936 », *Le Mouvement social*, n° 65, 1993, p. 23-42.

BARD Christine, *Les Filles de Marianne. Histoire des féminismes, 1914-1940*, Paris, Fayard, 1995.

BARD Christine (éd.), *Un siècle d'antiféminisme*, Paris, Fayard, 1999.

BARD Christine, *Les Femmes dans la société française au XXᵉ siècle*, Paris, Armand Colin, 2001.

BARON Ava (éd.), « Gender and Labor History : Learning from the Past, Looking to the Future », *Work engendered. Toward a New History of American Labor*, Ithaca et Londres, Cornell University Press, 1991.

BARRÈRE-MAURISSON Marie-Agnès (éd.), *Le Sexe du travail : structures familiales et système productif*, Grenoble, PUG, 1984.

BARRET-DUCROCQ Françoise, PISIER Évelyne, *Femmes en tête*, Paris, Flammarion, 1997.

BARRY David, *Women and the Political Insurgency : France in the mid-XIXᵗʰ Century*, New York, Macmillan Press, 1996.

BATTAGLIOLA Françoise, « Des femmes aux marges de l'activité, au cœur de la flexibilité », *Travail, Genre et Société*, n° 1, 1999, p. 157-177.

BATTAGLIOLA Françoise, *Histoire du travail des femmes*, Paris, La Découverte, 2000.

BAUBÉROT Jean, « De la femme protestante » [Fraisse et Perrot, 1991], p. 199-212.

BAUDELOT Christian, ESTABLET Roger, *Allez, les filles !*, Paris, Seuil, 1992.

BEAU Anne-Sophie, « Les employées du Grand Bazar de Lyon, 1886-1950 » [Schweitzer, 1997], p. 51-64.

BEAU Anne-Sophie, SCHWEITZER Sylvie, « Aushilfs und Teilzeitarbeit : untypische Beschäftigungen ? Frankreich im XIX und XX. Jahrhundert », *L'Homme, Zeitschrift für Feministische Geschichtwissenschaft*, n° 1, 2000, p. 2-20.

BEAU Anne-Sophie, *Grand Bazar, modes d'emploi. Les employé-e-s d'un grand magasin lyonnais, 1886-1974*, thèse d'histoire dactylographiée, université Lyon-II, 2001.

BEAUVOIR (DE) Simone, *Le Deuxième Sexe*, Paris, Gallimard, 1949.

BELLE Françoise, *Être femme et cadre*, Paris, L'Harmattan, 1991.

BENSON Jane, HAGEN Elisabeth (éd.), *Feminization of the Labour Force : Paradoxes ans Promises*, Polity Press, 1988.

BERG Maxine, « What Difference did Women's Work make to the Industrial Revolution ? », *History Workshop*, n° 35, 1993, p. 22-44.

BERGER Ida, *Les Maternelles. Étude sociologique sur les institutrices des écoles maternelles de la Seine*, Paris, CNRS, 1959.

BERGER Ida, *Les Instituteurs d'une génération à l'autre*, Paris, PUF, 1979.

BERGERON Louis (éd.), *La Révolution des aiguilles. Habiller les Français et les Américains, XIXᵉ-XXᵉ siècles*, Paris, Éditions de l'EHESS, 1996.

BERRIOT-SALVADORE Évelyne, « La femme soignante à la Renaissance : de la profession médicale à la vocation charitable » [Diebolt, 1981], p. 24-28.

BERTHO Catherine, *Télégraphes et téléphones, de Valmy au microprocesseur*, Paris, Le Livre de poche, 1981.

BERTIN-MOURAUX Bénédicte, « La participation des femmes à l'exercice du pouvoir dans les grandes entreprises : quatre études de cas », *Cahiers du Mage*, n° 1, 1997, p. 37-50.

BERTINOTTI Dominique, « Carrières féminines et carrières masculines dans l'administration des Postes et Télégraphes à la fin du XIXᵉ siècle », *Annales Économie, Sociétés, Civilisations*, n° 3, 1985, p. 625-640.

BLUNDEN Katherine, *Le Travail et la vertu. Femmes au foyer : une mystification de la Révolution industrielle*, Paris, Payot, 1982.

BOCK Gisela, THANE Pat (éd.), *Maternity and Gender Politics. Women and the Rise of the European Welfare State, 1880-1950*, Londres, Routledge, 1991.

BODIGUEL Jean-Louis, *Les Anciens Élèves de l'ENA*, Paris, FNSP, 1978.

BOIGEOL Anne, « Les Transformations des modalités d'entrée dans la magistrature : de la nécessité sociale aux vertus professionnelles », *Pouvoirs*, n° 74, 1995, p. 27-40.

BOIGEOL Anne, « Les femmes et les cours. La difficile mise en œuvre de l'égalité des sexes dans l'accès à la magistrature », *Genèses*, n° 22, 1996, p. 107-129.

BOIGEOL Anne, « Les magistrates de l'ordre judiciaire : des femmes d'autorité », *Cahiers du Mage*, n° 1, 1997, p. 23-36.

BOIGEOL Anne, « Les magistrates en France : des stratégies particulières ? », *in* Devillé Anne et Paye Olivier, *Les Femmes et le droit. Constructions idéologiques et pratiques sociale*, Bruxelles, 1999, p. 149-174.

BONNET Marie-Jo, *Les Relations entre les femmes*, Paris, Odile Jacob, 1995, « Poches Odile Jacob », 2001.

BORDEAUX Michèle, « Droit et femmes seules, les pièges de la discrimination » [Farge et Klapisch, 1984], p. 19-57.

BORDEAUX Michèle, « Nouvelle et périmée : la loi du 19 mai 1874 sur le travail des enfants et des filles mineures employées dans l'industrie » [Le Crom, 1998], p. 45-60.

BORZEIX Anni, MARUANI Margaret, *Le Temps des chemises, la grève qu'elles gardent au cœur*, Paris, Syros, 1982.

BOUCHARDEAU Huguette, *Pas d'histoire les femmes... Cinquante ans d'histoire du féminisme, 1918-1968*, Paris, Syros, 1978.

305

BOUILLAGUET-BERNARD P., GAUVIN-AYEL Annick, OUTIN Jean-Luc, *Femmes au travail, Prospérité et crise*, Paris, Économica, 1981.

BOURDIEU Pierre, *La Domination masculine*, Paris, Seuil, 1998.

BOUREAU Alain, *Le Droit de cuissage. La fabrication d'un mythe, XIIᵉ-XXᵉ siècle*, Paris, Albin Michel, 1995.

BOUVIER Jeanne, *Mes Mémoires. Une syndicaliste féministe, 1876-1935*, Paris, La Découverte, 1983, édition préparée par Daniel Armogathe.

BOXER Marilyn, « Women in Industrial Homework : the Flowermakers of Paris in the Belle Époque », *French Historical Studies*, n° 12, 1982, p. 401-423.

BOXER Marilyn, « Protective Legislation and Home Industry in France : the Marginalization of Women Home-Workers in late XIXth Century and early XXth Century France », *Journal of social History*, n° 20, 1986, p. 45-65.

BOYDSTON Jeanne, *Home and Work, House work, Wages and the Ideology of Labour in the early Republic*, Oxford, Oxford University Press, 1990.

BRIAND Jean-Pierre, CHAPOULIE Jean-Michel, *Les Collèges du peuple : l'enseignement primaire supérieur et le développement de la scolarisation prolongée sous la Troisième République*, Paris, INRP, 1992.

BRUCY Guy, *Histoire des diplômes de l'enseignement technique professionnel, 1880-1965. L'État, l'École, les Entreprises et la certification des compétences*, Paris, Belin, 1998.

BUCCAFURRI Corinne, « Des paysannes dans la grande guerre » [Lagrave, 1982], p. 28-31.

BUELTZINGSLOEWEN (VON) Isabelle, « Confessionnalisation et médicalisation des soins aux malades au XIXᵉ siècle », *Revue d'Histoire moderne et contemporaine*, n° 43, 1996, p. 632-651.

BUQUET Hélène, « Itinéraire » [Dauphin et Pézerat, 1984], p. 15-18.

BURDY Jean-Paul, DUBESSET Mathilde, ZANCARINI-FOURNEL Michelle, « Rôles, travaux et métiers de femmes dans une ville industrielle : Saint-Étienne, 1900-1950 », *Le Mouvement social*, n° 140, 1987, p. 27-53.

BURDY Jean-Paul, *Le Soleil noir. Un quartier de Saint-Étienne, 1840-1940*, Lyon, Presses Universitaires de Lyon, 1989.

BURGUIÈRE André (éd.), *Histoire de la famille. Le choc des modernités*, Paris, Armand Colin, 1986.

CABOUR Mylène, *Les Employés de la Société lyonnaise de banque, 1850-1950*, DEA, université Lyon-II, 1987.

CACHELOU Josette, « De Marie Curie aux ingénieures de l'an 2000 », *Culture technique*, n° 12, 1984, p. 265-272.

CACOUAULT Marlène, « Diplôme et célibat : les femmes professeurs de lycée entre les deux guerres » [Farge et Klapisch-Zuber, 1984], p. 177-206.

CACOUAULT Marlène, « Identités d'enseignantes » [Vandecasteele-Schweitzer et Voldman, 1985], p. 105-110.

CACOUAULT Marlène, « Prof, c'est bien... pour une femme ? », *Le Mouvement social*, n° 140, 1987, p. 107-119.

CACOUAULT Marlène, « Évolution formelle et différenciation des carrières entre hommes et femmes chez les enseignants du second degré », *Revue de l'IRES*, n° 29, 1998, p. 95-130.

CACOUAULT-BITAUD Marlène, « Professeur du secondaire, une profession féminine ? Éléments pour une approche socio-historique », *Genèses*, n° 36, 1999, p. 92-115.

CACOUAULT-BITAUD Marlène, « La féminisation d'une profession est-elle le signe d'une baisse de prestige ? », *Travail, Genre et Société*, n° 5, 2001, p. 93-116.

CAPLAT Guy (éd.), *Les Inspecteurs généraux de l'instruction publique, dictionnaire biographique, 1802-1914*, Paris, INRP, 1986.

CAPY Marcelle, VALETTE Andrée, *Femmes et travail au XIXᵉ siècle, enquêtes de « la Fronde » et de « la Bataille syndicaliste »*, Paris, Syros, 1984.

CARLIER Christian, *Histoire du personnel des prisons françaises, du XVIIIᵉ siècle à nos jours*, Paris, Éditions de l'Atelier, 1997.

CARON François, *Les Deux Révolutions industrielles du XXᵉ siècle*, Paris, Albin Michel, 1997.

CASTEL Robert, *Les Métamorphoses de la question sociale. Une chronique du salariat*, Paris, Fayard, 1995.

CATINAT Anne-Laure, « Les premières avocates au barreau de Paris », *1900. Revue d'histoire intellectuelle*, n° 16, 1998, p. 43-56.

CAUSSE Lise, FOURNIER Christine, LABRUYÈRE Chantal, *Les Aides à domicile : des emplois en plein remue-ménage*, Paris, Syros, 1998.

CHABOT Jocelyne, « Les syndicats féminins chrétiens et la formation militante de 1913 à 1936 : "propagandistes idéales" et "héroïne identitielle" », *Le Mouvement social*, n° 165, 1993, p. 7-22.

CHANTEREAU Gwladys, *Les Femmes ingénieurs issues de l'École centrale pendant l'entre-deux-guerres*, maîtrise dactylographiée, université Paris-Nord, 1997.

CHAPERON Sylvie, *Les Années Beauvoir, 1945-1970*, Paris, Fayard, 2000.

CHARLE Christophe, *La République des universitaires, 1870-1914*, Paris, Seuil, 1994.

CHARLE Christophe, « Les femmes dans l'enseignement supérieur. Dynamiques et freins d'une présence, 1946-1992 », *in* Duclert Vincent, Fabre Rémi, Fridenson Patrick (éd.), *Avenirs et avant-gardes en France, XIXᵉ-XXᵉ siècle. Hommage à Madeleine Rebérioux*, Paris, La Découverte, 1999, p. 84-105.

CHARLE Frédéric, « Nouvelles générations d'enseignantes du primaire en France et en Angleterre », *Cahiers du Mage*, n° 1, 1996, p. 63-82.

CHARRIER Marie-Françoise, FELLER Élise (éd.), *Aux origines de l'action sociale. L'invention des services sociaux aux chemins de fer*, Paris, Érès, 2001.

CHASSAGNE Serge, *Une femme d'affaires au XVIIIᵉ siècle, La Correspondance de Madame de Maraise, collaboratrice d'Oberkampf*, Toulouse, Privat, 1981.

CHASSAGNE Serge, « La Mobilité des ouvriers qualifiés de l'indiennage, 1760-1860 », *Revue du Nord*, 2001, p. 66-81.

CHAUVEAU Sophie, *L'Invention pharmaceutique, La pharmacie française entre l'État et la société au XXᵉ siècle*, Paris, Les Empêcheurs de penser en rond, 1999.

CHENU Alain, *L'Archipel des employés*, Paris, INSEE, 1990.

CHENU Alain, *Les Employés*, Paris, La Découverte, 1994.

CHENUT Helen H., « *The Gendering of Skill as Historical Process : the Case of French Knitters in Industrial Troyes, 1880-1939* » [Frader et Rose, 1996], p. 77-110.

CHENUT Hélène, « La bonneterie à Troyes : l'évolution des techniques et la répartition sexuelle des tâches » [Maignien, 1983], p. 52-56.

CHERVEL André, *Histoire de l'agrégation. Contribution à l'histoire de la culture scolaire*, Paris, INRP-Kimé, 1993.

CHESNAIS Jean-Claude, « La politique de population française depuis 1914 » [Dupâquier, 1995], p. 181-232.

CHEVANDIER Christian, *Les Métiers de l'hôpital*, Paris, Maspero, 1997.

CHEVILLARD Nicole, LECONTE Sébastien (éd.), *Travail des femmes, pouvoir des hommes. Aux origines de l'oppression des femmes*, Paris, La Brèche, 1987.

CHOLVY Gérard, CHALINE Nadine (éd.), *L'Enseignement catholique en France aux XIXᵉ et XXᵉ siècles*, Paris, Cerf, 1995.

CHOMBART DE LAUWE Pierre-Henri et Marie-Josée, *La Femme dans la société. Son image dans différents milieux sociaux*, Paris, CNRS, 1963.

CHRISTEN-LÉCUYER Carole, « Les premières étudiantes de l'Université de Paris », *Travail, Genre et Société*, n° 4, 2000, p. 35-50.

CHRISTIN Rosine, « Travail de nuit. Entretien avec Danielle G., employée dans un centre de tri postal à Paris », *Actes de la Recherche en sciences sociales*, n° 90, 1991, p. 20-28.

CLAIRE Jacqueline, « L'École de commerce des jeunes filles de Lyon, 1857-1906 » [Schweitzer, 1997], p. 27-38.

CLAIRE Jacqueline, SCHWEITZER Sylvie, « Des formations initiales pour des métiers : l'enseignement féminin à Lyon, mi-XIXᵉ-mi-XXᵉ siècle », *Revue du Nord*, sous presse, 2002.

CLARK Linda L., *Schooling the Daughters of Marianne : Textbooks and the Socialization of Girls in French Primary Schools*, New York Albany, 1984.

CLARK Linda L., « A Battle of the Sexes in a professionnal Setting : the Introduction of *Inspectrices Primaires*, 1889-1914 », *French Historical Studies*, 1/ 1989, p. 96-125.

CLARK Linda L., « Les carrières des inspectrices du travail, 1892-1939 » [Robert, 1998], p. 125-134.

CLEF, *Les Femmes et la question du travail*, Lyon, PUL, 1984.

COFFIN Judith G., *The Politics of Women's Work, The Paris Garment Trades, 1750-1915*, Princeton, Princeton University Press, 1996.

COFFIN Judith G., « Consumption, Production and Gender : the Sewing Machine in XIXᵗʰ Century France » [Frader et Rose, 1996], p. 111-141.

COFFIN Judith, « Naissance d'une consommation de masse en France, 1880-1914 » [Bergeron, 1996], p. 115-150.

COINTEPAS Michel, « Le contexte de la loi du 3 novembre 1892 », *Travail*, printemps 1991, p. 59-62.

COLLECTIF, *Le Sexe du travail. Structures familiales et système productif*, Grenoble, PUG, 1984.

COLLIN Françoise, « Le sexe des sciences. Les femmes en plus », *Autrement*, n° 6, 1992.

COLMOU Anne-Marie, *L'Encadrement supérieur de la fonction publique : vers l'égalité entre hommes et femmes*, Paris, La Documentation française, 1999.

COMMAILLE Jacques, *Les Stratégies des femmes. Travail, famille et politique*, Paris, La Découverte, 1993.

CONCIALDI Pierre, PONTHIEUX Sophie, « L'emploi à bas salaire : les femmes d'abord », *Travail, Genre et Société*, n° 1, 1999, p. 23-42.

COONS Lorraine, *Women Home Workers in the Parisian Garment Industry, 1860-1915*, New York, Garland, 1987.

CORBIN Alain, *Les Filles de noce, misère sexuelle et prostitution aux XIXᵉ et XXᵉ siècles*, Paris, Aubier, 1978.

CORBIN Alain, LALOUETTE Jacqueline, RIOT-SARCEY Michèle (éd.), *Les Femmes dans la cité au XIXᵉ siècle*, Paris, Créaphis, 1997.

Cosnier Colette, *Le Silence des filles. De l'aiguille à la plume*, Paris, Fayard, 2001.

Court Sophie, *Deux institutions d'enseignement technique des jeunes filles à Lyon, 1877-1939* [Schweitzer, 1999], p. 31-50.

Cova Anne, *Maternité et droit des femmes en France, XIXe-XXe siècle*, Paris, Anthropos, 1997.

Cova Anne, « Généalogie d'une conquête : maternité et droits des femmes en France, fin XIXe-XXe siècle », *Travail, Genre et Société*, n° 3, 2000, p. 139-160.

Cox Donald, Vincent Nye John, « Male-Female Wage Discrimination in XIXth Century France », *Journal of Economic History*, n° 49, 1989, p. 903-920.

Crampton Rosemary, Le Feuvre Nicky, « Choisir une carrière, faire carrière : les femmes médecins en France et en Grande-Bretagne », *Cahiers du Gedisst*, n° 19, 1997, p. 49-76.

Cribier Françoise, « Itinéraires professionnels et usure au travail : une génération de salariés parisiens », *Le Mouvement social*, n° 124, 1983, p. 11-44.

Cross Gary, *A Quest of Time : the Reduction of Work in Britain and France, 1840-1940*, Berkeley, University of California Press, 1989.

Crozier Michel, *Petits Fonctionnaires au travail*, Paris, CNRS, 1955.

Daguet Fabienne, « L'évolution de la fécondité des générations nées de 1917 à 1949 : analyse par rang de naissance et niveau de diplôme », *Population*, n° 6, 2000, p. 1031-1034.

Dall'Ava-Santucci Josette, *Des Sorcières aux mandarines. Histoire des femmes médecins*, Paris, Calmann-Lévy, 1989.

Daric Jean, *L'Activité professionnelle des femmes en France*, Paris, PUF, 1947.

Daric Jean, « Le travail des femmes : professions, métiers, situations sociales et salaires », *Population*, n° 10, 1955, p. 675-690.

Dauphin Cécile, Pézerat Pierrette (éd.), «Femmes au bureau », *Pénélope*, n° 10, 1984.

Delhome D., GAULT N., *Les Premières institutrices laïques*, Paris, Mercure de France, 1980.

Delorme-Hoechstetter Marielle, « Aux origines d'HEC Jeunes filles, Louli Sanua », *Travail, Genre et Société*, n° 4, 2000, p. 77-92.

Delphy Christine, « L'ennemi principal », *Partisans*, n° 54-55, 1970.

Désert Gabriel, « Artisanat et industries rurales » [Lévy-Leboyer, 1996], p. 182-213.

Del Ré Alisa, *Les Femmes et l'État-providence : les politiques sociales en France dans les années trente*, Paris, L'Harmattan, 1994.

Del Ré Alisa, Heinen Jacqueline, *La Crise des États-providence et de la représentation politique en Europe*, Paris, L'Harmattan, 1996.

Desrosières Alain, Thévenot Laurent, *Les Catégories socio-professionnelles*, Paris, La Découverte, 1988.

Dessertine Dominique, *Divorcer à Lyon sous la Révolution française*, Lyon, PUL, 1981.

Dessertine Dominique, Faure Olivier, *Combattre la tuberculose*, Lyon, PUL, 1988.

Dewerpe Alain, *Le Monde du travail en France, 1800-1950*, Paris, Seuil, 1989.

Dhavernas Odile, *Droits des femmes et pouvoir des hommes*, Paris, Seuil, 1978.

Diebolt Évelyne (éd.), « La femme soignante », *Pénélope*, n° 5, 1981.

DIEBOLT Évelyne, *Les Associations face aux institutions, les femmes dans l'action sanitaire, sociale et culturelle, 1900-1965*, thèse dactylographiée, université de Paris-VII, 1993.

Documentation française, *Les Femmes et le travail*, Paris, 1968.

DOWNS Laura Lee, « Between Taylorism and *dénatalité* : Women Welfare Supervisors and the Boundaries of Difference in French Metalworking Factories » [Helly et Reverby, 1992], p. 289-302.

DOWNS Laura Lee, « Les marraines élues de la paix sociale ? Les surintendantes d'usine et la rationalisation du travail en France, 1917-1935 », *Le Mouvement social*, n° 164, 1993, p. 53-76.

DOWNS Laura Lee, *Manufacturing Inequality : Gender Division in the French and British Metalworking Industries, 1914-1939*, New York, Cornell University Press, 1995.

DOWNS Laura Lee, « Boys will be Men and Girls will be Boys. Division sexuelle et travail dans la métallurgie, France et Angleterre, 1914-1939 », *Annales Histoire, Sciences sociales*, n° 3, 1999, p. 561-586.

DREYFUS-ARMAND Geneviève, FRANCK Robert, LÉVY Marie-Françoise, ZANCARINI-FOURNEL Michelle (éd.), *Les Années 1968, le temps de la contestation*, Bruxelles, Complexe, 2000.

DUBESSET Mathilde, THÉBAUD François, VINCENT Catherine, « Les munitionnettes de la Seine », *in* Fridenson Patrick (éd.), *L'Autre front*, Paris, Éditions ouvrières, 1977, p. 189-219.

DUBESSET Mathilde, ZANCARINI-FOURNEL Michelle, *Parcours de femmes. Réalités et représentations, Saint-Étienne 1880-1950*, Lyon, Presses Universitaires de Lyon, 1993.

DUBY Georges, WALLON Armand (éd.), *Histoire de la France rurale depuis 1914*, Paris, Seuil, 1977.

DUBY Georges, PERROT Michelle (éd.), *Femmes et histoire*, Paris, Plon, 1993.

DUMONS Bruno, « Mobilisation politique et ligues féminines dans la France catholique du début du siècle. La Ligue des femmes françaises et la Ligue patriotique des Françaises, 1901-1914 », *Vingtième siècle, Revue d'histoire*, sous presse.

DUMONS Bruno, POLLET Gilles, « Femmes retraitées au début du siècle », *Pénélope*, n° 3, 1985, p. 23-29.

DUMONS Bruno, POLLET Gilles, *L'État et les retraites*, Paris, Belin, 1994.

DUPÂQUIER Jacques (éd.), *Histoire de la population française*, Paris, PUF, 1988, 4 tomes.

DUPÂQUIER Jacques, KESSLER Denis (éd.), *La Société française au XIXᵉ siècle. Tradition, transition, transformation*, Paris, Fayard, 1992.

DURAND-DELVIGNE Annie, DURU-BELLAT Marie, « Mixité scolaire et construction du genre » [Maruani, 1998], p. 83-92.

DURU-BELLAT Marie, *L'École des filles. Quelle formation pour quels rôles sociaux ?*, Paris, L'Harmattan, 1997.

DURU-BELLAT Marie, KIEFFER Annick, MARRY Catherine, « Les filles éternelles perdantes face aux formations professionnelles ? », *Revue des sciences de l'éducation*, n° 2, 2000, p. 277-284.

ECK Hélène, « Les Françaises sous Vichy. Femmes du désastre, citoyennes par le désastre ? » [Perrot et Thébaud, 1992], p. 186-211.

ÉDELMAN Nicole, *Voyantes, guérisseuses et visionnaires en France, 1750-1914*, Paris, Albin Michel, 1995.

EPHESIA, *Les Enjeux de l'identité et de l'égalité au regard des sciences sociales*, Paris, La Découverte, 1995.

FARGE Arlette, KLAPISCH-ZUBER Christiane (éd.), *Madame ou Mademoiselle ? Itinéraires de la solitude féminine, XVIIIe-XXe siècle*, Paris, Arthaud-Montalba, 1984.

FAURE Alain, « L'épicerie parisienne au XIXe siècle ou la corporation éclatée », *Le Mouvement social*, n° 108, 1979 p. 114-130.

FAURÉ Christine, *La Démocratie sans les femmes. Essai sur le libéralisme en France*, Paris, PUF, 1985.

FAURE Olivier, *Histoire sociale de la médecine, XVIIIe-XXe siècle*, Paris, Anthropos, 1994.

FAURE Olivier, « Les religieuses hospitalières entre médecine et religion en France au XIXe siècle », *in* Bueltzingloewen (von) Isabelle et Pelletier Denis (éd.), *La Charité en pratique. Chrétiens français et allemands sur le terrain social, XIXe-XXe siècle*, Strasbourg, Presses universitaires de Strasbourg, 1999, p. 53-64.

FAVE-BONNET Marie-Françoise, « Femmes universitaires en France : une féminisation et des carrières différenciées », *Cahiers du Mage*, n° 1, 1996 p. 83-91.

FAŸ-SALLOIS Fanny, *Les Nourrices à Paris au XIXe siècle*, Paris, Payot, 1980.

FAYET-SCRIBE Sylvie, *Associations féminines et catholicisme. De la charité à l'action sociale, XIXe-XXe siècle*, Paris, Éditions ouvrières, 1990.

FELLER Élise [a], « Les femmes et le vieillissement dans la France du premier XXe siècle », *Clio*, n° 7, 1998, p. 199-222.

FELLER Élise [b], « L'assistance républicaine aux vieillards, de l'Assistance obligatoire (1905) au Fonds national de solidarité (1956) », *Bulletin d'histoire de la Sécurité sociale*, n° 38, 1998, p. 4-39.

FERRAND Michèle, JASPARD Maryse, *L'IVG*, Paris, PUF, 1987.

FERRAND Michèle, IMBERT Françoise, MARRY Catherine, *L'Excellence scolaire, une affaire de famille. Le cas des normaliennes et normaliens scientifiques*, Paris, L'Harmattan, 1999.

FERRARI Maud, *Les Femmes médecins à Paris et à Lyon, 1918-1970*, DEA dactylographié, Université Lyon-III, 1998.

FINE Agnès, SANGOÏ Jean-Claude, *La Population française au XIXe siècle*, Paris, PUF, 1991.

FITOUSSI Michèle, *Le Ras-le-bol des superwomen*, Paris, Le Livre de Poche, 1988.

FLAMBEAU Jean-Marc, « Le poids de la réversion », *Retraite et Société, La retraite et les femmes*, n° 13, 1996, p. 105-122.

FORTINO Sabine, « La promotion au cœur des inégalités professionnelles », *Cahiers du Mage*, n° 1, 1996, p. 103-118.

FOUQUET Catherine, KNIBIEHLER Yvonne, *Histoire des mères du Moyen Âge à nos jours*, Paris, Montalba, 1977.

FOURCAUT Annie, *Femmes à l'usine en France dans l'entre-deux-guerres*, Paris, Maspero, 1982.

FRADER Laura L., *Peasants and Protest : Agricultural Workers, Politics and Unions in the Aude, 1850-1914*, Berkeley, University of California Press, 1991.

FRADER Laura L., « La division sexuelle du travail à la lumière des recherches historiques », *Cahiers du Mage*, n° 3-4, 1995, p. 143-156.

311

FRADER Laura L. [a], « Engendering Work and Wages : the French Labor Movement and the Family Wage » [Frader et Rose, 1996], p. 142-164.

FRADER Laura L. [b], « Femmes, genre et mouvement ouvrier en France aux XIXe et XXe siècles : bilan et perspectives de recherche », *Clio*, n° 3, 1996, p. 223-244.

FRADER Laura L., [c] « Social Citizens without Citizenship : Working-Class Women and Social Policy in Interwar France », *Social Politics*, 1996, p. 111-135.

FRADER Laura L. [d], « Women and French Unions : Historical Perspectives on the Crisis of Representation », *French Politics and Society*, n° 4, 1996, p. 23-36.

FRADER Laura L. [e], ROSE Sonia O., *Gender and Class in Modern Europe*, Cornell University Press, 1996.

FRADER Laura L., « Définir le droit du travail : rapports sociaux de sexe, famille et salaires en France aux XIXe et XXe siècles », *Le Mouvement social*, n° 184, 1998, p. 5-22.

FRAISSE Geneviève (éd.), « Éducation des filles, enseignement des femmes, XVIIIe-XXe siècle », *Pénélope*, n° 2, 1980.

FRAISSE Geneviève, « Destins et destinées de la femme seule dans l'œuvre de Léon Frapié » [Farge et Klapisch-Zuber, 1984], p. 273-286.

FRAISSE Geneviève, *Femmes toutes mains. Essai sur le service domestique*, Paris, Seuil, 1979.

FRAISSE Geneviève, *Muse de la Raison. Démocratie et exclusion des femmes en France*, Paris, Plon, 1992.

FRAISSE Geneviève, *Les Femmes et leur histoire*, Paris, Gallimard, 1998.

FRAISSE Geneviève, *La Différence des sexes*, Paris, PUF, 1996.

FRAISSE Geneviève, *Les Deux Gouvernements : la famille et la Cité*, Paris, Gallimard, 2000.

FRAISSE Geneviève, *La Controverse des sexes*, Paris, PUF, 2001.

FRAISSE Geneviève, PERROT Michelle (éd.), *Histoire des Femmes en Occident*, tome 4, Paris, Plon, 1991.

FEEDMAN Jane, *Femmes politiques : mythes et symboles*, Paris, L'Harmattan, 1997.

FRIEDAN Betty, *La Femme mystifiée*, Paris, Denoël-Gonthier, 1964.

GADREY-TURPIN Nicole, *Travail féminin, travail masculin : pratiques et représentations en milieu ouvrier à Roubaix-Tourcoing*, Paris, Éditions sociales, 1982.

GALLICE Perrine, « Travail des femmes et politique sociale : Berliet, années 1950-1960 » [Schweitzer, 1996], p. 59-78.

GARDEY Delphine, « Les femmes, le bureau et l'électricité dans la première moitié du XXe siècle », *La Femme et l'électricité, Bulletin d'histoire de l'électricité*, n° 19-20, 1992 p. 87-98.

GARDEY Delphine [a], *Un monde en mutation. Les employés de bureau en France, 1890-1930, féminisation, mécanisation, rationalisation*, thèse dactylographiée d'histoire, Paris-VII, 1995.

GARDEY Delphine [b], « Sténo-dactylographe : de la naissance d'une profession à sa féminisation, 1883-1930 », *Cahiers du Mage*, n° 1, 1995, p. 53-65.

GARDEY Delphine, « Du veston au bas de soie : identité et évolution du groupe des employés de bureau (1890-1930) », *Le Mouvement social*, n° 175 ; 1996, p. 55-77.

GARDEY Delphine, « Perspectives historiques » [Maruani, 1998], p. 23-38.

GARDEY Delphine, « Mécaniser l'écriture et photographier la parole. Utopies, monde du bureau et histoire de genre et de techniques », *Annales Histoire, Société, Civilisation*, n° 3, 1999, p. 587-614.

GARDEY Delphine et LÖWY Ilana (éd.), *L'Invention du naturel. Les sciences et la fabrication du féminin et du masculin*, Paris, Éditions des archives contemporaines, 2000.

GARDEY Delphine, *La Dactylographe et l'expéditionnaire. Histoire des employés de bureau (1890-1930)*, Paris, Belin, 2001.

GARNICHE-MERIT Marie-José, « Femmes capables et femmes occupées : mémoire du travail des femmes à Bué en Sancerrois de 1880 à 1914 » [Lagrave, 1992], p. 25-27.

GASPARD Françoise (éd.), *L'Accès des femmes à la décision*, Paris, L'Harmattan, 1977.

GASPARD Françoise, « Invisibles, diabolisées, instrumentalisées, figures de migrantes et de leurs filles » [Maruani, 1998], p. 183-192.

GASPARD Pierre, « La fabrique au village », *Le Mouvement social*, n° 97, 1976, p. 15-38.

GASPARD Pierre, « Les Pinceleuses d'Estavayer. Stratégies patronales sur le marché du travail féminin au XVIIIᵉ siècle », *Revue suisse d'histoire*, n° 36, 1986, p. 121-156.

GAUTIER Arlette, HEINEN Jacqueline (éd.), *Le Sexe des politiques sociales*, Côté Femmes, 1993.

GAUVIN Annick, « Le système de retraite en France et la situation des femmes », *Cahiers du Mage*, n° 3-4, 1997, p. 99-112.

GAVEND Catherine, « Les coiffeurs à Lyon, 1948-1975 » [Schweitzer, 1999], p. 133-146.

GELIS Jacques, *La Sage-Femme ou le médecin, une nouvelle conception de la vie*, Paris, Fayard, 1988.

GEMIE Sharif, « Docility, Zeal and Rebellion : Culture and Subculture in Women's Teatcher Training Colleges, 1860-1910 », *European History Quarterly*, n° 24, 1994, p. 213-244.

GEMIE Sharif, *Women and schooling in France, 1815-1914, Authority and Identity in the Female Schooling Sector,* Keele University Press, 1999.

GERBOD Paul, *Histoire de la coiffure et des coiffeurs,* Paris, Larousse, 1995.

GORDON Bonnie, *Phossy-Jaw and the French Match Workers. Occupationnal Health and Women in the Third Republic*, New York, Galand, 1989.

GORDON Bonnie, « Ouvrières et maladies professionnelles sous la Troisième République : la victoire des allumetiers français sur la nécrose phosphorée de la mâchoire », *Le Mouvement social*, n° 64, 1993, p. 77-94.

GRAFMEYER Yves, *Les Gens de la banque,* Paris, PUF, 1992.

GRAFTEAUX Yves, *Mémé Santerre. Une vie*, Paris, Marabout, 1975.

GRAIN Nadine, AUBRY Martine, « Thèses et maîtrises consacrées à l'histoire des femmes du Nord », *Revue du Nord*, n° 250, 1981, p. 825-830.

GREEN Nancy, *Du Sentier à la 7ᵉ Avenue. La confection et les immigrés, Paris-New York, 1880-1980*, Paris, Seuil, 1998.

GRELON André, « Marie-Louise Paris et les débuts de l'École polytechnique féminine, 1925-1945 », *La Femme et l'électricité, Bulletin d'histoire de l'électricité*, n° 19-20, 1992, p. 133-156.

GRESLE François, *L'Univers de la boutique, les petits patrons du Nord (1920-1975)*, Lille, Presses Universitaires de Lille, 1981.

GROULT Benoîte, *Ainsi soit-elle*, Paris, Grasset, 1975.

313

GUILBERT Madeleine, *Les Fonctions des femmes dans l'industrie*, Paris, Mouton, 1966.

GUILBERT Madeleine, *Les Femmes et l'organisation syndicale jusqu'en 1914*, Paris, CNRS, 1966.

GUILBERT Madeleine, « Les problèmes du travail industriel des femmes et l'évolution des techniques », *Le Mouvement social*, n° 61, 1967, p. 33-46.

GUILBERT Madeleine, « La présence des femmes dans les professions et ses incidences sur l'action syndicale avant 1914 », *Le Mouvement social*, n° 63, 1996, p. 125-141.

GUILBERT Madeleine, ISAMBERT-JAMATI Viviane, *Travail féminin et travail à domicile. Enquête sur le travail à domicile de la confection dans la région parisienne*, Paris, CNRS, 1956.

GUILBERT Madeleine, ISAMBERT-JAMATI Viviane, « Une étude de biographies professionnelles : formation et carrière professionnelle de 1000 jeunes femmes de la région parisienne », *Population*, octobre-décembre 1958, p. 647-662.

GUILBERT Madeleine, LEWITT Nicole, ZYLBERBERG-HOCQUART Marie-Hélène, *Travail et condition féminine, bibliographie commentée*, Paris, Éditions de la Courtille, 1977.

GUILLEMOT Danièle, « La population active : une catégorie statistique difficile à cerner », *Économie et Statistique*, n° 3, 1996, p. 39-54.

GULLICKSON Gay, *The Spinners and Weavers of Aufray : Rural Industry and the Sexual Divison of Labor in a French Village, 1750-1850*, Cambridge, Cambridge University Press, 1986.

HANNEQUIN Isabelle, *Prime éducation dans l'arrondissement de Clermont-Ferrand au XIXe siècle : salles d'asile, écoles maternelles, classes enfantines*, maîtrise dactylographiée, Clermont-Ferrand, 1995.

HEINEN Jacqueline, *Un continent noir : le travail féminin*, Paris, L'Harmattan, 1999.

HELFT-MALZ Véronique, LÉVY Paule-Henriette, *Les Femmes et la vie politique française*, Paris, PUF, 2000.

HELLY Dorothy, REVERBY Susan (éd.), *Rethinking Public and Private in Women's History*, Iraca and, London Cornell University Press, 1992.

HÉRITIER Françoise, *Masculin-féminin. La pensée de la différence*, Paris, Odile Jacob, 1996.

HIGONNET Anne, « Femmes et images. Représentations » [Fraisse et Perrot, 1991], p. 277-340.

HILDEN Patricia, *Working Women and Socialist Politics in France, 1880-1914 : a Regional Study*, Oxford, Clarendon Press, 1986.

HIRATA Helena, ROGERAT Chantal, « Technologie, qualifications, division sexuelle du travail », *Revue française de sociologie*, n° 3, 1998, p. 171-192.

HUET Maryse, « La progression de l'activité féminine est-elle irréversible ? », *Économie et statistique*, n° 145, 1982, p. 3-18.

HUET Maryse, « Déchiffrer le droit à l'emploi, Femmes modes d'emploi », *Nouvelles questions féministes*, n° 14, 1986.

HUFTON Olwen, « Women and the Family Economy in XIXth Century France », *French Historical Studies*, n° 9, 1975, p. 1-22.

HUGOT Laurence, *Auberges et cabarets dans le canton d'Anse, 1836-1896. Étude économique et sociale*, maîtrise dactylographiée, Lyon-II, 1997.

HUNT Charles, « Teatchers and Workers : Problems of Feminist Organizing in the Early Third Republic », *Third Republic/Troisième République*, n° 3-4, 1977.

HUPPERT-LAUFER Jacqueline, *La Féminité neutralisée. Les femmes cadres dans l'entreprise*, Paris, Flammarion, 1982.

JACQUEMET Gérard, *Belleville au XIXᵉ siècle : du faubourg à la ville*, Paris, EHESS, 1984.

JENSON Jane, HAGEN Elisabeth, REDDY Callaigh (éd.), *Feminization of the Labor Force. Paradoxes and Promises*, Oxford Basil and Blackwell, 1988.

JOËL Constance, *Les Filles d'Esculape. Les femmes à la conquête du pouvoir médical*, Paris, Robert Laffont, 1988.

JOIN-LAMBERT Odile, *Le Receveur des Postes, entre l'État et l'usager, 1944-1973*, Paris, Belin, 2001.

JOSSERAND Louis, *Cours de droit civil positif français*, Paris, Sirey, 1931.

KATZNELSON Ira, ZOLBERG Aristide (éd.), *Working-Class Formation : Nineteenth Century Patterns in Western Europe and the United States*, Princeton, Princeton University Press, 1986.

KERGOAT Danièle, *Les Ouvrières*, Paris, Le Sycomore, 1982.

KERGOAT Danièle, *Les Femmes et le travail à temps partiel*, Paris, La Documentation française, 1984.

KERGOAT Danièle, IMBERT Françoise, LE DOARE Hélène, SENOTIER Danièle, *Les Infirmières et leur coordination, 1988-1989*, Paris, Lamarre, 1992.

KERSCHEN Nicole, LANQUETIN Marie-Thérèse, « Égalité de traitement entre hommes et femmes dans le champ de la protection sociale », *Cahiers du Mage*, n° 3-4, 1998, p. 38-54.

KLEJMAN Laurence, ROCHEFORT Florence, *L'Égalité en marche. Le féminisme sous la Troisième République*, Paris, Presses FNSP, 1989.

KLEJMAN Laurence, ROCHEFORT Florence, « Les Premières » [Thébaud, 1993], p. 81-92.

KNIBIEHLER Yvonne (éd.), *Nous, les assistantes sociales, naissance d'une profession. Trente ans de souvenirs d'assistantes sociales françaises (1930-1960)*, Paris, Aubier, 1980.

KNIBIEHLER Yvonne (éd.), *Cornettes et blouses blanches. Les infirmières dans la société française, 1880-1980*, Paris, Hachette, 1984.

KNIBIEHLER Yvonne, *La Révolution maternelle*, Paris, Perrin, 1997.

KNIBIEHLER Yvonne (éd.), *Germaine Poinso-Chapuis. Femme d'État, 1901-1981*, Aix-en-Provence, Édisud, 1998.

KUPINSKY Stanley (éd.), *The Fertility of Working Women : a Synthesis of International Research*, New York Praeger, 1977.

LABORIE Pierre, *Les Français des années troubles*, Paris, Desclée de Brouwer, 2001.

LAGRAVE Rose-Marie (éd.), « Femmes et Terre », *Pénélope*, n° 7, 1982.

LAGRAVE Rose-Marie et CANIOU Juliette, « Un statut mis à l'index », [Lagrave, 1987], p. 111-150.

LAGRAVE Rose-Marie, « L'agricultrice inclassable : les fonctions sociales du flou statistique » [Lagrave, 1987], p. 89-110.

LAGRAVE Rose-Marie (éd.), *Celles de la terre. Agricultrice : l'invention politique d'un métier*, Paris, EHESS, 1987.

LALLEMENT Michel, *Des PME en chambre, travail et travailleurs à domicile d'hier et d'aujourd'hui*, Paris, L'Harmattan, 1990.

LANGLOIS Claude, *Le Catholicisme au féminin. Les congrégations à supérieure générale au XIXe siècle*, Paris, Cerf, 1984.

LANQUETIN Marie-Thérèse, « L'Égalité professionnelle : le droit à l'épreuve des faits » [Maruani, 1998], p. 115-125.

LAUFER Jacqueline, FOUQUET Annie, « À l'épreuve de la féminisation », *in* Bouffartigues Pierre (éd.), *Les Cadres. La grande rupture*, Paris, La Découverte, 2000, p. 249-267.

LAUFER Jacqueline, MARRY Catherine, MARUANI Margaret (éd.), *Masculin-féminin : questions pour les sciences de l'homme*, Paris, PUF, 2001.

LE BRAS Hervé, GARDEN Maurice, « La population française entre les deux guerres » [Dupâquier, 1995], p. 83-146.

LE CORRE Valérie (éd.), *Les Modes de garde et d'accueil des jeunes enfants*, Documents de travail de la DREES, Paris, 2000.

LE CROM Jean-Pierre (éd.), *Deux siècles de droit du travail. L'histoire par les lois*, Paris, Éditions de l'Atelier, 1998.

LE DŒUFF Michèle, *L'Étude et le Rouet*, Paris, Seuil, 1989.

LE DŒUFF Michèle, *Le Sexe du savoir*, Paris, Aubier, 1998.

Le Piège de la parité. Arguments pour un débat, Paris, Hachette, 2000.

LECOMTE Sarah, « L'accès à l'emploi : un mirage pour les assistantes maternelles ? », *Travail, Genre et Société*, n° 3, 1999, p. 71-90.

LELIÈVRE Claude, *Histoire des institutions scolaires 1789-1989*, Paris, Nathan, 1990.

LELIÈVRE Claude et LELIÈVRE Françoise, *Histoire de la scolarisation des filles*, Paris, Nathan, 1991.

LÉONARD Jacques, « Femmes, religion et médecine. Les religieuses qui soignent en France, au XIXe », *Annales Économie, Société, Civilisation*, n° 5, 1977, p. 887-905.

LERAY Isabelle, *Approche juridique du travail des femmes durant l'entre-deux-guerres*, thèse dactylographiée de doctorat de droit, Nantes, 1994.

LEROUX-HUGON Véronique, « L'infirmière au début du XXe siècle : nouveau métier et tâches traditionnelles », *Le Mouvement social*, n° 140, 1987, p. 55-68.

LEROUX-HUGON Véronique, *Des saintes laïques : les infirmières à l'aube de la Troisième République*, Sciences en situation, 1992.

LESSELIER Claudie, « Employées des grands magasins à Paris (avant 1914) », *Le Mouvement social*, n° 105, 1978, p. 109-126.

LÉVY-LEBOYER Maurice (éd.), *La France industrielle*, Paris, Larousse, 1996.

LEWIS Jane, « La législation protectrice du travail en Grande-Bretagne (fin XIXe-début XXe) » [Auslander et Zancarini-Fournel, 1995], p. 53-72.

LIAROUTZOS Olivier, « Le métier de secrétaire en re-formation », *Cahiers du Mage*, n° 2, 996, p. 41-51.

LIU P. Tessie, « What Price a Weawer's Dignity ? Gender Inequality and the Survival of Home-based Production in Industrial France » [Frader et Rose, 1996], p. 57-76.

LOISEAU Dominique, *Femmes et militantisme*, Paris, L'Harmattan, 1996.

LOISEAU Dominique, « Associations féminines et syndicalisme en Loire-Atlantique, des années 1930 aux années 1980 », *Clio*, n° 3, 1996, p. 141-161.

LORILLOT Dominique, « Femmes-médecins » [Diebolt, 1981], p. 100-105.

LOUIS Marie-Victoire, *Le Droit de cuissage, France, 1860-1930*, Paris, Édition de l'Atelier, 1994.

Luc Jean-Noël, « De la gardienne à l'institutrice d'école maternelle. La professionnalisation de l'éducation publique des jeunes enfants au XIXe siècle », *in* Guillaume Pierre (éd.), *La Professionnalisation des classes moyennes*, Bordeaux, MSHA, 1996, p. 181-193.

Luc Jean-Noël, *L'Invention du jeune enfant au XIXe siècle. De la salle d'asile à l'école maternelle*, Paris, Belin, 1997.

Lurol Martine, « Quand les institutions se chargent de la question du travail des femmes, 1970-1955 », *Travail, Genre et Société*, n° 1, 1999, p. 179-202.

Mabon-Fall Armelle, *Les Assistantes sociales au temps de Vichy, du silence à l'oubli*, Paris, L'Harmattan, 1995.

Mac Bride Theresa, *The Domestic Revolution, The Modernisation of Household Service in England and France, 1820-1920*, Londres, Croom Helm, 1976.

Mac Bride Theresa, « A Woman's World : Department Stores and the Evolution of Women's Employment, 1870-1920 », *French Historical Studies*, n° 4, 1978, p. 664-683.

Mac Bride Theresa, « Ni bourgeoises, ni prolétaires : Women Sales Clerks, 1870-1920 », *Proceedings of the Western Society for the Study of French History*, 1978, p. 237-246.

Mac Dougall Mary Lynn, « Protecting Infants : the French Campain for Maternity Leaves, 1890-1913 », *French Historical Studies*, n° 13, 1983, p. 79-105.

Mac Feely Mary D., *Lady Inspectors : the Campain for a Better Workplace, 1893-1921*, Oxford, Basil and Blackwell, 1988.

Maignien Claude, « Femmes et techniques », *Pénélope*, 9/1983.

Mallet Roxane, *Les Débitants d'eau minérale à Lyon à la fin du XIXe et au début du XXe siècle*, maîtrise dactylographiée, Lyon-II, 2000.

Marchand Olivier, « L'Activité professionnelle des femmes au début des années 1990 », *Population*, n° 6, 1993, p. 1947-1960.

Marchand Olivier, Thélot Claude, *Le Travail en France, 1800-2000*, Paris, Nathan, 1997.

Marec Yannick, « De la dame patronnesse à l'institutrice ; la petite enfance entre la charité et l'instruction à Rouen au XIXe siècle », *Annales de Normandie*, n° 35, 1985, p. 121-150.

Margadant Jo. M., *Madame le Professeur. Women Educators in the Third Republic*, Princeton, Princeton University Press 1990.

Margadant Jo. M., « Quelques réflexions sur l'intersection de la vie publique et privée : le cas des premières sévriennes » [Thébaud, 1993], p. 93-102.

Marry Catherine, « Femmes ingénieurs : une (ir)résistible ascension ? », *Information sur les sciences sociales*, n° 28, 1989, p. 291-344.

Marry Catherine, « Deux générations de femmes ingénieurs issues des écoles d'électricité », *Bulletin d'histoire de l'électricité*, n° 19-20, 1992, p. 157-170.

Marry Catherine, « Polytechniciennes = Polytechniciens ? », *Cahiers du Mage*, n° 3-4, 1995, p. 73-86.

Marry Catherine, « La comparaison France-Allemagne à l'épreuve des femmes » [Maruani, 1998], p. 71-82.

Marry Catherine, « Les pères qui gagnent : descendance et réussite professionnelle chez les ingénieurs », *Travail, Genre et Société*, n° 3, 2000, p. 109-136.

Martin Jacqueline, « Politique familiale et travail des femmes mariées en France. Perspective historique : 1942-1982 », *Population*, n° 6, 1998, p. 1119-1155.

MARTIN Martine, « Ménagère : une profession ? Les dilemmes de l'entre-deux-guerres », *Le Mouvement social*, n° 140, 1987, p. 89-106.

MARTIN-FUGIER Anne, « La fin des nourrices », *Le Mouvement social,* n° 105, 1978, p. 11-33.

MARTIN-FUGIER Anne, « La maîtresse de maison » [Aron, 1980], p. 117-126.

MARTIN-FUGIER Anne, *La Place des bonnes. La domesticité féminine en 1900*, Paris, Grasset, 1979.

MARTY Laurent, *Chanter pour survivre, culture ouvrière et technique dans le textile. Roubaix 1850-1914*, Lille, Atelier ethno-histoire et culture ouvrière, 1982.

MARUANI Margaret, *Les Syndicats à l'épreuve du féminisme*, Paris, Syros, 1979.

MARUANI Margaret, *Mais qui a peur du travail des femmes ?* Paris, Syros, 1985.

MARUANI Margaret (éd.), *Les Nouvelles Frontières de l'inégalité. Hommes et femmes sur le marché du travail*, Paris, La Découverte, 1998.

MARUANI Margaret, *Travail et emploi des femmes*, Paris, La Découverte, 2000.

MARUANI Margaret, CHANTAL Nicole, *Au labeur des dames. Métiers masculins, emplois féminins*, Paris, Syros, 1989.

MARUANI Margaret, REYNAUD Emmanuèle, *Sociologie de l'emploi*, Paris, La Découverte, 2001.

MATHIEU Nicole-Claude, *L'Arraisonnement des femmes. Essais en anthropologie des sexes*, Paris, EHESS, 1985.

MAYAUD Jean-Luc, *La Petite Exploitation rurale triomphante, France, XIXᵉ siècle*, Paris, Belin, 1999.

MAYEUR Françoise, *L'Éducation des filles en France au XIXᵉ siècle*, Paris, Hachette, 1979.

MAYEUR Françoise, *L'Enseignement secondaire des jeunes filles sous la Troisième République*, Paris, FNSP, 1993.

MAZUR Amy, *Gender Bias and the State. Symbolic Reform at Work in Fifth Republic France*, Pittsburgh, University of Pittsburgh Press, 1995.

MÉDA Dominique, *Qu'est-ce que la richesse ?*, Paris, Aubier, 2000.

MENDRAS Henri, *La Seconde Révolution française, 1965-1984*, Paris, Gallimard, 1998.

MERCKLING Odile, *Immigration et marché du travail. Le développement de la flexibilité en France*, Paris, L'Harmattan, 1998.

MICHEL Andrée, TEXIER Geneviève, *La Condition de la Française d'aujourd'hui*, Genève, Gonthier, 1964.

MICHEL Andrée, *Activité professionnelle de la femme et vie conjugale*, Paris, CNRS, 1974.

MICHEL Andrée, *Changement social et travail féminin : un point de vue*, Paris, La Documentation française, 1975.

MICHEL Andrée, *Femmes, sexisme et société*, Paris, PUF, 1977.

MILLER Michael B., *Au Bon Marché, 1869-1920, Le consommateur apprivoisé*, Paris, Armand Colin, 1987.

MOCH Leslie, « Government Policy and Women's Experience : the Case of Teachers in France », *Feminist studies*, n° 3, 1988.

MOLINIER Pascale, « Virilité défensive, masculinité créatrice », *Travail, Genre et Société*, n° 3, 2000, p. 25-44.

MOLINIÉ Anne-Françoise, VOLKOFF Serge, « Les conditions de travail des ouvriers [...] et des ouvrières », *Économie et statistiques*, n° 118, 1980, p. 25-40.

MONTAGNON Florent, « Les employés de la Compagnie des omnibus et tramways de Lyon, 1897-1936 » [Schweitzer, 1999], p. 96-114.

MOREAU Gilles, *Filles et garçons au lycée professionnel*, Paris, Éditions de l'Atelier, 1994.

MOREAU Gilles, « La mixité dans l'enseignement professionnel », *Revue française de pédagogie*, n° 110, 1995, p. 17-25.

MOREAU Gilles, « Les faux semblables de l'apprentissage », *Travail, Genre et Société*, n° 3, 2000, p. 67-86.

MOREAU Thérèse, *Le Nouveau Dictionnaire féminin-masculin des professions, des titres et des fonctions*, Paris, Métropolis, 1999.

MOSCONI Nicole, *La Mixité dans l'enseignement secondaire, un faux-semblant ?*, Paris, PUF, 1989.

MOSCONI Nicole, *Femmes et savoir. La société, l'école et la division des savoirs*, Paris, L'Harmattan, 1994.

MOSCONI Nicole (éd.), *Égalité des sexes en éducation et formation*, Paris, PUF, 1998.

MOSSUZ-LAVAU Janine, SINEAU Mariette, *Enquête sur les femmes et la politique en France*, Paris, PUF, 1983.

MOSSUZ-LAVAU Janine, KERVASDOUÉ (DE) Anne, *Les Femmes ne sont pas des hommes comme les autres*, Paris, Odile Jacob, 1997.

MOTTE Claude, PÉLISSIER Jean-Pierre, « La binette, l'aiguille et le plumeau, les mondes du travail au féminin » [Dupâquier, 1992], p. 237-342.

MOULIN Annie, *Les Paysans dans la société française de la Révolution à nos jours*, Paris, Seuil, 1992.

MUEL-DREYFUS Francine, *Vichy et l'éternel féminin : contribution à une sociologie politique de l'ordre des corps*, Paris, Seuil, 1996.

NICOLE-DRANCOURT Chantal, « Organisation du travail des femmes, flexibilité de l'emploi », *Sociologie du travail*, n° 290, p. 173-193.

NOIRIEL Gérard, *Le Creuset français, Histoire de l'immigration, XIXe-XXe siècle*, Paris, Hachette, 1988.

NOIRIEL Gérard, *Les Ouvriers dans la société française, XIXe-XXe siècle*, Paris, Seuil, 1986.

NOURRISSON Didier, *Le Buveur du XIXe siècle*, Paris, Albin Michel, 1990.

OLIVIER Chantal, « Laquelle viendra à bout de l'autre ? » [Lagrave, 1982], p. 1-4.

OMNÈS Catherine, « La politique d'emploi de la Compagnie française des Téléphones Thomson-Houston face à la crise des années 1930 », *Le Mouvement social*, n° 154, 1991, p. 41-62.

OMNÈS Catherine, « Féminisation, qualification et salaires dans la métallurgie parisienne d'une guerre à l'autre », *Cahiers du Mage*, n° 2, 1997, p. 35-49.

OMNÈS Catherine, *Ouvrières parisiennes. Marchés du travail et trajectoires professionnelles au XXe siècle*, Paris, EHESS, 1998.

OUVRY-VIAL Brigitte (éd.), *Les Infirmières, ni bonnes, ni nonnes*, Paris, Syros, 1993.

OZOUF Jacques, OZOUF Mona, *La République des instituteurs*, Paris, EHESS-Gallimard-Le Seuil, 1992.

PAINVIN Anne-Marie, « Le chef... et les autres. Le parti pris des statistiques » [Lagrave, 1982], p. 10-13.

PARENT-LARDEUR Françoise, *Les Demoiselles de magasin*, Paris, Éditions ouvrières, 1970.

PARENT-LARDEUR Françoise, « La vendeuse de grand magasin » [Farge et Klapisch-Zuber, 1984], p. 97-110.

PARIAS Louis-Henri (éd.), *Histoire générale du travail*, tome 3, « L'ère des Révolutions », Paris, Nouvelle Libraire de France, 1996.

PAVY Frédéric, *Aubergistes et cabaretiers dans le canton de Belleville-sur-Saône, 1851-1914*, maîtrise dactylographiée, Lyon-II, 1993.

PEDERSEN Susan, *Family Dependance and the Origins of the Welfare State in Britain and France, 1914-1945*, Cambridge, Cambridge University Press, 1995.

PELPEL Patrice, TROGER Vincent, *Histoire de l'enseignement technique*, Paris, Hachette, 1993.

PERETZ Henri, « La création de l'enseignement secondaire libre de jeunes filles à Paris, 1905-1920 », *Revue d'histoire moderne et contemporaine*, n° 32, 1985, p. 237-275.

PERROT Michelle, « L'éloge de la ménagère dans le discours des ouvriers français au XIXe siècle », *Romantismes*, octobre 1976, p. 105-121.

PERROT Michelle, « De la nourrice à l'employée..., travaux de femmes dans la France du XIXe siècle », *Le Mouvement social*, n° 105, 1978, p. 3-11.

PERROT Michelle, « Femmes et machines au XIXe siècle », *Romantismes*, n° 41, 1983, p. 6-17.

PERROT Michelle, « Qu'est-ce qu'un métier de femme ? », *Le Mouvement social*, n° 140, 1987, p. 2-10.

PERROT Michelle (éd.), *Histoire de la vie privée*, Paris, Seuil, 1987, tome 4.

PERROT Michelle, THÉBAUD Françoise (éd.), *Histoire des femmes en Occident*, tome 5, *Le XXe siècle*, Paris, Plon, 1992.

PERROT Michelle, *Les Femmes ou les silences de l'histoire*, Paris, Flammarion, 1999.

PESLOUAN (DE) Geneviève, *Qui sont les femmes ingénieurs en France ?* Paris, PUF, 1974.

PEYRIÈRE Monique, « Les débuts de la machine à coudre électrique : un moteur pour quelles femmes ? », *La Femme et l'électricité, Bulletin d'histoire de l'électricité*, 19-20, 1992, p. 73-86.

PEYRIÈRE Monique, « L'industrie de la machine à coudre en France, 1880-1914 » [Bergeron, 1996], p. 95-114.

PÉZERAT Pierrette, « La place des femmes dans les PTT : petites recettes et salles des dames » [Dauphin et Pézerat, 1984], p. 25-34.

PÉZERAT Pierrette, POUBLANC Danièle, « Femmes sans maris, les employées des postes » [Farge et Klapisch-Zuber, 1984], p. 117-162.

PFEFFERKORN Roland, « Métiers masculins et métiers féminins, des inégalités persistantes », *Revue des sciences sociales de la France de l'Est*, n° 23, 1996, p. 143-152.

PICOT Geneviève, « Les femmes médecins ou l'accès des femmes à une profession traditionnellement masculine », *Cahiers du GEDISST*, n° 13, 1995, p. 73-84.

PICOT Geneviève, « Le rapport entre médecins et personnel infirmier à l'hôpital public : continuités et changements » [Singly, 1996], p. 122-130.

PICQ Françoise, *Libération des femmes. Les années mouvement*, Paris, Seuil, 1993.

PIGEYRE Frédérique, *Socialisation différentielle des sexes. Le cas des futures femmes cadres dans les grandes écoles d'ingénieurs et de gestion*, thèse dactylographiée, Paris-VII, 1986.

Pinto Josiane, « La secrétaire : attachée ou employée ? » [Dauphin et Pézerat, 1984], p. 91-94.

Pinto Josiane, « Le secrétariat, un métier très féminin », *Le Mouvement social*, n° 140, 1987, p. 121-133.

Pinto Josiane, « Une relation enchantée : la secrétaire et son patron », *Actes de la Recherche en sciences sociales*, n° 84, 1990, p. 32-48.

Pion A., « Les inspectrices générales au ministère de l'Intérieur, 1843-1939 », *Administration*, octobre 1986, p. 63-71.

Pisan (de) Annie, Tristan Anne, *Histoires du MLF*, Paris, Calmann-Lévy, 1977.

Pitrou Agnès, Battagliola Françoise, Buisson Monique, « La continuité dans l'activité professionnelle : trajectoires d'employées du secteur tertiaire », *Sociologie du travail*, n° 3, 1984, p. 290-306.

Planté Christine, *La Petite Sœur de Balzac. Essai sur la femme auteur*, Paris, Seuil, 1989.

Population « 22ᵉ Rapport sur la situation démographique de la France. La France au recensement de 1990 », n° 1, 1992.

Poublan Danièle, « Les employées, quelques données chiffrées » [Dauphin et Pézerat, 1984], p. 25-34.

Prost Antoine, *Éducation, société et politiques. Une histoire de l'enseignement de 1945 à nos jours*, Paris, Seuil, 1997.

Prudhomme Bérangère, *Les Écoles primaires supérieures et les Cours complémentaires de filles à Lyon, 1879-1943*, maîtrise dactylographiée, Lyon-II, 2000.

Quemin Alain, « Modalités féminines d'entrée et d'insertion dans une profession d'élites. Le cas des femmes commissaires priseurs », *Sociétés contemporaines*, n° 29, 1988, p. 87-106.

Rabaut Jean, *Histoire des féminismes français*, Paris, Stock, 1978.

Ratto Martine, Gautier Andrée, « Les syndicats libres féminins de l'Isère, 1906-1936 », *Clio*, n° 3, 1996, p. 117-139.

Rebérioux Madeleine, « L'ouvrière » [Aron, 1980], p. 59-78.

Reddy William M., « Family and Factory : French Linen Weavers in the Belle Époque », *Journal of social History*, n°8, 1975, p. 102-112.

Reimat Anne, *Les Retraites et l'économie. Une mise en perspective historique, XIXᵉ-XXᵉ siècle*, Paris, L'Harmattan, 1997.

Reynaud Brigitte, « L'électrification de l'industrie textile et l'entrée des femmes à l'atelier : l'exemple de la rubanerie stéphanoise », *La Femme et l'électricité, Bulletin d'histoire de l'électricité*, n° 19-20, 1992, p. 55-72.

Reynaud Emmanuel, *Les Femmes, la violence et l'armée. Essai sur la féminisation des armées*, Paris, Fondation pour les études de défense nationale, 1988.

Reynolds Siân, *France between the Wars : Gender and Politics*, Londres, Routledge, 1996.

Reynolds Siân, « Trois dames au gouvernement (1936) » [Bard, 1999], p. 193-204.

Rhein Catherine, *Jeunes femmes au travail dans le Paris de l'entre-deux-guerres*, thèse dactylographiée de doctorat de géographie, université de Paris-VII, 1977.

Riot-Sarcey Michèle, *La Démocratie à l'épreuve des femmes. Trois figures critiques du pouvoir, 1830-1848*, Paris, Albin Michel, 1994.

Riot-Sarcey Michèle, *Le Réel de l'utopie*, Paris, Albin Michel, 1998.

RIOT-SARCEY Michèle, « L'historiographie française et le concept de "genre" », *Revue d'histoire moderne et contemporaine*, n° 4, 2000, p. 806-814.

RIOT-SARCEY Michèlle, *Le Féminisme, une histoire fragmentée, XIXᵉ-XXᵉ siècle*, Paris, La Découverte, 2002.

RIOUX Jean-Pierre, « L'évolution de la consommation », *in* Marseille Jacques (éd.), *Puissance et faiblesse de la France industrielle, XIXᵉ-XXᵉ siècle*, Paris, Seuil, 1997, p. 255-275.

ROBERT Jean-Louis (éd.), *Inspecteurs et Inspection du travail sous la IIIᵉ et la IVᵉ République*, Paris, La Documentation française, 1998.

ROBIER Christelle, *Titulaires et gérants de débits de tabac à Lyon, fin XIXᵉ-début XXᵉ siècle* [Schweitzer, 1999], p. 147-160.

ROGERAT Chantal, SÉNOTIER Danièle, *Le Chômage en héritage : paroles de femmes*, Paris, GREC, 1994.

ROGERS Rebecca, *Les Demoiselles de la Légion d'honneur. La maison d'éducation de la Légion d'honneur au XIXᵉ siècle*, Paris, Plon, 1992.

ROGERS Rebecca, « Boarding Schools, Women Teatchers and Domesticity : Reforming Girls'Secondary Education in the First Half of the XIXth Century », *French Historical Studies*, n° 19, 1995, p. 153-181.

ROGERS Rebecca, « Le professeur a-t-il un sexe ? Les débats autour de la présence d'hommes dans l'enseignement secondaire féminin, 1840-1940 », *Clio*, n° 4, 1996, p. 221-238.

ROLLET Catherine, *La Politique à l'égard de la petite enfance sous la Troisième République*, Paris, INED-PUF, 1990.

ROLLINS Judith, « Entre femmes : les domestiques et leurs patronnes », *Actes de la Recherche en sciences sociales*, n° 84, 1990, p. 63-77.

ROUBAN Luc, *La Fonction publique*, Paris, La Découverte, 1996.

ROUDINESCO Élisabeth, « Les premières femmes psychanalystes », *1900, Revue d'histoire intellectuelle*, n° 19, 1998, p. 27-42.

RUBELLIN-DEVICHI Jacqueline, *L'Évolution du statut civil de la famille depuis 1945*, Paris, Éditions du CNRS, 1983.

SACHSE Carola, SCHWEITZER Sylvie (éd.), « Stratégies du marché du travail », *Bulletin du Centre Pierre-Léon*, n° 2-3, 1994.

SCHOR Ralph, *Histoire de l'immigration en France de la fin du XIXᵉ siècle à nos jours*, Paris, Armand Colin, 1996.

SCHWARTZ Olivier, *Le Monde privé des ouvriers, hommes et femmes du Nord*, Paris, PUF, 1990.

SCHWEITZER Sylvie, *Des engrenages à la chaîne, Citroën 1915-1935*, Lyon, Presses Universitaires de Lyon, 1982.

SCHWEITZER Sylvie (éd.), « Urbanisation et industrialisation », *Bulletin du Centre Pierre-Léon*, n° 1-2, 1996.

SCHWEITZER Sylvie (éd.), « Formations, emplois XIXᵉ-XXᵉ siècle », *Bulletin du Centre Pierre-Léon*, 3-4/1997.

SCHWEITZER Sylvie (éd.),« Métiers et statuts », *Bulletin du Centre Pierre-Léon*, n° 1-2, 1999.

SCHWEITZER Sylvie, « Quand des femmes représentent l'État », *Travail, Genre et Société*, n° 2, 1999, p. 139-152.

SCHWEITZER Sylvie, *Carrières d'inspectrices du travail, XIXᵉ-XXᵉ siècle*, rapport dactylographié à la DARES, 2001.

SCOTT Joan W., TILLY Louise A, *Les Femmes, le travail et la famille*, Paris, Rivages, 1987.

SCOTT Joan W., « La travailleuse » [Fraisse et Perrot, 1991], p. 419-440.

SCOTT Joan W., (éd.) *Feminism and History*, Oxford, Oxford University Press 1996.

SCOTT Joan W., *La Citoyenne paradoxale : les féministes françaises et les droits de l'homme*, Paris, Albin Michel, 1998.

SEGALEN Martine, *Sociologie de la famille*, Paris, Armand Colin, 1996.

SILVERA Rachel, *Le Salaire des femmes : toutes choses inégales ... : les discriminations salariales en France et à l'étranger*, Paris, La Documentation française, 1986.

SINEAU Mariette, *Des Femmes en politique*, Paris, Économica, 1988.

SINGLY (DE) François (éd.), *La Famille en question, état de la recherche*, Paris, Syros, 1996.

SIWEK-POUYDESSEAU Jeanne, *Le Syndicalisme des fonctionnaires jusqu'à la guerre froide, 1848-1948*, Lille, Presses Universitaires de Lille, 1989.

SIWEK-POUYDESSEAU Jeanne, *Les Syndicats des fonctions publiques au XXe siècle*, Paris, Berger-Levrault, 2001.

SMITH Bonnie, *Les Bourgeoises du Nord, 1850-1914*, Paris, Perrin, 1989.

SOFER Catherine, *La Division du travail entre hommes et femmes est-elle irréversible ?*, Paris, Économica, 1985.

SOHN Anne-Marie, « Exemplarité et limites de la participation féminine à la vie syndicale : les institutrices de la CGTU », *Revue d'histoire moderne et contemporaine*, juillet-septembre 1977, p. 391-414.

SOHN Anne-Marie, « Les femmes dans la société industrielle », *in* Guedj François, Sirot Stéphane, *Histoire sociale de l'Europe, 1880-1970*, Paris, Seli Arslan, 1997, p. 249-269.

SOHN Anne-Marie et THÉLAMON Françoise (éd.), *Une histoire sans les femmes est-elle possible ?*, Paris, Perrin, 1998.

SORNAGA Annie, « Autour des débuts de la dactylographie, les femmes et la machine à écrire » [Dauphin et Pézerat, 1984], p. 84-90.

SOWERWINE Charles, *Les Femmes et le socialisme*, Paris, Presses de la FNSP, 1978.

SOWERWINE Charles, « Militantisme et identité sexuelle : la carrière politique et l'œuvre politique de Madeleine Pelletier (1874-1939) », *Le Mouvement social*, n° 157, 1991, p. 9-32.

STEINBERG Sylvie, *La Confusion des sexes. Le travestissement de la Renaissance à la Révolution*, Paris, Fayard, 2001.

STEWART Mary Lynn, *Women, Work and the French State : Labour Protection and Social Patriarchy, 1879-1919*, Montréal, Mac Gill-Queen's University Press, 1989.

STOLTE-HOLSTEIN Veronica, « Fertility and Women's Employment outside the Home in Western Europe » [Kupinsky, 1977], p. 250-280.

STRUMINGHER Laura, « Les canutes de Lyon, 1835-1848 », *Le Mouvement social*, n° 105, 1978, p. 59-86.

SULLEROT Évelyne, *Histoire et sociologie du travail féminin*, Paris, Gonthier, 1968.

SULLEROT Évelyne, *Les Françaises au travail*, Paris, Hachette, 1973.

SUTEAU Marc, *Une Ville et ses écoles. Nantes, 1830-1940*, Rennes, Presses Universitaires de Rennes, 1999.

TAMAGNE Florence, *Histoire de l'homosexualité en Europe, Berlin, Londres, Paris, 1919-1939*, Paris, Seuil, 2000.

TESTENOIRE Armelle, « Les carrières féminines : contingence ou projet ? », *Travail, Genre et Société*, n° 5, 2001, p. 117-133.

THÉBAUD Françoise, « Le mouvement nataliste dans la France de l'entre-deux-guerres : l'Alliance nationale pour l'accroissement de la population française », *Revue d'histoire moderne et contemporaine*, avril-juin 1985, p. 276-306.

THÉBAUD Françoise [a], *La Femme au temps de la guerre de 14*, Paris, Stock, 1986.

THÉBAUD Françoise [b], *Quand nos grand-mères donnaient la vie, La maternité en France dans l'entre-deux-guerres*, Lyon, Presses Universitaires de Lyon, 1986.

THÉBAUD Françoise (éd.), « Julie Daubié », *Bulletin du Centre Pierre-Léon*, n° 2-3, 1993.

THÉBAUD Françoise, *Écrire l'histoire des femmes*, Paris, ENS éditions, 1998.

THIBAULT Marie-Noëlle, RIOT-SARCEY Michèle, « La préhistoire de la protection : enquêtes et autres discours sur le travail des femmes » [Auslander et Zancarini-Fournel, 1995], p. 41-51.

THIERCÉ Agnès, « Julie-Victoire Daubié, première bachelière de France. De la condition économique, morale et politique de la femme au XIXᵉ siècle » [Thébaud, 1993], p. 53-62.

THIERCÉ Agnès, « La pauvreté laborieuse au XIXᵉ siècle vue par Julie-Victoire Daubié », *Travail, Genre et Société*, n° 1, 1999, p. 199-146.

THIVEND Marianne, « L'école maternelle entre la municipalité et les familles, Lyon, 1879-1914 », *Histoire de l'éducation*, mai 1999, p. 159-188.

THUILLIER Guy, *Les Femmes dans l'administration*, Paris, PUF, 1988.

TILLY Louise A., « Structure de l'emploi, travail des femmes et changement démographique dans deux villes industrielles : Anzin et Roubaix, 1872-1906 », *Le Mouvement social*, n° 105, 1978, p. 33-58.

TILLY Louise A., « Genre, histoire des femmes et histoire sociale », *Genèses*, n° 2, 1990, p. 148-167.

TILLY Louise A., « Gender and Jobs in Early XXᵗʰ Century French Industry », *International Labor and Working-Class History*, n° 42, 1993, p. 31-47.

TOPALOV Christian, *Naissance du chômeur, 1880-1910*, Paris, Albin Michel, 1994.

TOPALOV Christian, « L'émergence de la catégorie de "population active" au XIXᵉ siècle en France, en Grande-Bretagne et aux États-Unis », *Revue française de sociologie*, n° 3, 1999, p. 445-476.

TRUANT Cynthia, « La maîtrise d'une identité ? Corporations féminines à Paris aux XVIIᵉ et XVIIIᵉ siècles », Clio, n° 3, 1996, p. 55-69.

TUCAT Danielle, « Les Sages-femmes parisiennes à la fin du XIXᵉ siècle » [Diebolt, 1981], p. 62-67.

TUCAT Danielle, *Les sages-femmes à Paris 1871-1914*, thèse dactylographiée, Paris-VII, 1984.

TUCAT Danielle, « À la recherche du métier perdu » [Vandecasteele-Schweitzer et Voldman, 1985], p. 111-118.

VANDECASTEELE-SCHWEITZER Sylvie et VOLDMAN Danièle (éd.), « Mémoires de femmes », *Pénélope*, n° 12, 1985.

VANOLI Dominique, « Les ouvrières enfermées : les couvents soyeux », *Les Révoltes logiques*, n° 2, 1976, p. 19-40.

VEILLON Dominique, « Corps, beauté, mode et mode vie : du "plaire au plaisir" à travers les magazines féminins, 1958-1975 », [Dreyfus-Armand Geneviève et *alii*, 2000] p. 161-177.

VERDIER Yvonne, *Façons de dire, façons de faire, La laveuse, la couturière, la cuisinière,* Paris, Gallimard, 1980.

VÉRON Jacques, « Activité féminine et structures familiales, quelle dépendance ? », *Population,* n° 1, 1988, p. 128-154.

VICINUS Martha, *Independant Women, Work and Community for Single Women, 1850-1920,* New York Virago Press, 1994.

VIET Vincent, « Le sexe du travail et la naissance de l'inspection », *Travail,* été 1992, p. 26-36.

VIET Vincent, *Les Voltigeurs de la République, l'inspection du travail en France jusqu'en 1914,* Paris, Éditions du CNRS, 1994, deux tomes.

VIET Vincent, « Entre protection légale et droit collectif : la loi du 2 novembre 1892 sur le travail des enfants, des filles mineures et des femmes dans les établissements industriels » [Le Crom, 1998], p. 73-88.

VILLERMET Jean-Marc, *Naissance de l'hypermarché,* Paris, Armand Colin, 1991.

WALKOWITZ Judith, « Sexualités dangereuses » [Fraisse et Perrot, 1991], p. 389-418.

WEIL Simone, *La Condition ouvrière,* Paris, Gallimard, 1951.

WERNER Françoise, « Du ménage à l'art ménager : l'évolution du travail ménager et son écho dans la presse féminine de 1919 à 1939 », *Le Mouvement social,* n° 129, 1984, p. 61-88.

WISHNIA Judith, *The Proletarianizing of the Fonctionnaires : Civil Service Workers and the Labor Mouvement under the IIIrd Republic,* Baton Rouge Louisiana University Press, 1990.

ZAMBON Walter, *Le STO dans les départements alpins,* DEA, Lyon-II, 1999.

ZANCARINI-FOURNEL Michelle, « La famille Casino-Saint-Étienne, 1920-1960 », *in* Lequin Yves et Vandecasteele-Schweitzer Sylvie (éd.), *L'Usine et le bureau, Itinéraires sociaux et professionnels dans l'entreprise, XIXe-XXe siècle,* Lyon, PUL, 1990, p. 57-73.

ZANCARINI-FOURNEL Michelle, « Archéologie de la loi de 1892 en France » [Auslander, 1995], p. 75-92.

ZARCA Bernard, *L'Artisanat français, du métier traditionnel au groupe social,* Paris, Economica, 1986.

ZERNER Sylvie, « De la couture aux presses : l'emploi féminin entre les deux guerres », *Le Mouvement social,* n° 140, 1987, p. 9-25.

ZOUARY Viviane, « Les femmes dans les banques au tournant du siècle » [Dauphin et Pézerat, 1984], p. 57-59.

ZYLBERBERG-HOCQUARD Marie-Hélène, « Les ouvrières d'État (Tabacs-Allumettes) dans les dernières années du XIXe siècle », *Le Mouvement social,* n° 105, 1978, p. 87-108.

ZYLBERBERG-HOCQUARD Marie-Hélène, *Féminisme et syndicalisme en France,* Paris, Anthropos, 1978.

ZYLBERBERG-HOCQUARD Marie-Hélène, *Femmes et féminisme dans le mouvement ouvrier français,* Paris, Les Éditions ouvrières, 1981.

TABLE

www.ingramcontent.com/pod-product-compliance
Lightning Source LLC
Chambersburg PA
CBHW061235220326
41599CB00028B/5437